JOSÉ CLAUDIO TERRA

Bjorn Frederick
Fabio Vernalha
Mariah Romão
Maurício Manhães
Suzana Leonardi

10 DIMENSÕES DA GESTÃO DA INOVAÇÃO

UMA ABORDAGEM PARA

A TRANSFORMAÇÃO

ORGANIZACIONAL

ALTA BOOKS
EDITORA
Rio de Janeiro, 2018

10 dimensões da gestão da inovação — Uma abordagem para a transformação organizacional
Copyright © 2018 da Starlin Alta Editora e Consultoria Eireli. ISBN: 978-85-508-0350-0

Todos os direitos estão reservados e protegidos por Lei. Nenhuma parte deste livro, sem autorização prévia por escrito da editora, poderá ser reproduzida ou transmitida. A violação dos Direitos Autorais é crime estabelecido na Lei nº 9.610/98 e com punição de acordo com o artigo 184 do Código Penal.

A editora não se responsabiliza pelo conteúdo da obra, formulada exclusivamente pelo(s) autor(es).

Marcas Registradas: Todos os termos mencionados e reconhecidos como Marca Registrada e/ou Comercial são de responsabilidade de seus proprietários. A editora informa não estar associada a nenhum produto e/ou fornecedor apresentado no livro.

Impresso no Brasil.

Obra disponível para venda corporativa e/ou personalizada. Para mais informações, fale com projetos@altabooks.com.br

---

Copidesque
Ivone Teixeira

Editoração Eletrônica
Estúdio Castellani

Revisão
Edna Cavalcanti | Roberta Borges

Produção Editorial
Elsevier Editora - CNPJ: 42.546.531./0001-24

Erratas e arquivos de apoio: No site da editora relatamos, com a devida correção, qualquer erro encontrado em nossos livros, bem como disponibilizamos arquivos de apoio se aplicáveis à obra em questão.

Acesse o site www.altabooks.com.br e procure pelo título do livro desejado para ter acesso às erratas, aos arquivos de apoio e/ou a outros conteúdos aplicáveis à obra.

Suporte Técnico: A obra é comercializada na forma em que está, sem direito a suporte técnico ou orientação pessoal/exclusiva ao leitor.

A editora não se responsabiliza pela manutenção, atualização e idioma dos sites referidos pelos autores nesta obra.

CIP-Brasil. Catalogação-na-fonte
Sindicato Nacional dos Editores de Livros, RJ

D518   10 dimensões da gestão da inovação : uma abordagem para a
        transformação organizacional / José Cláudio Terra, organizador ;
        Bjorn Frederick... [et al.]. – Rio de Janeiro : Alta Books, 2018
        23`cm

        Inclui bibliografia
        ISBN 978-85-508-0350-0

        1. Administração de empresas. 2. Criatividade nos negócios.
        3. Eficiência organizacional. I. Terra, José Cláudio Cyrineu. II. Frederick,
        Bjorn. III. Título: Dez dimensões da gestão da inovação.

12-1676.   CDD: 658.4063
                                                        CDU: 658.011.4

Rua Viúva Cláudio, 291 — Bairro Industrial do Jacaré
CEP: 20970-031 — Rio de Janeiro - RJ
Tels.: (21) 3278-8069 / 3278-8419
www.altabooks.com.br — altabooks@altabooks.com.br
www.facebook.com/altabooks

Para meus filhos Luc, Sabrina e Alec. Vê-los crescer é uma fonte de energia e inspiração maravilhosa.

José Cláudio C. Terra

Para minha amada família Sandra, Eric e Leo, pelo amor e apoio, sempre. E a todos os colegas de trabalho e estudo (clientes ou parceiros) por compartilharem comigo suas experiências profissionais, com as quais pudemos somar e criar juntos novas perspectivas.

Bjorn Frederick

Agradeço ao J. C. Terra e a todo os colegas da TerraForum Consultores por introjetarem a inovação em meu espírito. Também dedico esta obra aos meus pais, por serem o maior exemplo que alguém pode ter.

Fabio Vernalha

Aos meus queridos avós, Carmen e Walter.

Mariah Romão

Ao meu pai, à minha mãe, à minha irmã, ao meu irmão, à minha esposa e ao meu filho. Pessoas únicas.

Maurício Manhães

Marcelo, Carol e Rodrigo: é sempre para vocês.
Vilma e Enio: é por causa de vocês.

Suzana Leonardi

Agradecimentos

Os produtos de conhecimento deste livro só são possíveis primeiro porque subimos nos ombros de grandes teóricos sobre inovação e conhecimento das esferas da economia, administração e psicologia. Estamos falando de Joseph Schumpeter, Clayton Christensen, Robert Solow, E.K. Von Fange, Peter Drucker, C.K. Prahalad, Gary Hamel, Frederick Herzberg, Eric Von Hippel, Friedrich Hayek, Dorothy Leonard-Barton, Michael Polanyi, James Brian Quinn, Nonaka & Takeuchi, Henry Chesbrough, Stephen Wunker, Larry Prusak, Etienne Wenger e muitos outros.

Depois porque tivemos a incrível oportunidade de estudos avançados de classe mundial oferecida por uma universidade pública de primeira linha, como a Universidade de São Paulo, e acesso a um grupo de pesquisadores e professores notáveis como Roberto Sbragia, Isak Kruglianskas, Afonso Fleury, Guilherme Ary Plonski, Antonio Amaru Maximiano, Eduardo Vasconcelos, Hamilton Correa e Jacques Marcovitch.

Aos clientes da TerraForum, nosso muito obrigado por nos permitirem ao longo de tantos anos aplicar a teoria aprendida e evoluir nossas próprias metodologias aplicadas no contexto das empresas atuando no Brasil. A consultoria de qualidade é sempre um reflexo do diálogo construtivo e criativo entre consultores e clientes. No caso de gestão de inovação, isso é ainda mais verdadeiro: cada projeto é uma inovação em si.

Ao longo dos anos tivemos inúmeros colegas, além dos coautores deste livro, que participaram de vários projetos de inovação da TerraForum, contribuindo com seu know-how, dedicação e capacidade criativa. Estamos falando de pessoas como Dra. Ana Paula Góes Hees, Alex Macedo, Dr. Antônio Barroso, Antonio Carlos Brito, Beatriz Duarte, Bernardo Mazzini, Beto do Valle, Carlos Franco, Carolina Almeida, Carolina Matos, Caspar Van Rijnbach, David Kato, Dr. Devanildo Damião, Dr. Fabrício Barth, Eduardo Freire, Felipe Feliciano, Felipe Fioravante, Hans Hellemondt, Isabela Moraes da Silva, Dr. José Renato Santiago, Luiz Alberto Bonini, Gabriela Couto, Guilherme Bonifácio, Gustavo Boer, Karime Hajar Alves, Marcelo Sembongi, Dr. Marcos Góes, Patricia Loron, Paulo Floriano, Ricardo Schoueri, Thiago Higa, Tiago Giorgetto e Tainá Isabela Neves.

Esperamos que a "inovação" contida nas próximas páginas faça jus às enormes contribuições e oportunidades oferecidas pelo aprendizado com todas as pessoas que direta ou indiretamente têm nos ajudado nesta caminhada.

Os autores

José Cláudio C. Terra

Diretor de Inovação do Hospital Israelita Albert Einstein, professor da FIA (Fundação Instituto de Administração), especialista em gestão de inovação, gestão do conhecimento, portais corporativos e redes sociais. Já atuou como executivo em grandes organizações tanto no Brasil (Globo, Editora Abril), como no exterior (Rogers, Organic e Primavera Systems).

Já realizou palestras em várias das mais prestigiadas universidades internacionais (Harvard Business School, London Business School, University of Toronto, University of New Brunswick e École de Management de Lyon, entre outras) e nacionais (USP, UFRJ, ESPM, PUC, ITA, UFMG e UFSC entre outras). Além de ser convidado regularmente como *keynote speaker* em inúmeros eventos no Brasil e no exterior.

É autor de 10 livros, dois dos quais publicados originalmente nos Estados Unidos e no Canadá. Além disso, já publicou 14 capítulos de livro e várias dezenas de artigos. É doutor em engenharia de produção pela POLI/USP, mestre em administração pela FEA/USP e com especialização em estratégia e inovação pela Sloan/MIT. Formou-se na graduação como engenheiro de produção pela POLI/USP e como economista pela FEA/USP.

Bjorn Frederick

É engenheiro mecânico pela Unicamp, MBA pela FIA e doutor em administração de empresas pela FEA-USP. Atua como consultor nos temas de estratégia, inovação e inteligência competitiva, em parceria com TerraForum, Kline Group, UniBusiness Estratégia, entre outras. Atua também como professor dos programas de pós-graduação da FIA e FEI, e em consultoria educacional com o LabSSJ.

Fabio Vernalha

Profissional com passagem pelo Instituto Empreender Endeavor, TerraForum Consultores e TAM S/A. É formado em Engenharia pela Poli/USP e pós-graduado em gestão pela Fundação Dom Cabral. Atuou em projetos diversos de inovação, gestão do conhecimento e definição estratégica.

Mariah Romão

Graduada e cursando mestrado em engenharia de produção pela Escola Politécnica da Universidade de São Paulo – POLI/USP, possui mais de seis anos de experiência em consultoria, atuando com estratégia, gestão da inovação, operações e gestão do conhecimento nos mais diversos setores.

Maurício Manhães

Maurício Manhães é mestre em engenharia e gestão do conhecimento com foco na inovação aplicada ao setor de serviço. Com sólida experiência em gestão de projetos de TIC, é pioneiro no Brasil na implantação da lógica serviço-dominante. Atua como consultor em programas de inovação no setor de serviço e é doutorando em engenharia e gestão do conhecimento (UFSC).

Suzana Leonardi

É consultora associada da TerraForum Consultores. Especialista em gestão da inovação e com participação ativa na implantação de vários modelos de inovação de grandes empresas. Formada em marketing pela ESPM, possui especialização em gestão estratégica e tecnológica, mestrado em administração e atualmente é doutoranda na Unicamp. Possui interesse especial em pesquisar as melhores práticas de inovação aberta.

Prefácio

José Claudio Terra com a visão reflexiva do economista, a postura prática do engenheiro e a competência estratégica do administrador nos oferece uma obra que preenche uma lacuna importantíssima na temática da gestão da inovação, não só para a literatura brasileira como também para a internacional, haja vista a originalidade do seu modelo das 10 dimensões e os exemplos de casos reais, especialmente os nacionais. Nesta obra, o autor que além de estudioso, professor e consultor em gestão da inovação, do conhecimento e de projetos digitais, é também reconhecido como um grande empreendedor e inovador que pratica o que ensina, com reconhecido sucesso. Neste livro, generosamente disponibiliza aos leitores sua rica experiência tanto no Brasil como no exterior, utilizando uma linguagem clara, precisa, elegante, acessível e didática.

Conheço o autor de longa data. Tive o privilégio de contar com sua colaboração em minhas pesquisas e consultorias. Com sua ajuda, bem antes da gestão da inovação se apresentar como uma disciplina consolidada no campo da administração e ser reconhecida no Brasil como um fator crítico de sucesso para as nossas empresas competirem em mercados globalizados, já atuávamos, de forma pioneira em nosso país, desenvolvendo, através da academia, conceitos e práticas de gestão da inovação que foram utilizados com sucesso por muitas empresas, especialmente aquelas do segmento das PMEs (Pequenas e Médias Empresas).

O livro *10 Dimensões da Gestão da Inovação*, com que o autor nos brinda agora deverá tornar-se um clássico na literatura de administração, pois apresenta conceitos e práticas extraídas do melhor que existe na bibliografia e no campo prático sobre a gestão da inovação. Tomando por base esse conhecimento, agrega o inestimável valor de sua ampla experiência como executivo e consultor de empresas nacionais e do exterior, dando vida e significado concreto aos conceitos e técnicas que são discutidos no texto. Esta obra com certeza terá muita utilidade não só para o mundo empresarial, mas também como referencial para consulta de pesquisadores do tema e inestimável fonte de conhecimentos para todos que pretendam se iniciar ou se aprofundar na complexa e desafiadora tarefa de gerir a inovação.

Com a sabedoria de quem vivenciou muitas experiências empresariais e se debruçou na reflexão da vasta literatura sobre a gestão da inovação, o autor argumenta de forma muito competente que a inovação pode ser um processo previsível com resultados promissores e sustentáveis, desde que adequadamente gerenciada por meio de uma estratégia de inovação alinhada com a estratégia corporativa e tecnológica. Este desafio, como nos ensina José Claudio Terra, requer que tratemos a imprevisibilidade de forma consistente e disciplinada, bem como estabeleçamos processos para tratar o errático e desconhecido que sempre estão presentes quando tratamos da inovação.

Seu modelo das 10 Dimensões da Gestão da Inovação constitui uma contribuição original para o avanço do conhecimento nesta área, pois permite ancorar num robusto referencial conceitual um amplo conjunto de práticas e conceitos de gestão da inovação, de forma sistêmica, coerente e integrada, o que representa, tanto para as empresas como para a academia, um modelo muito útil para conceber, aprimorar e integrar o processo de gestão da inovação nas organizações. Com muita propriedade, o autor insistentemente chama a atenção: assim como cada empresa tem características peculiares e únicas que, ressalte-se, mudam com o tempo, deve também compor e continuamente aprimorar um modelo das 10 dimensões que lhe seja mais apropriado, a fim de que ele constitua um motor de inovação eficiente e eficaz

Após uma introdução que propicia uma visão de conjunto sobre o tema, o autor, trata em cada capítulo uma das 10 dimensões, de forma ampla e profunda e ilustra sua aplicação com exemplos reais relevantes. De maneira descontraída e didática, o texto flui envolvendo o leitor numa reflexão permanente sobre os ensinamentos transmitidos, deixando sempre claro e alertando o leitor que as propostas apresentadas não devem ser encaradas como "receitas de bolo", mas como alternativas que devem ser consideradas à luz do contexto em que suas aplicações, devidamente adaptadas, se mostrem convenientes.

Mesmo para especialistas em gestão da inovação a obra surpreende pela sua completeza relativamente aos assuntos apresentados. Há equilíbrio entre profundidade e amplitude dos temas apresentados, o que torna a obra muito atraente, pois cobre de forma bastante abrangente a temática da gestão da inovação com o cuidado de não se aprofundar em demasia em cada tema, deixando ao leitor pistas para o aprofundamento nos assuntos que lhe sejam de maior interesse.

A leitura deste livro, que é um verdadeiro compêndio sobre gestão da inovação, deixou-me convencido de que um modelo sistêmico no molde do proposto na obra é um instrumento muito útil, para não dizer imprescindível, para uma gestão exitosa da inovação em qualquer empresa. Tenho certeza de que todos que tiverem o privilégio de ler essa obra compartilharão desse ponto de vista.

Professor Doutor Isak Kruglianskas
Professor titular da FEA-USP e da
Fundação Instituto de Administração

Sumário

Agradecimentos vii

Os autores ix

Prefácio xi

Introdução 1
   Mantendo acesa a chama da inovação 3
   Do incremental para o radical: implicações para os modelos de gestão
      de inovação 6
   Organização do livro 9
   Modelo das 10 Dimensões 9

DIMENSÃO 1
Estratégia e objetivos de inovação 17
   Identificação das oportunidades para inovar 18
   Tipos de inovação 25
   Posicionamento da organização para a inovação 27

Inovação dentro e fora do *core business*	28
Caso SIGG: Inovação, sustentabilidade e reinvenção do modelo de negócio	29
Desenvolvimento de novos negócios	31
Novas convenções para novos mercados por Stephen Wunker	32
Caso Syngenta	35
Estratégia de inovação e estratégia tecnológica	37
Metas específicas para a inovação	40
Metas para a inovação	41
Gestão de portfólio	41

DIMENSÃO 2
Modelo organizacional e governança para a inovação — 47

Dinâmica organizacional	47
Processos de inovação	51
Governança: Estruturas para inovação	54
Centralização *versus* Descentralização	56
Caso CTEEP	58

DIMENSÃO 3
Recursos financeiros — 63

Falsa racionalidade das metodologias de análise financeira	64
Padronização ou flexibilidade	65
Liberação total ou parcial dos recursos	66
Gestão de riscos	67
Entrar no jogo e taxa de sucesso	69
Centralizar ou descentralizar recursos	70
Recursos para a equipe de gestão de inovação: *front-end e back-end*	71
Uso de incentivos fiscais	73
Gestão de portfólio e alocação financeira	74
Spin-off e capitalização	75

DIMENSÃO 4
Pessoas — 77

Estímulo à criatividade individual	80
Tempo individual para aprender, gerar ideias e desenvolver projetos	82
Motivação para aprender e inovar	82

Recrutamento direcionado para a inovação	84
Carreiras flexíveis e foco na competência	87
Alocação de recursos humanos nos projetos de inovação	89
Comportamentos e atitudes para a inovação	90
Ambientes inovadores	91
Integração de pessoas de fora da organização	94
Últimas considerações: Vários papéis no processo de inovação	96

DIMENSÃO 5
Gestão do conhecimento e infraestrutura tecnológica — 99

Estratégia explícita de gestão do conhecimento	100
Competências para o presente e para o futuro	102
Gestão do conhecimento: visão integrada e direcionada para a ação	104
Aprender para inovar	107
Storytelling como ferramenta de gestão do conhecimento e inovação	109
Framework da gestão do conhecimento para a inovação	115
Gestão do conhecimento na perspectiva japonesa	118
Gestão do conhecimento e redes sociais	120
Ferramentas on-line	126

DIMENSÃO 6
Geração de ideias e insights (*fuzzy front-end*) — 129

Exemplo IDEO	131
Caixa de sugestões e programa de ideias	131
Top-down ou *bottom-up*	133
De onde vêm as ideias?	135
Perguntas e desafios em vez de ideias	136
Caso Suvinil	138
Inteligência competitiva e monitoramento tecnológico	142
BMW: Global Technology Scouting	144
A engenharia e o design	146
Ideação: Descobrir e enriquecer	147
Design thinking para criar o futuro	151
Lead users	154
Caixa de ferramenta para a geração de ideias	154
Softwares para gestão de programas de ideias	158

Inovação e confiança 159
Programas de gestão de ideias e competitividade 160

DIMENSÃO 7
Processos e estruturas para a implementação 163
Stage-gates 164
Quantidade de *gates* 164
Etapas genéricas de *stage-gates* 165
Desafios, riscos e boas práticas para implementação de *stage-gates* 167
Stage-gates: Críticas e cuidados 169
Três desafios gerenciais para a implementação de inovações 170
Tipos de estruturas para implementação de projetos de inovação 172
Comportamento: aprovar e abandonar ideias e projetos 175

DIMENSÃO 8
Mensuração e recompensas 179
Risco *versus* Incerteza 180
Métricas de (gestão de) inovação 180
Resultados intangíveis da inovação 184
Equilíbrio entre resultados de curto e longo prazo 185
Reconhecimento e recompensa 187

DIMENSÃO 9
Cultura organizacional 193
Estímulo à criatividade 195
Pensamento sistêmico: do incremental para o radical 200
Gestão da mudança para inovação 201
Caso Serasa Experian 208

DIMENSÃO 10
Colaboração interna e externa 213
Colaboração interna: superando o feudalismo organizacional 215
Os melhores talentos 217
Foco da colaboração 218
O segredo é o relacionamento 220
O mundo fica logo aí 221

Inovação 2.0 223
Gestão de redes de inovação: oportunidades e desafios 231
Arranjos de inovação: Dos parques de pesquisa às tecnópoles 233
Governança, propriedade intelectual e posição nas redes de inovação 241
Caso Tecnisa: Experiência com inovação aberta 242

Considerações finais 249

Glossário 253

Referências 313

Introdução

Predomina no Brasil, particularmente nas grandes empresas industriais, uma lógica e um modelo mental muito forte de produção, padronização, eficiência, melhoria contínua etc., frutos de pelo menos duas ou três décadas de investimento e treinamento em métodos de gestão da produção e de qualidade total. O grande paradigma, em muitos casos, são as empresas japonesas e seus métodos participativos de produção e geração de ideias e resolução de problemas. Esses paradigmas também acabaram permeando várias das grandes empresas de serviço.

A princípio, não há absolutamente nada de errado na busca diligente das melhorias de processo, redução de custos, ganhos constantes de produtividade e modificações positivas nos produtos atuais. Pelo contrário, cria-se uma cultura bastante positiva, saudável e até mesmo com bons resultados de curto prazo. A questão é que tudo em excesso pode ser prejudicial. No extremo, esse paradigma da inovação incremental pode limitar ambições mais altas de inovação. Em vários casos e setores mais dinâmicos, são necessários estratégias, modelos mentais e processos de inovação que não apenas melhorem o passado mas ajudem a organização a criar o futuro.

Desde Schumpeter,[1] sabemos da ligação umbilical entre o capitalismo e a inovação. As forças de mercado não seriam tão fortes e tenderiam, talvez, a certa acomodação, não fosse o fato de que, diferentemente das empresas dominantes e líderes de mercado que se beneficiam do *status quo*, há uma série de outras empresas estabelecidas ou por se estabelecer que precisam questionar dogmas, paradigmas, padrões tecnológicos, de mercados e de modelos de negócio para ganhar seu espaço competitivo. Dessa lógica competitiva surge uma dinâmica intimamente ligada à inovação que é o surgimento e o desaparecimento de grandes corporações. Nesse processo darwiniano, sobrevivem e prosperam as organizações mais efetivas em sua capacidade de se adaptar às mudanças do ambiente ou, ainda, em pouquíssimos casos, tão poderosas e imbuídas em criar o futuro que se tornam agentes de mudança de paradigmas do ambiente competitivo.

Até recentemente, boa parte dos modelos econômicos, por exemplo, consideravam a inovação como uma variável exógena, quase marginal. Nas últimas décadas, porém, essa abordagem conceitual ficou desatualizada e mesmo inoportuna e descolada da realidade. O cenário competitivo mundial se tornou muito mais complexo, interdependente e com mudanças bruscas ocorrendo em ciclos cada vez mais curtos. Não apenas novos produtos e serviços são lançados de forma mais intensa e rápida, mas também a própria configuração e reconfiguração dos negócios, dos modelos de negócios e dos modelos de cooperação e *sourcing* de recursos, de talentos e tecnologia também se transformam rapidamente.

Trabalhar a inovação de forma contundente contrapõe de certa maneira a inversão de uma lógica corriqueira na nossa vida e nos negócios: em vez de extrapolar o passado, precisamos vir do futuro para o presente. Isso é mais fácil de dizer do que executar, pois somos condicionados, até por poderosos mecanismos de sobrevivência, a utilizar as experiências passadas para sobreviver no presente. O presente, por sua vez, é real e com consequências imediatas. A inovação e o futuro, no entanto, vivem no mundo das probabilidades, das incertezas e do desconhecido. Assim, é fácil perceber por que muitos dizem ser a favor da inovação como valor corporativo, mas têm enorme dificuldade de se engajar de corpo e alma com suas iniciativas, projetos e riscos.

---

[1] Joseph Schumpeter, conhecido economista que, no início do século XX, publicou várias obras que tratam dos ciclos econômicos, inovação como destruição criativa e empreendedorismo.

Nesse cenário, inovação e gestão de inovação há muito tempo deixaram de ser assunto exclusivo dos departamentos de P&D, tecnologia ou design das empresas. A inovação ganhou um lugar de destaque na gestão das empresas. Todos e todas as áreas de uma organização devem estar direta ou indiretamente envolvidos com os processos de inovação. Além disso, há um consenso crescente de que os grandes desafios da humanidade em termos de educação, saúde e sustentabilidade, por exemplo, também precisam de abordagens bem estruturadas para a gestão de inovação.

Apesar desse consenso, sabemos na prática que a gestão de inovação não é um assunto trivial e evitamos totalmente a proposição de soluções e receitas mágicas. Sabemos, ademais, que as mesmas práticas e modelos que sustentam a inovação incremental não são os mais adequados para as organizações que precisam, por força do seu ambiente competitivo, se reinventar e inovar de forma mais substantiva, radical ou mesmo "disruptiva". Tudo muda, dependendo do grau de ambição quanto à inovação: financiamento e orçamento, metas, cultura e *mindset*, ambiente de trabalho, forma de acompanhamento e avaliação do progresso das iniciativas, perfil da equipe e quais os mecanismos de reconhecimento e recompensa mais eficientes.

Inovação, por outro lado, tem algo de mágico: é o novo que surge e encanta os que a observam. E sendo um fenômeno estritamente humano – as máquinas ainda não têm esse poder –, é, de certa maneira, misterioso, e as teorias que a explicam adquirem um caráter mais explicativo do passado do que preditivo do futuro. Nesse contexto, também reconhecemos tanto a contribuição das abordagens que procuram explicar a inovação pelo seu caráter intuitivo e imersivo, como o design thinking, como aquelas que procuram explicar sua essência e garantir sua reprodutibilidade a partir de abordagens fortemente analíticas, como a metodologia *Triz* e a de *stage-gates*.

Mantendo acesa a chama da inovação

Do ponto de vista da inovação, um dos papéis fundamentais da alta administração é ajudar as pessoas, principalmente em grandes organizações, a terem foco e senso de urgência, pois não é possível pensar em inovação de grande impacto sem pessoas desafiadas e altamente motivadas por um problema ou necessidade. É preciso criar mecanismos e perturbações para evitar a tendência natural das pessoas de buscarem um patamar de conforto e pouco voltado para mudanças.

No caso de grandes organizações, particularmente em mercados maduros e tecnologias tradicionais, as ameaças parecem ser mais eficientes para gerar motivação para inovar do que a detecção de oportunidades. Esse é exatamente o oposto do caso de mercados e tecnologias emergentes, assim como do caso de startups nos quais a motivação é criar produtos que venham a dominar o mercado e aproveitar alguma mudança de grande magnitude, seja ela tecnológica (por exemplo, plataformas mobile), regulatória (por exemplo, mudanças na regulamentação do mercado de energia elétrica) ou de hábitos (por exemplo, crianças que brincam mais dentro de casa do que na rua).

Além disso, em mercados maduros, há uma forte tendência para a inovação nos processos em vez da inovação nos produtos, e estas tendem a ser incrementais e voltadas para a sustentação do negócio atual. Já em mercados emergentes (por exemplo, redes e mídias sociais, biotecnologia, energia alternativa), o foco tende a ser muito mais na inovação em produtos do que em processos. A razão é muito simples nesse contexto: como não se sabe ainda quais serão as tecnologias vencedoras no mercado, não vale a pena inovar em processos. A luta é, sobretudo, para descobrir quais produtos, tecnologias e modelos de negócio vão vingar.

A história está repleta de histórias de grandes organizações que não se adaptaram a novos contextos econômicos, tecnologias, modelos de negócio ou hábitos e que foram à falência ou foram adquiridas. Isso ocorre porque algumas empresas, a princípio poderosas, têm muita rigidez embutida em seus modelos de entender as necessidades dos consumidores, a evolução da indústria e o impacto de novas tecnologias. Em geral, a resposta das mesmas é fazer cada vez melhor o que já faziam antes e não fazer as coisas e servir os clientes e novos clientes de maneira distinta.

Não são raras histórias de empresas – como a Olivetti S.p.A. – fabricante italiana de máquinas de escrever – que destruíram seu valor de mercado por não conseguirem conjugar altos padrões de eficiência e qualidade de seus produtos com os desafios e indefinições geradas pela inovação. As lojas de departamento que tiveram seu pico entre as décadas de 1960 e 1980 são outro exemplo claro. Muitas não entenderam os novos contextos de negócio do varejo e perderam relevância ou simplesmente desapareceram.

As empresas líderes da área de fotografia em filme, como Kodak, entraram em processo de falência, apesar de apresentarem excelentes níveis de eficiência para o paradigma químico de obtenção de imagem, e de participarem inicialmente das inovações tecnológicas da fotografia digital. E no setor de aço, amplamente estudado por Christensen, as grandes siderúrgicas de outrora não entenderam como as *mini-mills* estavam ganhando espaço ano após ano até dominarem parcelas significativas do mercado, como é o caso da Gerdau em sua expansão mundial.

Alguns setores que vêm passando por mudanças fortes nesta primeira década do século XXI ilustram de maneira muito evidente esse desafio da mudança. Esse é o caso, por exemplo, da indústria da música, de vídeos, das editoras, dos jornais e do varejo. Nos mercados mais avançados, novos players surgem, a todo momento nesses segmentos, enquanto os players estabelecidos, com raras exceções, pouco se adaptam aos novos contextos. Quem diria que Apple, Netflix, Amazon, Huffington Post e Ebay seriam players tão poderosos levando, inclusive, grandes e poderosas empresas à falência (por exemplo, Borders e Blockbuster)?

No contexto de empresas estabelecidas e de grande porte, os dilemas entre o presente e o futuro, entre o intuitivo e o analítico, entre o confiável e o flexível se apresentam de forma magnífica nas organizações. Esses dilemas, em alguns casos, são guerras surdas e duras, que assistimos constantemente. Inovação, sim, mas até onde, a que preço, a que risco e com qual horizonte de recompensa? Essas são questões essencialmente humanas no contexto de organizações invariavelmente desumanas, impessoais, burocráticas e fortemente hierárquicas.

Redes sociais, redes de pesquisa e inovação aberta: são fatores que sempre existiram, mas não na dimensão, intensidade e complexidade atual. Multinacionais poderosíssimas com centros de pesquisas espalhados em vários continentes e com *outsourcing* de atividades de engenharia e desenvolvimento em países emergentes e de baixo custo relativo são configurações cada vez mais frequentes. Na corrida mundial por diferenciação e velocidade, são necessárias estruturas cada vez mais flexíveis para alavancar competências globais e para atender necessidades adaptadas ou mesmo personalizadas para cada mercado ou tipo de cliente.

Do incremental para o radical: implicações para os modelos de gestão de inovação

Implantar um modelo de gestão de inovação ambicioso, no entanto, não é uma tarefa trivial. Poderíamos mesmo dizer que talvez seja um dos desafios mais complexos no contexto amplo da gestão. Há, por exemplo, uma série de aspectos interdependentes de implementação que precisam considerar o funcionamento da governança, das estruturas de decisão, das metodologias de estímulo e controle de projetos de inovação e dos fluxos de trabalho de maneira geral, que mudam consideravelmente conforme a ambição do programa de inovação da organização.

Uma análise preliminar interessante é contrapor premissas e lógicas de dois objetivos bastante distintos de inovação: um voltado para a inovação incremental, outro para a inovação radical. Esse tipo de reflexão, embora não seja totalmente determinista nem elimine objetivos intermediários de inovação (inovação substancial, de alto impacto etc.), apresenta uma série de pontos de reflexão para qualquer líder ou gestor de inovação numa organização. A Figura 1 apresenta, em grandes linhas, as diferentes características, segundo

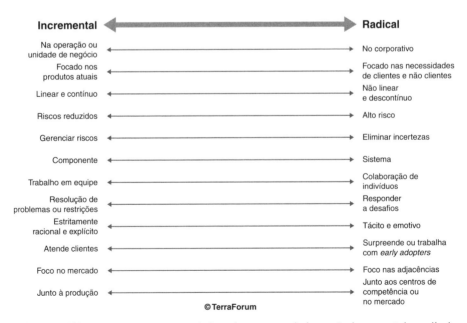

FIGURA 1 Diferenças entre as características do processo de inovação incremental e radical.

uma escala contínua, que devem ser levadas em consideração na modelagem da governança e principais processos de inovação.

Pelas dimensões e extremos elencados na Figura 1, é bastante evidente que não é possível fazer uma modelagem de inovação uniforme. Apesar disso, é comum, nas empresas brasileiras, depois de muitos anos de foco na gestão da qualidade e melhoria contínua e incremental, além de pouca atenção à pesquisa de mais longo prazo, que haja uma tendência a se replicar modelos mentais e de gestão muito bem estabelecidos para inovação incremental, mesmo quando objetivos mais ambiciosos de inovação são estabelecidos. Muitas empresas extrapolam, por exemplo, suas metodologias e modelos mentais relacionados a iniciativas como *kaizen*, programas de ideias ou funil com um número enorme de ideias de desenvolvimento simples ou extensão de linha ao estabelecer suas metas mais audaciosas de inovação de alto impacto ou radical. Esse é um erro comum que encontramos e que deveria ser fortemente evitado em processos mais ambiciosos de modelagem organizacional para a inovação.

Em um contexto de empresas já com bom grau de maturidade em seus processos de gestão, podemos dizer mesmo que a inovação incremental já deveria estar embutida no seu cotidiano e nas responsabilidades de cada indivíduo ou área da empresa. Elevar a ambição com relação à inovação, no entanto, como processo de contínua diferenciação no mercado e mesmo entrada em mercados totalmente novos não significa fazer melhor do mesmo (inovação incremental); significa, ao contrário, adotar posturas estratégicas diferenciadas, incorporar modelos mentais mais arrojados e abertos, e, principalmente, apoiar visivelmente e com recursos de tempo e financeiros os intraempreendedores da organização.

Algumas empresas já nascem extremamente inovadoras, outras foram inovadoras na sua fundação, mas com o tempo perderam a capacidade de inovar, enquanto algumas empresas líderes têm a inovação como parte de seu DNA. Respeitar a história de cada empresa é fundamental para alinhavar um bom programa e modelo de gestão de uma empresa. Assim, supondo um processo crescente de sofisticação que vai de um programa de pequenas melhorias até metas ambiciosas de inovação radical ou disruptiva, estabelecemos, na Figura 2, algumas características centrais e mais adequadas para os modelos de governança e gestão de inovação na empresa e que serão objeto de discussão, com maior detalhe e contexto, ao longo deste livro.

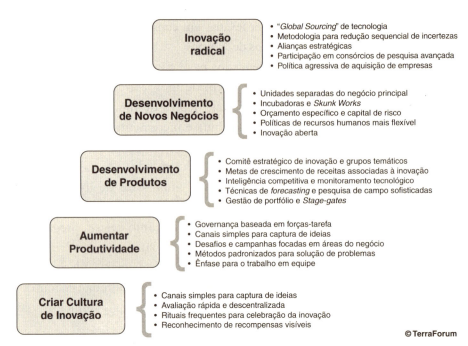

FIGURA 2 Ambição *versus* características do modelo de gestão de inovação.

Evidentemente a Figura 2 é mais indicativa do que normativa. Em alguns casos, uma empresa pode operar em vários dos níveis de ambição simultaneamente e, daí, vários processos de inovação precisarão ser implementados com diversos níveis e mecanismos de integração entre as iniciativas, conforme o contexto. O mais importante é que o conjunto dos colaboradores tenha de maneira muito evidente quais são as ambições e os objetivos específicos para a inovação e quais canais, métodos e ferramentas eles podem utilizar para participar de maneira efetiva.

À medida que os objetivos de inovação se tornam mais arrojados, abrindo espaço para inovações radicais e que mudam as regras do jogo competitivo, a mudança necessária em grandes organizações pode oferecer obstáculos quase intransponíveis. Em grandes organizações, o que, em geral, mata as inovações mais arrojadas quase nunca é a falta de recursos econômicos ou técnicos, mas a incapacidade das mesmas para mudar ou acomodar modelos de negócios e organização distintos, que afetam a empresa em múltiplos planos e dimensões. Estamos falando da necessidade de eventualmente mudar, ao mesmo tempo, coisas como processos decisórios, patamares de volumes e margens mínimos preestabelecidos no negócio-padrão, estratégia de vendas e distribuição, sistemas e processos, perfil, formação e forma de recompensa dos colaboradores etc.

Neste livro, cientes dos diferentes níveis de ambição, assim como dos inúmeros modelos, métodos e ferramentas relacionados à gestão da inovação, não oferecemos receitas simples. Nossa posição é, acima de tudo, de respeito à disciplina da inovação e aos inovadores de maneira geral. Com isso, apresentamos o Modelo das 10 Dimensões da gestão da inovação que, mais do que fórmulas padronizadas, oferece uma abordagem multidimensional e integrada para organizações estabelecidas que desejem fazer transformações significativas em seus modelos de planejamento e de gestão organizacional e de pessoas para se tornarem mais inovadoras.

Organização do livro

No próximo capítulo apresentaremos o **Modelo das 10 Dimensões**, que é ao mesmo tempo a síntese do modelo conceitual central deste livro, a síntese de muitos anos de consultoria na área e o fio condutor da organização do livro.

Cada capítulo subsequente aborda uma dimensão do modelo, apresentando **Conceituação e aplicação prática**, e incluindo:

a. Teoria e conceitos
b. Modelos e *frameworks* úteis para a tomada de decisão
c. Casos de referência de empresas nacionais ou internacionais.

No final do livro, além das **Considerações finais**, que têm um papel de reflexão final sobre os contextos de aplicação do Modelo das 10 Dimensões, apresentamos um **Glossário** dos principais termos e metodologias citados ou não ao longo do livro, mas que consideramos importantes para os estudiosos do tema gestão de inovação.

Modelo das 10 Dimensões

Ao longo dos anos percebemos que um dos principais desafios relativos à gestão de inovação nas organizações é a falta de uma visão sistêmica e integrada. Não basta ter ideias, não basta ter um laboratório, não basta ter recursos financeiros para investir em P&D. E, mais ainda, não é suficiente ter uma boa ideia, um bom projeto de inovação. O que diferencia as organizações inovadoras é que elas têm um DNA completamente diferente das demais. Elas, ao longo de muitos anos, têm seu crescimento acelerado embasado em inovações de processos, produtos, de gestão ou de modelo de negócio.

Copiar o simples, um produto, um modelo de negócio pode até gerar alguns ganhos em contextos específicos, mas não a exuberância e a admiração contínua de consumidores, clientes, comunidade empresarial e a sociedade em geral. As organizações mais inovadoras não dependem, ademais, de um único líder, de uma única fórmula ou método para a geração de ideias revolucionárias.

Não há, por sua vez, como não admirar as empresas que conseguem tratar de forma estruturada e deliberada algo, a princípio, tão difícil de "encaixar" nos quadros da "organização máquina", que busca, sobretudo, a consistência, o padrão e o controle. Consistência ao tratar a imprevisibilidade, e disciplina e processos para tratar do desconhecido e errático são características das empresas mais inovadoras.

Nessas empresas líderes, a inovação está fortemente inserida no seu modelo de gestão, no comportamento de seus colaboradores e na forma como a mesma se relaciona com o seu ambiente. Daí o enorme desafio de se replicar o sucesso das empresas cuja estratégia competitiva tem a inovação como elemento central.

Apesar disso, propomos um modelo integrado de inovação: o **Modelo das 10 Dimensões**. Já adiantamos que não estamos propondo receitas de bolo, pois cada organização tem de ter o seu próprio modelo de inovação, que leve em consideração seus mercados, recursos e história. Em outras palavras, empresas inovadoras constroem seu "motor de inovação" através de uma composição coerente e interdependente das 10 dimensões da gestão de inovação. O Modelo das 10 Dimensões é valioso para as empresas por apresentar uma perspectiva abrangente e permitir a realização de reflexões críticas sobre o que pode ser melhorado ou adaptado dinamicamente para acompanhar a evolução do contexto de negócios.

O Modelo das 10 Dimensões, apresentado na Figura 3, é resultado de muitos anos de pesquisa acadêmica[2] e dezenas de projetos de consultoria junto

---

[2] O mesmo guarda forte relação com o Modelo das 7 Dimensões da Gestão do Conhecimento desenvolvido por um dos autores, José Cláudio Cyrineu Terra, em sua tese de doutoramento defendida na Escola Politécnica da USP em 1999.

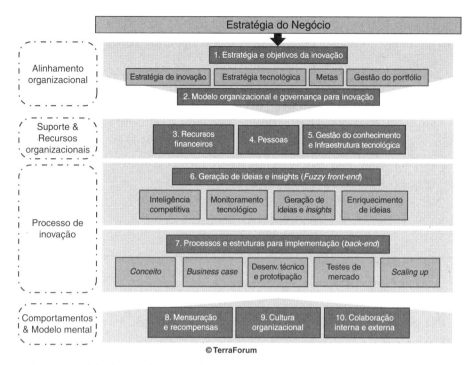

FIGURA 3 Modelo das 10 Dimensões de gestão de inovação.

a algumas das mais admiradas e maiores empresas atuando no Brasil. É um modelo que permite a organização de agendas de transformação para a inovação. Na base do modelo aparece a questão da interdependência entre ações em vários níveis e dimensões do modelo de gestão de uma organização. As 10 dimensões estão agrupadas em quatro grandes blocos: alinhamento organizacional, suporte e recursos organizacionais, processo de inovação e comportamentos e modelo mental.

A seguir, descrevemos a lógica do modelo em seus quatro grandes blocos.

Alinhamento organizacional

A primeira coisa que invariavelmente impede as empresas de se tornarem inovadoras é a falta de alinhamento sobre o papel da inovação para a execução de sua estratégia competitiva. Ela é essencial ou periférica? Os objetivos são de liderança em inovação? Em qual contexto global ou nacional? Como o modelo de gestão e organizacional facilita ou impede o desenvolvimento de inovações de maior impacto? Qual o papel das filiais e da matriz em termos de inovação?

Essas questões, entre muitas outras, são tipicamente mal resolvidas nas empresas não inovadoras, dominadas por objetivos fragmentados das várias áreas funcionais. A otimização das partes muitas vezes resulta em baixa eficácia do todo. Vejamos: Que tal uma área industrial que quer otimizar o custo unitário? Ou um financeiro cujo foco principal seja reduzir riscos, ou uma área de marketing que é avaliada essencialmente por *market share* e margem?

Nesse contexto, duas dimensões do modelo de gestão de inovação são essenciais:

1) Estratégia e objetivos da inovação
2) Modelo organizacional e governança para a inovação

Na primeira dimensão procura-se explicitar conceitos, termos e fazer um link forte entre as estratégias de negócio, estratégia de inovação, estratégia tecnológica e o estabelecimento de metas. A gestão do portfólio dos projetos inovadores é uma ferramenta essencial para que esse alinhamento estratégico seja ajustado de forma contínua.

O alinhamento se manifesta na prática, no entanto, isso se dá a partir dos vários mecanismos organizacionais que direcionam, ao longo do ciclo de gestão e no dia a dia, as principais decisões da empresa, sua comunicação, a maneira como as pessoas interagem e a forma como os conflitos são resolvidos. Estamos falando do modelo organizacional e, no caso, da inovação das estruturas de governança especificamente estabelecidas. Um desenho organizacional cuidadosamente definido com atribuições e responsabilidades pode acelerar e facilitar significativamente o processo decisório com relação aos projetos de inovação e, com isso, atenuar conflitos clássicos da lógica organizacional dominante centrada nos objetivos funcionais.

Suporte e recursos organizacionais

A segunda grande parte do modelo tem a ver com o seguinte ditado (em inglês): *Put your money where your mouth is*. Mas, na verdade, mais do que dinheiro, estamos falando de como a empresa aloca seus recursos, pessoas e competências para apoiar os objetivos de inovação estabelecidos. Mais do que aprovar recursos para projetos específicos, tratamos aqui de como o modelo de gestão facilita ou dificulta a obtenção, alocação ou compartilhamento de recursos para inovação.

Estamos falando das próximas três dimensões do modelo de inovação:

3) Recursos financeiros. Há uma série de premissas sobre em que medida os recursos para inovação seguem a lógica de investimento e orçamentação típicas das operações correntes da organização. Portanto, a empresa deve definir critérios claros para aprovação de projetos e investimentos com a participação de pessoas selecionadas com capacidade de visão ampla sobre esses critérios.

4) Pessoas. Envolve definir quem participa das atividades de inovação e com que grau de dedicação, se em tempo parcial ou total. Há, pelo menos, duas estruturas importantes a definir em termos de pessoas: comitês decisórios (*stage-gate* e gestão de portfólio) e times de projeto (desde times funcionais até times "peso-pesado" com dedicação exclusiva). As políticas e os critérios de escolha das pessoas envolvidas na inovação podem ser também poderosas armas de atração e retenção de talentos.

5) Gestão do conhecimento e infraestrutura tecnológica. Vivemos em uma era na qual a capacidade de realização é cada vez mais dependente da capacidade de uma organização de conectar conhecimentos, pessoas, expertises, bancos de dados e informações crescentemente volumosas e dispersas. Investir, portanto, na gestão do conhecimento é um diferencial muito importante para organizações que buscam inovar, particularmente no caso das maiores empresas, que podem fazer valer seu tamanho a partir de mecanismos eficientes e cada vez mais digitais de conexão de conhecimentos.

Processo de inovação

Resolvidas as questões de alinhamento, apoio e recursos, gera-se a enorme expectativa de que ideias, projetos e conceitos inovadores vão surgir naturalmente no curso do dia a dia do trabalho de todos os colaboradores e ainda com mais frequência e impacto no caso de pessoas dedicadas para a inovação em áreas como P&D, desenvolvimento de produtos, novos negócios ou marketing.

Invariavelmente, tal expectativa não se materializa na dimensão esperada. Ansiedade, frustração e mesmo revisão do papel da inovação na organização não são incomuns. Pessoas de alto desempenho acostumadas a lidar com os desafios e intempéries dos negócios correntes, com um foco bem específico e determinado podem ter resultados frustrantes quando engajadas em iniciativas de inovação.

O que muitos não percebem é que não apenas as pessoas, mas os processos para gerir projetos normais da empresa e mesmo para fomentar inovações mais rotineiras e incrementais podem ser na verdade contraprodutivos, ineficientes e ineficazes quando adaptados para objetivos mais ambiciosos de inovação. Por isso, empresas que têm a inovação como um processo *core* de negócios estabelecem uma série de metodologias, práticas e ferramentas muito específicas para gerenciar objetivos de inovação mais ambiciosos. Trata-se, portanto, no contexto dos processos de inovação, de duas grandes dimensões com características de liderança, metodologias e pessoas quase opostas:

6) Geração de ideias, insights e conceitos (**fuzzy front-end**). Aqui predominam elementos como a divergência, a conectividade e os mecanismos para a quebra de paradigmas e descobertas (pensamento lateral e criativo).

7) Processos e estruturas para a implementação (**back-end**). Uma vez definida uma boa ideia, um bom conceito ou potencial oportunidade, devem entrar em campo mecanismos e mesmo pessoas muito pragmáticas e com capacidade de articulação dos recursos corporativos para que o potencial seja testado, materializado e eventualmente lançado no mercado – de preferência, antes e com maior impacto que a concorrência. O modelo mental é da convergência e da gestão de projetos.

Comportamentos e modelo mental

Nas dimensões anteriores do modelo, embora sejam citados aspectos relacionados aos comportamentos e modelos mentais dos indivíduos da organização, isso não ocorre de maneira central. No contexto da gestão da inovação, no entanto, esses são alicerces que maximizam o potencial inovador de uma organização. Estamos falando de três aspectos inter-relacionados que completam as 10 dimensões do modelo:

8) Mensuração e recompensas. Em que medida os objetivos e as metas estabelecidos são perseguidos e alcançados? As pessoas que se engajam em projetos de inovação, que saem da zona de conforto são devidamente reconhecidas e mesmo recompensadas? O que acontece com as pessoas que participam de projetos de inovação que não se mostram, ao final, exitosos? As pessoas prestam enorme atenção à forma como as organizações de fato distribuem as recompensas e reconhecimentos. No caso da inovação em que se pede "algo a mais" das pessoas não é necessário enfatizar como diferentes mecanismos de mensuração e recompensa podem direcionar comportamentos pró ou contra a inovação de maior impacto.

9) Cultura organizacional. O invisível que traz resultados visíveis. A cultura organizacional, embebida na maneira como as pessoas se relacionam, se comportam, no que valorizam e no que comunicam, exerce um forte papel nos processos inovadores da empresa. Algumas culturas organizacionais têm características muito propícias para engajar todos os funcionários da organização na agenda de transformação rumo à inovação, enquanto outras exercem um papel contrário. Entender e promover possíveis transformações culturais faz parte, portanto, dos desafios significativos e, muitas vezes, de longa duração, daqueles que lideram a gestão da inovação nas organizações.

10) Colaboração interna e externa. Esse é um aspecto que nos últimos anos ganhou uma importância enorme em função da maior facilidade de conexão dos cérebros, expertises e know-how de indivíduos e organizações espalhados pelo mundo. A nova premissa, mesmo em organizações com significativos recursos próprios, é a da necessidade de combinar inteligência externa e interna de maneira ágil, focada e com resultados positivos para todos os envolvidos.

O modelo de gestão da inovação das 10 dimensões é analisado, no restante do livro, em profundidade em cada uma das suas dimensões. A ideia é entender as partes, mas nunca, mesmo na análise de cada uma delas individualmente, se esquecer do todo. Aos executivos e gestores que se aventurarem, a seguir recomendamos uma leitura completa para o entendimento do modelo. Embora cada um dos capítulos traga uma série de conceitos, metodologias, tendências e mesmo dicas de implementação relativamente rápida, os resultados podem ser temporários ou não significativos se a agenda de transformação organizacional para a inovação for encaminhada de forma muito fragmentada.

A falta de um modelo integrado em gestão de inovação, como apresentado neste livro, pode levar a muitas iniciativas que começam com muita energia, mas que se perdem no contexto das prioridades de curto prazo e no emaranhado das múltiplas demandas e processos organizacionais tradicionais. Esperamos que o leitor também saia convencido da necessidade da adoção de um modelo integrado e sistêmico, como o Modelo das 10 Dimensões que é detalhado nos próximos capítulos.

DIMENSÃO 1

Estratégia e objetivos de inovação

Inovação é, sobretudo, um termo associado ao mundo das organizações. Já os pesquisadores fazem experimentos, descobertas e invenções. Inovar nos negócios envolve, muitas vezes, uma complexa teia de mudanças nas especificações de produtos, processos, modelos de vendas, sistemas contábeis, entre outros. Evidentemente, algumas inovações em apenas um ou outro ponto do sistema empresarial podem ser suficiente ou altamente rentáveis.

Por incrível que pareça, muitas organizações embarcam na onda da inovação sem ter uma noção muito clara do que efetivamente buscam. Estão buscando simples melhorias em seus processos existentes? Querem apenas acelerar o crescimento nos mercados atuais e adjacentes? Querem mudar a experiência dos clientes atuais? Querem encontrar novos nichos específicos de mercado? Buscam criar novos negócios totalmente novos? Querem desenvolver tecnologias radicais? Ou querem apenas ser os primeiros a trazerem uma novidade, um novo produto ou uma inovação radical que já existe no exterior?

Como esses objetivos de inovação estão alinhados com o planejamento estratégico ou Balanced Scorecard (BSC) da empresa? Quem está remando a favor dos objetivos da inovação? Como fazer que os principais executivos não apenas apoiem verbalmente, mas com recursos, tempo e interesse genuíno os objetivos de inovação de uma empresa? Como tornar os líderes da empresa verdadeiros *champions* do processo de inovação?

Partindo, por sua vez, da premissa de que a estratégia tem a ver com encontrar uma posição diferenciada e rentável no mercado, em que potenciais concorrentes tenham menor possibilidade de copiar as propostas de valor da empresa, é surpreendente quantos exercícios de planejamento estratégico têm pouco de estratégia e muito de orçamento extrapolado. Mais ainda: como é possível desenvolver posições estratégicas sustentáveis sem um forte componente de inovação sistêmica? E para inovar sistemicamente e estabelecer forte relacionamento com o planejamento estratégico é preciso primeiro saber onde estão as oportunidades para inovar que farão diferença no negócio da empresa.

Identificação das oportunidades para inovar

Sabemos que não é possível copiar a estratégia e práticas de inovação de outras empresas sem um claro entendimento da dinâmica competitiva do próprio mercado. Diferentes mercados demandam diferentes intensidades de inovação para manutenção do crescimento e da rentabilidade. Existem mercados em que os ciclos se contam em meses, enquanto em outros eles se contam em muitos anos. Além disso, em alguns mercados a competição é muito regionalizada, enquanto em outros a competição é global.

Quanto à frente e quão diferente você vê o seu futuro? Sua organização vai sempre vender os mesmos produtos e proposições de valor para os mesmos clientes de alguns anos para cá? E daqui a 10 anos? Com certeza, ninguém pode prever o futuro, mas o mero fato de você pressionar as pessoas a imaginarem um futuro diferente deve ajudá-las a desenvolver um ou dois discernimentos que mudem completamente seu negócio. A outra opção é desenvolver uma regressão linear e olhar o futuro conforme foi o passado. Mas quantas indústrias têm realmente se desenvolvido dessa forma nos últimos três, cinco ou dez anos?

Conhecer, portanto, os drivers da inovação de sua arena competitiva e como ela afeta o negócio é o dever de qualquer dirigente empresarial. É com o olhar de fora para dentro, ou seja, com mudanças no ambiente externo que ele

Estratégia e objetivos de inovação 19

pode criar o senso de urgência para colocar a inovação de maneira permanente na agenda corporativa. Esse olhar de fora para dentro, no entanto, não pode ser feito de maneira *ad-hoc* apenas. É necessário estar amplamente alinhado ao planejamento estratégico da empresa, de modo que mudanças estruturais (lei e regulações, estrutura competitiva, comportamentos, economia, tecnologias etc.), assim como necessidades latentes de clientes ou movimentos da concorrência direta e indireta, sejam mais bem compreendidos. Isso significa responder a perguntas tão específicas como:

- Qual é o impacto esperado da inovação para o crescimento do negócio?

- Dado que a empresa tem uma ambição em termos de crescimento, qual percentual específico desse crescimento deverá ser resultado de novos processos, produtos ou novos negócios da empresa?

- Será que apenas maior penetração nos mercados atuais ou expansão para outros mercados vai garantir os resultados empresariais necessários para o negócio?

- O drive da inovação está nos processos internos ou nos modelos de negócio?

- Quais os segmentos de mercado ou grupo de clientes que têm necessidades não plenamente atendidas? Como direcionar a inovação da empresa para esses segmentos?

Embora muitos imaginem que a inovação nasce de cérebros iluminados de dentro das organizações, na prática o que verificamos é que as inovações de maior impacto são a materialização e a geração de valor associadas à introdução de novos produtos ou soluções para atender a oportunidades latentes ou emergentes que estão surgindo no mundo externo. As empresas mais inovadoras do mundo sabem que é necessário ter um processo sistêmico, deliberado e contínuo para identificar as grandes oportunidades para inovar e se diferenciar no mercado. Essas oportunidades podem ser de várias ordens. Na Figura 4, apresentamos um modelo que considera alguns dos principais elementos de um sistema corporativo para identificação de oportunidades de inovação.

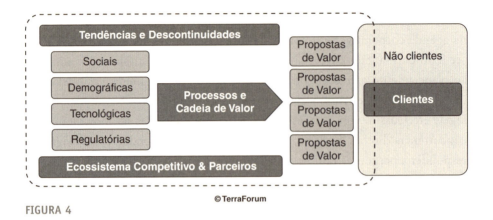

FIGURA 4

Esse modelo pode ser decomposto e explicado da seguinte maneira:

Clientes – não clientes – propostas de valor

Peter Drucker já havia destacado que o propósito de uma empresa é criar um cliente e, para isso, as funções inovação e marketing são fundamentais. Jack Welch o complementou dizendo que as fontes de vantagem competitiva são aprender sobre os clientes e transformar esse conhecimento em ações, mais rápido que seus concorrentes. De fato, o que vemos hoje é uma atenção muito maior das empresas em entender o cliente e suas necessidades latentes que indicam as oportunidades de inovação.

Cada vez mais vemos empresas partindo para o corpo a corpo com os clientes, executivos passando um tempo em favelas, experimentando o dia a dia de consumo de seus públicos-alvo. Vemos um uso crescente de técnicas mais sofisticadas de estudo como etnografia, *lead user*, código cultural e outras técnicas baseadas na sociologia e antropologia. As redes sociais têm sido outra fonte importante de informações sobre os clientes, muitas vezes oferecendo tanto aos clientes como aos não clientes oportunidades de cocriação e codesenvolvimento.

Um dos grandes desafios é focar efetivamente as necessidades dos clientes e não a melhoria das funcionalidades dos produtos e serviços existentes. Quando essa postura efetivamente é adotada ampliam-se fortemente as possibilidades de identificação de necessidades, problemas e propostas de valor para vários tipos de segmentos de clientes que não têm suas necessidades plenamente atendidas.

Estratégia e objetivos de inovação 21

Clayton Christensen, em seu trabalho seminal sobre inovações "disruptivas", pondera que é importante entender "qual é a tarefa (*job*) que os clientes estão tentando realizar". Em outras palavras, ele relembra o que foi dito por Theodore Levitt na década de 1970: "Os clientes não querem furadeiras, eles querem pendurar quadros." Além disso, o trabalho de Clayton Christensen nos leva a olhar as necessidades dos clientes sob vários ângulos adicionais:

- Quais os segmentos de clientes que poderiam ter atendimento diferenciado em termos de produtos, serviços e soluções completas?

- Que novas tecnologias permitem atender a segmentos de clientes de maneira mais apropriada ou com menor custo?

- Qual a melhor maneira de segmentar o mercado além das clássicas (por exemplo, porte, poder aquisitivo, gênero, faixa etária etc.)?

- Que tipos de propostas de valor podem ser oferecidas para diferentes segmentos de clientes e não clientes?

- Em quais mercados a inovação é fundamental para poder competir?

- Quais os principais problemas que os clientes/consumidores atuais ou potenciais estão enfrentando?

- Como criar novos tipos de solução ou experiência para os clientes atuais ou potenciais?

- Quais as oportunidades para inovar no modelo de receita, cobrança ou financiamento dos clientes?

- Que inovações sistêmicas poderiam criar modelos de *lock-in* que tornam muito mais difícil perder clientes para a concorrência?

- Como focar o processo de inovação de forma central nos atributos, funcionalidades e características técnicas realmente valorizados pelos clientes? Como evitar investir em rotas tecnológicas e de inovação cujos resultados serão pouco valorizados pelos clientes?

Processos e cadeia de valor

É fundamental lembrar que as inovações podem acontecer em várias dimensões dos processos e da cadeia de valor. Numa cadeia de valor, principalmente as mais longas, sempre há possibilidade de inovar a partir da integração de produtos e serviços e entrega de soluções completas e otimizadas para o próximo elo da cadeia de valor. Daí a lógica da integração crescente, por exemplo, no setor automobilístico ou de aviação. Alguns players têm se limitado a produzir componentes, outros evoluíram para produtos montados, outros ainda para prover subsistemas ou sistemas completos. As empresas líderes e de vanguarda na cadeia coparticipam da criação e mesmo da construção dos automóveis e aviões.

O entendimento profundo da cadeia de valor requer um olhar treinado e também um processo sistêmico para se analisar gaps de performance e quais têm maior potencial de gerar resultados positivos com a inovação e responder a perguntas como as seguintes:

- Quais elos da cadeia de valor estão se *comoditizando* e para onde se move a geração de valor?

- Em que ponto da cadeia de valor há maior potencial de integração, diferenciação e inovação?

- Como envolver diferentes atores do ecossistema nos processos de inovação?

- Como uma maior integração e colaboração com todos os atores do processo de inovação pode gerar mais valor para todos?

- Que novas formas de receber e entregar os pedidos e serviços têm potencial de gerar grande valor e diferenciar a empresa?

Tendências e descontinuidades

É necessário compreender as grandes tendências e descontinuidades econômicas, demográficas, tecnológicas e regulatórias da sociedade de maneira geral.

SOCIEDADE/ECONOMIA/DEMOGRAFIA

- Quais são as pressões advindas do ambiente de negócios, da sociedade e dos consumidores para que a empresa inove?

- Quais inovações são necessárias para garantir a perenidade e a licença para operar da empresa?

Exemplos nacionais ilustrativos

- As Regiões Norte, Nordeste e Centro-Oeste têm, nos últimos anos, crescido a taxas muito superiores às das Regiões Sudeste e Sul
- Rápida redução das taxas de natalidade e maior envelhecimento da população brasileira
- Penetração significativa da internet
- Possíveis aumentos às restrições da circulação de automóveis nas zonas centrais de grandes metrópoles
- Aumento da criminalidade em cidades de pequeno e médio porte
- Política de câmbio flexível no Brasil na primeira década do século XXI

TECNOLOGIA

- Que rupturas tecnológicas recentes podem gerar maior potencial de rápidas evoluções tecnológicas de segunda ordem?

- Quais as tecnologias emergentes e mais promissoras?

- Quais aquelas já disponíveis que poderiam ser integradas em um novo modelo de negócio?

- Que empresas emergentes detentoras de tecnologias, patentes ou pessoal com expertise diferenciada deveriam ser compradas?

Exemplos relevantes ilustrativos

- Oportunidades abertas pelo domínio mundial na produção de tablets
- Tecnologias para mobile de realidade aumentada
- Incorporação crescente de GPS em dispositivos móveis
- Nanotecnologia
- Plásticos verdes
- Redes sociais baseadas em códigos abertos
- Sequenciamento de genomas

REGULATÓRIO/POLÍTICAS PÚBLICAS

- Que mudanças regulatórias em curso podem abrir novas possibilidades de inovação?
- Que políticas públicas em discussão podem vir a criar novos mercados?

Exemplos nacionais ilustrativos

- Oportunidades das empresas de telecomunicações atuarem também na transmissão de programas de televisão e competirem com as empresas de TV a cabo
- Possibilidade de as empresas de distribuição de energia elétrica atuarem na oferta de serviços de internet
- Políticas públicas de incentivo ao desenvolvimento de energias limpas
- Políticas públicas de financiamento de habitação para segmento de baixa renda (exemplo relevante: Tecnisa Flex, empresa que definiu uma nova estrutura de negócios para explorar oportunidades de imóveis financiados pelo projeto governamental "Minha Casa, Minha Vida" – imóveis econômicos)

- Regulamentação do cadastro positivo de crédito
- Novo Código Florestal
- Novas certificações ambientais

Vários autores, pesquisadores, institutos de pesquisa, instituto de estudos do futuro também contribuem para que muitas dessas macrotendências e descontinuidades possam ser identificadas. Cabe às empresas o estabelecimento de processos internos de planejamento estratégico da inovação que evitem a protelação constante das decisões em termos de investimento em inovação. Muitas empresas analisam megatendências, mas não as incorporam efetivamente em seus processos de planejamento e tomada de decisão, como se as mesmas sempre fossem uma oportunidade futura longínqua. As mais inovadoras, no entanto, se antecipam e agem efetivamente sobre as oportunidades latentes oferecidas pelas tecnologias emergentes, mudanças no ambiente regulatório e/ou importantes modificações nos comportamentos e valores de parcela significativa da população.

Tipos de inovação

Historicamente, a divisão entre tipos de inovação se resumia aos seguintes tipos de classificação:

- Inovação em processos ou produtos.

- Pesquisa básica, pesquisa aplicada e projetos de engenharia.

- Inovação incremental, substancial, radical e disruptiva (termo e conceito trazido por Clayton Christensen).

Embora tais classificações ainda sejam úteis, a visão sobre o escopo da inovação e seu impacto nos negócios ficou muito mais ampla, e vários trabalhos tentam classificar as inovações também de acordo com o foco, como na lista a seguir:

- **Soluções:** Resolver problemas *end-to-end* para os clientes (por exemplo, General Electric, que começou não apenas a vender turbinas de avião, mas a prover todo o serviço de análise de uso, manutenção etc.).

- **Clientes:** Achar novos segmentos de clientes ou necessidades não atendidas (por exemplo, DuPont, quando criou produtos de blindagem para carros de linha mais popular para atender a grande demanda em mercados de grande nível de insegurança como México e Brasil).

- **Experiência do cliente:** Mudar o jeito como a empresa interage com os seus clientes (por exemplo, a Starbucks, que nos Estados Unidos, mudou o hábito de tomar café tornando seus cafés um "ponto de encontro").

- **Modelo de receitas:** Mudar o jeito pelo qual a empresa é paga (por exemplo, Syngenta Brasil, que criou um mecanismo de financiamento e seguro dos seus clientes – *barter* –, permitindo aos mesmos pagarem os produtos com parcela de sua produção).

- **Cadeia de valor e plataforma:** Mudar a posição ou o escopo de participação na cadeia de valor (por exemplo, Apple, que mudou a forma como se posiciona na cadeia da indústria de música ao criar uma plataforma na qual se posiciona como intermediária e não como fornecedora de aparelhos).

- **Canais:** Mudar a forma como a empresa vai para o mercado com o seu produto (por exemplo, Netflix, que mudou completamente tanto o modelo de cobrança como a maneira como as pessoas alugam os filmes para assistir em casa).

- **Networking:** Mudar a forma como se liga aos clientes ou fornecedores (por exemplo, Dell ou Zara, que revolucionaram suas respectivas indústrias por meio da revisão de como funcionam suas cadeias logísticas).

- **Marca:** Mudar a maneira como a empresa comunica sua marca (por exemplo, Virgin, que criou uma marca guarda-chuva, que lhe permite entrar em vários tipos de mercado com uma posição diferenciada, *high-end*).

Como pode ser visto pelos exemplos, embora sejam tipos de inovações de grande impacto, as empresas não precisam necessariamente desenvolver tecnologia original ou radical e, em alguns casos, a inovação nem mesmo passa pela aplicação de nova tecnologia. O que muitas empresas líderes em inovação têm aprendido é que inovar no **modelo de negócios** pode ser tão poderoso quanto desenvolver uma tecnologia totalmente nova e radical.

A inovação no modelo de negócios tem ainda a vantagem de estar embutida em vários elementos da cadeia de valor do negócio, inclusive na forma como a empresa se relaciona e transaciona com fornecedores, parceiros e clientes. Nesse sentido, ela é muitas vezes mais difícil de copiar porque significa transformar sistemicamente todo um negócio e modelo de organização ou criar uma nova empresa ou novo negócio.

Posicionamento da organização para a inovação

Definir quais as grandes oportunidades para inovar e quais tipos de inovação fazem mais sentido são, sem dúvida, um primeiro passo. Sem esse alinhamento fundamental, uma parte substancial dos esforços em favor da inovação na empresa pode ser desperdiçada ou não atingir os objetivos esperados quando surgem grandes descontinuidades e oportunidades.

A inovação efetiva e de impacto sempre começa no topo e com objetivos claros e entendimento claro das consequências que essas decisões de onde inovar têm na modelagem de todos os processos de inovação da empresa. O importante é que escolhas estratégicas precisam ser feitas e devidamente alinhadas e comunicadas. O framework a seguir (Figura 5), baseado em réguas

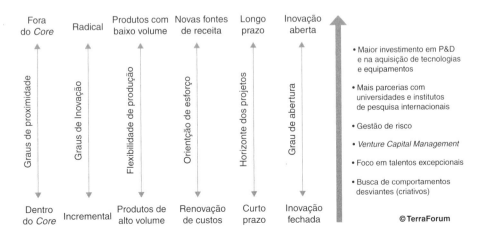

FIGURA 5 Comunicação da estratégia de inovação.

de posicionamento, tem sido muito utilizado por vários clientes da TerraForum durante o processo de alinhamento do nível executivo e da subsequente comunicação para os demais níveis gerenciais.

Inovação dentro e fora do *core business*

Desde meados da década de 1990, o conceito de *core business* – aquilo que a empresa sabe fazer e entregar bem, a partir da combinação de um conjunto específico de competências, conhecimentos e uso de recursos – é um tema dominante no mundo da alta gestão empresarial. No contexto da gestão da inovação, isso não poderia ser diferente, pois inovar significa quebrar alguns paradigmas. Inovar apenas dentro do *core business* pode significar uma morte lenta em função da perda de relevância do *business* atual; inovar, porém, em áreas em que a empresa não tenha nenhum tipo de vocação, competência ou conhecimento também pode ser altamente destrutivo e arriscado.

Diferentes negócios, setores econômicos e mercados de atuação oferecem condições de contorno relativamente distintas que podem levar as empresas a se posicionarem de forma mais próxima ou mais afastada do seu *core business* em seus esforços de inovação. Independentemente da escolha que será feita, o mais importante é que haja um consenso na alta administração sobre esse posicionamento. Tipicamente isso envolve várias decisões. Que tipo de clientes queremos atender? Podemos ampliar a inovação para além do produto, para passar a oferecer um conjunto de serviços e soluções integradas? Vamos atuar apenas em melhorias incrementais nas tecnologias que já dominamos ou vamos buscar ou investir em tecnologias totalmente novas?

Caso SIGG: Inovação, sustentabilidade e reinvenção do modelo de negócio[1]

"Como eu não tinha pensado nisso antes?" Essa é a pergunta que a maioria das pessoas se faz quando se depara com um produto novo e bastante útil logo após o primeiro uso. Tornar um produto indispensável e objeto de desejo é uma das estratégias mais eficientes para o sucesso do negócio. Com isso em mente, a SIGG, fabricante suíça de garrafas de alumínio reutilizáveis, reinventou-se ao longo de mais de 100 anos de história: modificou seu modelo de negócio e focou as estratégias de marketing e comunicação, envolvendo áreas e competências diferenciadas. Sofreu diversas reviravoltas em função das mudanças econômicas e culturais do mundo ao longo do último século e encarou essas barreiras com um ingrediente essencial nos últimos anos: a inovação e o foco no design de novos produtos, com base na sustentabilidade.

A SIGG nasceu em 1908, apostando no alumínio como o material do futuro, para produção de utensílios domésticos. No final dos anos 1920, para aproveitar as sobras de material, passou a produzir uma garrafa usada para esquentar a cama e/ou aliviar a dor, como uma bolsa de água quente. A bolsa de cama logo virou garrafa de beber água. Novos usos para o mesmo produto, portanto. Assim, a SIGG empregava primitivamente ferramentas de design thinking: o desenvolvimento baseado no uso e a descoberta de necessidades de consumo que atendem às necessidades dos clientes. Descoberto esse nicho, a marca diversificou a gama de produtos até que, sofrendo com a concorrência no auge da globalização, nos anos 1990, decidiu reestruturar estrategicamente seu modelo de negócio: focou apenas as garrafas, cuja produção já era automatizada.

As garrafas possuem vida útil de 10 a 20 anos e são 100% recicláveis e fabricadas em ambiente ecologicamente correto. Produzidas a partir de uma única folha transparente de alumínio, são extremamente resistentes e duradouras, e possuem revestimento interno especial, evitando o desgaste por acidez e acúmulo de bactérias. O aspecto sustentável e inovador se aplica, assim, a quase todas as etapas de fabricação, embalagem, distribuição, venda e pós-venda do produto, em um processo contínuo de desenvolvimento.

---

[1] Caso escrito com a colaboração de Mariana Della Dea Tavernari.

Como empresa inovadora, a SIGG faz uso dos seus recursos de forma a se destacar nos *outputs* de P&D. A inovação baseada na sustentabilidade surge na SIGG como uma forma de aumentar a eficiência, reduzir o desperdício de materiais, energia e custos de fabricantes de bens, melhorando a gestão da sua organização. Uma empresa "ecoeficiente", que leva o meio ambiente em consideração em seus *stage-gate*s, fazendo mais com menos.

Com um século de tradição suíça, o faturamento crescente passando de uma centena de milhões de euros e o crescimento de 30% ao ano foram fruto também de um segundo aspecto: ser verde é estar na moda. E moda está diretamente ligada a produtos de alto valor agregado. Com mais de cem modelos e estampas novos lançados a cada ano – a partir de briefings a mais de 200 designers de todo o mundo –, a marca investe em diversas estratégias para atingir o cliente: de brindes em eventos e parcerias com grifes de luxo a celebridades com suas garrafas fotografadas por paparazzis. O licenciamento de imagens famosas, como desenhos animados e o formato dos pontos de venda (quiosques), também são um diferencial para comunicar com seu *target* ecoconsciente, disposto a deixar de consumir garrafas plásticas.

Apoiada tanto na tradição suíça, famosa globalmente pelos seus canivetes e relógios, como na diversidade cultural, que se reflete nas estampas variadas, a SIGG se propõe como marca universal, surfando na onda da sustentabilidade. No entanto, em 2008, o mar calmo deu lugar a uma ressaca: uma investigação da Agência de Proteção Ambiental descobriu que as garrafas continham um plástico com BPA, um produto químico associado ao diabetes, à puberdade precoce e até ao câncer. Diante da revolta de blogueiros e defensores do meio ambiente, foi obrigada a adotar uma postura transparente e inovadora para reconquistar sua reputação e a confiança dos consumidores: retratou-se publicamente, lançou uma espécie de *recall* das garrafas e adotou uma estratégia de comunicação baseada integralmente no contato direto com o consumidor, via redes sociais.

Como organização secular, porém inovadora, a SIGG desenvolveu um produto que conta a história europeia, carrega a tradição suíça e, ao mesmo tempo, dá voz à criatividade de diversas partes do mundo. Tudo isso ao idealizar protótipos sustentáveis, em meio a reviravoltas que exigiram estratégias de comunicação capazes de alavancar esse aspecto glocal da marca.

Desenvolvimento de novos negócios

Nada parece mais desafiador e potencialmente de mais alto valor do que as inovações associadas ao desenvolvimento de novos negócios. Não estamos falando de novas vendas para os mercados, de clientes e de produtos típicos da organização, mas da entrada da organização em mercados totalmente desconhecidos, com os produtos atuais ou mercados relativamente conhecidos ou totalmente novos – para a empresa ou porque se baseiam em tecnologias emergentes.

Desenvolver novos negócios requer, ao mesmo tempo, análise de sistemas complexos, gestão de riscos e gestão de mudanças. Esse é o tipo de contexto que demanda, no caso de pequenas empresas, empreendedores experientes e com grande capacidade de articulação.

No caso de grandes empresas, por sua vez, os interesses em manter o *status quo* de diversas áreas da organização são, em geral, impeditivos para o desenvolvimento de novos negócios. Isso é particularmente verdadeiro quanto mais distante as oportunidades identificadas se encontram dos atuais negócios da empresa.

Em outras palavras, conforme colocado por Gary Hamel, desenvolver novos negócios significa quebrar a tirania do mercado atendido e romper a inércia do sucesso alcançado no passado. Um desafio enorme que exige, além de talentosa análise e racionalidade, boa dose de coragem e liderança dos executivos para quebrar com modelos tradicionais de crescimento dentro do *core business*.

Alguns dos típicos desafios para inovar fora do *core* e criar novos negócios incluem:

- Foco excessivo nos clientes atuais e suas necessidades expressas (tirania do mercado atendido).

- Dificuldade para levar adiante ideias e projetos não claramente vinculados ao modelo de negócio vigente.

- Ausência de metodologias, mecanismos e práticas para gerar e capturar ideias radicais.

- Pouca ênfase e valorização da busca de ideias fora da organização.

- Uso de práticas tradicionais de avaliação, tipicamente aplicadas ao *core business*, nos estágios iniciais de ideias (competição "injusta" com projetos voltados para inovações incrementais), alocando, dessa maneira, recursos exclusivamente a projetos com retornos financeiros passíveis de serem calculados.

- Poucos profissionais com perfil empreendedor e dificuldade em identificar, apoiar, recompensar e promover intraempreendedores.

- Dificuldade para incorporar pessoas seniores vindas de fora ou mesmo de empresas adquiridas.

- Dificuldade de transição de novas ideias e projetos muito distintos para alguma área ou unidade de negócio existente.

- Impacto relativamente baixo nas receitas e *bottom-line* nos primeiros anos de operação de tecnologias e projetos mais radicais ou longe do *core business*.

- Mecanismos de remuneração variável fortemente vinculados aos resultados financeiros de curto prazo ou ligados exclusivamente ao *core business*.

Novas convenções para novos mercados
por Stephen Wunker[2]

> Novos mercados apresentam verdadeiros desafios estratégicos – a natureza dos clientes, o que eles querem e quais empresas estarão no páreo é algo fluido e incerto. Apesar desses problemas, muitas empresas tentam atuar nesse contexto como fariam em negócios já estabelecidos. Elas criam planos anuais, investem fortemente em *benchmarking* e mantêm os profissionais responsáveis por atingir o alvo. Isso é loucura, e nenhum bom empresário sonharia em atacar um mercado dessa maneira.

---

[2] Stephen Wunker é Managing Director da New Markets Advisors e autor do livro *Capturing New Markets: How Smart Companies Create Opportunities Others Don't* (McGraw-Hill, 2011).

As melhores startups seguem um conjunto de regras diferente, que pode ser facilmente adaptado por grandes corporações, se elas estiverem dispostas a abraçar um novo estilo operacional conveniente para mercados que estão apenas começando. Grandes empresas ainda podem ser rigorosas – sem dúvida, essa é uma de suas principais vantagens em competir contra empreendedores por oportunidades emergentes. Mas o conjunto de regras que elas seguem precisa ser apropriado para o contexto de novos mercados:

1. **Definir os mercados amplamente.** A Apple foi um entrante tardio na indústria de telefonia móvel, mas foi um pioneiro no negócio de dispositivos móveis de internet. Ao redefinir o campo de atuação, a empresa criou posições únicas que lhe permitiram derrotar concorrentes aparentemente entrincheirados.

2. **Criar demanda antes de bater a concorrência.** Frequentemente, o verdadeiro perigo para um negócio emergente não é uma empresa rival, mas a inércia do mercado. No momento em que os clientes vão da contemplação à ação, o empreendimento pode ter ficado sem dinheiro. A competição pode ser o melhor amigo de uma empresa ao estimular o crescimento global do mercado. A concorrência ajuda a educar os clientes e remover o risco da decisão de compra inicial. Ao colaborar com os rivais para divulgar a nova indústria e as vantagens da adoção do novo produto ou serviço, as empresas podem impulsionar o crescimento. Eventualmente, elas podem tentar agarrar a melhor posição no mercado, mas no curto prazo a batalha é para manter os clientes em movimento.

3. **Plataformas de alavancagem.** Ser verdadeiramente distinto é maravilhoso... um dia. Infelizmente, a distinção é muitas vezes cara e demorada de se conseguir. Onde existem plataformas que facilitam a criação de algo novo (softwares de produção em massa criados por empresas, ferramentas de código aberto etc.), deve-se usá-las. Haverá tempo mais tarde para criar algo único para o mercado, mas muitas vezes a prioridade é entender os clientes, ver como uma nova oferta está sendo usada e ajustar-se rapidamente. As plataformas permitem essa flexibilidade.

4. **_Manter preços flexíveis._** Em um novo mercado, pode não estar muito claro quanto valor uma inovação vai gerar ou quão forte a competição será. Com isso, há grandes vantagens em esperar para ver o quanto os clientes podem pagar. Usando mecanismos para manter os preços indefinidos – pagamentos ligados a condições específicas, experimentação por tempo determinado, taxas de personalização, e assim por diante –, as empresas podem manter suas opções em aberto.

5. **_Concentrar-se em pequenos pontos de apoio._** A estratégia de negócios tradicional defende a busca pelos segmentos de cliente de maior tamanho e com maior _ticket_. Estes podem ser clientes muito difíceis de satisfazer, e eles podem se mover lentamente. No início, concentre-se em clientes menos exigentes, que adotem uma nova ideia rapidamente e que forneçam um feedback rápido sobre ela. Essa abordagem pode criar referências úteis para futuros clientes, ao mesmo tempo em que oferece à empresa um alvo claro sobre uma possível estratégia de desenvolvimento de produto que seja eficiente, ágil e barata.

6. **_Riscos de investimento._** Um bom gerenciador de capital de risco organiza investimentos e orienta as empresas a abordar alguns riscos-chave por vez. Ele não está tentando construir o negócio em miniatura, mas verificando se a empresa tem chances de sucesso. Essa abordagem mantém os investimentos modestos e permite que o gerenciador de capital de risco tenha suporte para apoiar ideias mais arriscadas – o fracasso é frequente, mas rápido e barato.

Ao seguir esses princípios, as empresas podem tornar as explorações de novos mercados baratas, rápidas e ágeis. Jogar fora os conceitos antigos não significa que uma empresa não deva ter rigor, ela simplesmente precisa de um conjunto de abordagens diferentes, que trabalhe em ritmo acelerado e em mutação constante do contexto de novos mercados.

Caso Syngenta[3]

A Syngenta é uma empresa líder no setor do agronegócio, que atua nos segmentos de biotecnologia, sementes e proteção de cultivos. Para ajudar o produtor a produzir mais alimentos com menos, a inovação é um fator determinante. A inovação sempre esteve presente no dia a dia da empresa e ficou ainda mais forte em 2003, quando foi definida como um dos quatro valores da organização, ao lado de intensidade, saúde e performance.

Embora, tradicionalmente, a empresa já tivesse um forte processo de P&D local, e principalmente global, o objetivo era criar uma cultura de inovação que fosse muito além de P&D e que permitisse à empresa inovar em várias dimensões: atendimento a clientes, processos internos, modelos de receitas, entre tantas outras dimensões. Ou seja, buscava-se ampliar a visão da inovação como um processo que pudesse engajar todos os profissionais da empresa.

Desde o início ficou bastante claro que a chave para obter sucesso com a inovação é o potencial criativo de seus profissionais na busca de novas soluções e resultados que gerem valor para todos os seus *stakeholders*. Além disso, era preciso um processo estruturado, capaz de capturar e transformar ideias em inovações.

Em 2005, a Syngenta Brasil trabalhou em um modelo que suprisse esses dois pontos. O processo foi estruturado a partir da definição do que é inovação para a Syngenta: qualquer ideia relacionada a produtos, processos, sistemas, ofertas integradas ou serviços que impacte o negócio atual ou esteja ligada ao propósito de trazer o potencial das plantas à vida. Esse conceito amplo teve como objetivo principal estabelecer a cultura de inovação dentro da organização.

O modelo adotado permite que todas as ideias sejam capturadas, desde a pequena melhoria até a ideia radical. Um formulário on-line, simples, rápido, em que o envio da ideia é feito com o preenchimento de poucas páginas, sem barreiras, para facilitar a experimentação e o registro da ideia. Com isso, capturamos grande número de ideias e fazemos as pessoas experimentarem o nosso processo como um todo.

O resultado não poderia ser melhor: são mais de 5.300 ideias registradas, com alto nível de participação dos profissionais da Syngenta. Quase 50% dos colaboradores já registraram pelo menos uma ideia e mais de 70% já se envol-

---

[3] Caso escrito por Ana Scagliarini, coordenadora do Syngenta Innovation.

veram de alguma forma no processo de inovação, gerando, avaliando, participando do desenvolvimento ou da implementação da ideia.

É uma mobilização muito intensa de toda a companhia no processo de inovação. Esse é um resultado importante e substancial para a companhia, pois um dos objetivos iniciais do programa era levar a inovação para além das paredes dos laboratórios. É importante, nesse sentido, destacar a participação de toda a liderança da empresa nessas definições iniciais e, depois, no contínuo apoio visível, inclusive facilitando que logo nos primeiros anos do programa de inovação cerca de 100 gestores fossem capacitados nos conceitos de criatividade e inovação.

Além disso, a empresa sempre compreendeu que fomentar uma cultura de inovação também requer formas diferenciadas de reconhecimento. Foram estabelecidas formas corporativas de reconhecimento e premiação para os melhores projetos de inovação. Adicionalmente foi criada uma cultura em que o reconhecimento permeia o trabalho gerencial. Assim, ele é realizado a todo instante pelos gestores junto às equipes e nos momentos de reunião de todo o time, como as convenções de vendas e marketing, dos departamentos e durante momentos focados na geração de ideias, como, por exemplo, o desafio de produção e supply chain.

Processo específico para novos negócios

Ideias não relacionadas com o *core business* da empresa, mas ligadas ao nosso propósito, seguem um processo e um fluxo diferente, chamados *New Business Development*. Por que isso? Para que ideias potenciais tenham chances de serem investigadas, exploradas e até desenvolvidas. Para permitir que nossos profissionais possam ir além, pensar em algo fora do trivial e buscar ideias de alto impacto.

O processo contempla tanto o fluxo espontâneo quanto o fluxo induzido de geração de ideias que são registradas na mesma ferramenta do programa de ideias, o Syngenta Innovation. O fluxo induzido de geração de ideias baseia-se em tendências futuras, oportunidades e ameaças ou em temas direcionados pela área de inteligência competitiva. Essas ideias são trabalhadas em workshops internos de geração de ideias ou propostas externamente por parceiros, pesquisadores e influenciadores.

As ideias são avaliadas e priorizadas de acordo com a aderência à nossa estratégia e ao nosso propósito, assim como em termos de viabilidade e atratividade percebidas. As ideias priorizadas passam por um processo de enriquecimento pela equipe de *New Business Development* porque, muitas vezes, elas são propostas em estágio muito embrionário e é preciso refinamento para que possam ser definidas como um conceito de negócios. Todas as ideias seguem o modelo de *stage-gates*, pelo qual a ideia é validada ou não por um comitê de novos negócios de acordo com o seu desenvolvimento, o conhecido *go/no go*.

Foi esse processo que possibilitou o desenvolvimento do Plene, produto que permitiu à Syngenta entrar no mercado de mudas para plantio de cana, com mercado potencial de mais de R$1 bilhão por ano.[4]

A Syngenta acredita estar no caminho certo. Separar os processos ligados ao negócio atual e novos negócios foi extremamente benéfico. Estamos satisfeitos com os resultados atingidos, tanto em relação ao valor para o negócio como quanto à organização e ambiente de trabalho propício para a inovação.

Estratégia de inovação e estratégia tecnológica

Há várias decisões que precisam ser tomadas para posicionar e alinhar a empresa em torno de uma agenda corporativa de inovação. A agenda de inovação, por sua vez, tem que direcionar a agenda tecnológica. Essa é uma importante definição que muitas vezes passa despercebida: estratégia de inovação e estratégia tecnológica não são a mesma coisa, como destacado na Figura 6 e discutido a seguir.

O foco da **estratégia de inovação** tem um escopo muito mais ligado ao mercado, às necessidades dos clientes e ao posicionamento da empresa quanto à inovação, incluindo análises e definições como as listas a seguir:

- Análises sobre os mercados definidos, a demanda, a concorrência e tendências

- Identificação de necessidades por inovação em mercados e segmentos de mercados

---

[4] Revista *Exame*. "Uma patente de 400 milhões de reais da Syngenta". 21 de outubro de 2010. Disponível em: http://exame.abril.com.br/revista-exame/edicoes/0978/noticias/uma-patente-de-400-milhoes-de-reais.

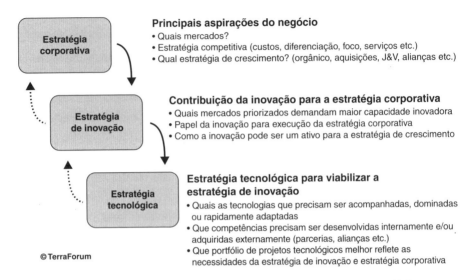

FIGURA 6 Relacionamentos entre estratégias corporativa, de inovação e tecnológica.

- Quais mercados serão priorizados do ponto de vista da inovação?

- Que tipo de inovação pode trazer melhores resultados? Nos processos? Nos produtos? No marketing? Ou no modelo de negócio?

- Com qual participação sobre os investimentos em tecnologias para atender esses mercados? E com qual nível de diferenciação desejada local e globalmente em cada mercado?

- Qual o nível de ambição: ser líder, seguir rapidamente os líderes no mercado de atuação ou no contexto mundial?

Já a **estratégia tecnológica** se ocupa de responder como a empresa vai conseguir os avanços tecnológicos necessários para executar a estratégia de inovação. Nesse sentido, as típicas questões associadas à estratégia tecnológica incluem:

- Mapas de tecnologias

- Mapas de atores externos detentores de conhecimentos críticos

- Tecnologias selecionadas

- Lista de tecnologias a serem desenvolvidas internamente

- Lista de parceiros para desenvolvimento de tecnologia

- Lista de parceiros para compra de tecnologia

- Matriz de tecnologias, com definições sobre quais serão desenvolvidas internamente, quais serão desenvolvidas em conjunto com parceiros e quais serão adquiridas

- Estratégia de propriedade industrial

Desenvolver internamente, fazer parcerias, comprar, integrar ou copiar

Durante a definição da estratégia, das metas e dos objetivos da inovação e da tecnologia, é preciso ser bastante realista quanto à real capacidade de a empresa realizar desenvolvimentos tecnológicos ou desenvolver competências muito específicas. No mundo altamente competitivo, globalizado e hiperconectado, é muito difícil – ou melhor, impossível – qualquer organização dominar o conjunto de tecnologias, competências e experiências necessárias para inovar com a velocidade e a qualidade demandadas pelos mercados.

Mais importante do que dominar tecnologias, componentes, subsistemas, é dominar e inovar constantemente na relação e experiência provida aos clientes. A capacidade inovadora muitas vezes é definida pela capacidade articuladora e integradora dos conhecimentos de diversos outros atores da cadeia de valor. Evidentemente há o risco de que antigos fornecedores e atores passem a ser fortes concorrentes no futuro. Encontrar o verdadeiro equilíbrio entre essas posições é uma das principais decisões da alta administração das empresas no processo de inovação.

As empresas também podem, ademais, tomar a decisão de comprar ou licenciar tecnologias para explorar rapidamente as oportunidades de mercado existentes antes que outra o faça ou desenvolva tecnologia concorrente.

No limite mais extremo, a estratégia tecnológica ou de inovação da empresa pode centrar-se também em forte atividade de M&A, buscando sempre empresas de pequeno porte com grandes ativos intelectuais ou tecnológicos que podem ser integrados na empresa ou alavancados com os recursos corporativos da empresa (marca, canal de distribuição, capacidade de financiamento etc.).

Há a cópia ilegal e a cópia inteligente. Ser um *fast follower* é uma opção competitiva que não pode ser descartada em vários contextos. Muitas empresas, hoje líderes de mercado, começaram com uma estratégia de "cópia" rápida de produtos concorrentes ou de outros mercados.

Metas específicas para a inovação

Uma das coisas mais gritantes e dissonantes entre o discurso e a prática da inovação em muitas empresas – em particular no Brasil – é o fato de a inovação não contar com indicadores e metas bem específicos ou acompanhados regularmente no nível estratégico, embora esteja oficialmente entre os objetivos e valores da empresa.

Definir objetivos e metas de inovação relevantes demanda, ademais, entender fortemente a natureza do ambiente competitivo e a natureza específica da inovação no contexto dos negócios da empresa. Indicadores de outras empresas devem ser analisados e compreendidos, mas nunca copiados, pois os bons indicadores de inovação são aqueles que estão intimamente ligados ao posicionamento e estratégia. E, como sabemos, estes também devem ser muito específicos de cada empresa.

A mensuração de resultados sob diversas perspectivas é muito importante porque permite avaliar as relações sistêmicas entre várias áreas e processos da organização. Além disso, o uso exclusivo de medidas financeiras e contábeis pode induzir a tomadas de decisões que são contrárias à inovação e à melhoria contínua, pois a avaliação exclusivamente numérica e analítica tem uma inclinação conservadora e negativa intrínseca *vis-à-vis* à inovação.

O uso de vários tipos de indicadores não deve significar, no entanto, uma proliferação de indicadores. Deve-se, pelo contrário, buscar a simplicidade: poucos indicadores devem ser utilizados e podem ser compostos de métricas quantitativas ou qualitativas.

Metas para a inovação

Sem metas explícitas e destacadas de inovação, elas podem se misturar rapidamente ao contexto geral do negócio, das unidades de negócios e das linhas de produto. Quando isso ocorre, as organizações acabam, principalmente no Brasil, privilegiando e maximizando os resultados de curto prazo. Assim, para contrapor a tendência natural que as pessoas e as empresas têm para o curto prazo, é necessário que vários níveis gerenciais, principalmente os mais altos, tenham metas específicas de inovação.

Do ponto de vista empresarial e fazendo o link direto com a estratégia, as metas e os indicadores que realmente importam são aqueles que definem o impacto quantificável esperado dos esforços de inovação da empresa. Estes, no entanto, podem ser bastante distintos, dependendo do foco principal da estratégia de inovação da empresa.

As metas de inovação podem, ademais, ser usadas para diferentes fins. Elas podem, por exemplo, ser utilizadas para efetivamente avaliar a contribuição da inovação para os resultados e objetivos estratégicos da empresa ou, ainda, para avaliar o desempenho da área de inovação ou P&D e dos funcionários diretamente envolvidos nas atividades de inovação. Em função dessa potencial ligação com os mecanismos de reconhecimento e recompensa, detalhamos as possíveis metas e indicadores tipicamente utilizados nas empresas, discutindo as vantagens, desvantagens e contextos mais indicados de utilização de determinadas métricas no capítulo sobre a dimensão, Mensuração e recompensas, mais adiante neste livro.

Por enquanto, destacamos a importância da existência de metas e discutimos, a seguir, a gestão do portfólio de inovação, que deveria, nos melhores casos, ser um balizador significativo de como a organização está atingindo suas metas de inovação. Em seguida, finalizamos esta parte apresentando alguns desafios e dilemas comumente encontrados na prática sobre as metas de inovação.

Gestão de portfólio

A experiência com inúmeros clientes mostra que a maior parte das organizações não tem falta de ideias, iniciativas e projetos. A questão principal, tipicamente, não é a quantidade, mas a qualidade, a ambição e o direcionamento estratégico. O mais comum é que as empresas tenham grande número de projetos em andamento, cada um com um "dono". Do ponto de vista da inovação como diferencial competitivo, essa é uma situação que pode trazer resultados muito aquém do esperado se um dos seguintes contextos se apresentar:

- permissão para que projetos sem grande potencial tenham sobrevida por interesses particulares;

- existência de projetos importantes com baixo nível de investimento, dedicação de recursos e atenção;

- ausência de projetos mais arriscados e de grande impacto;

- ausência de projetos em mercados emergentes que necessitam de abordagem do tipo experimental e aprendizado contínuo;

- carteira de projeto fortemente focada em resultados de curto prazo, mercados existentes e melhorias dos produtos atuais.

A solução para evitar esses contextos que não permitem à empresa se diferenciar pela inovação é a gestão de portfólio ativa. No contexto do alinhamento frente às metas da inovação, nada é mais visível e tangível do que a gestão do portfólio dos projetos de inovação. No melhor dos casos, o modelo de gestão do portfólio parte efetivamente da estratégia e dos objetivos de inovação e inclui uma combinação de critérios estratégicos, técnicos e financeiros (Figura 7).

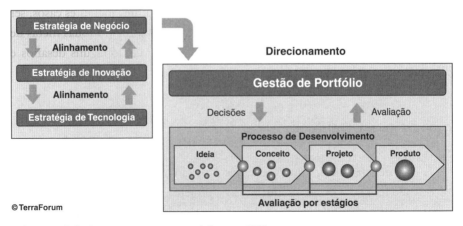

FIGURA 7 Relacionamento entre estratégia e portfólio.

Estratégia e objetivos de inovação 43

O modelo de gestão de portfólio que, tipicamente, envolve critérios para aprovação de projetos e a definição de gaps representa, na prática, um exercício contínuo de alinhamento estratégico, otimização de recursos e comunicação para os níveis gerenciais das expectativas da alta administração. A definição e a revisão estruturada da carteira de projetos representam a tangibilidade do modelo de inovação da empresa. Além disso, metas específicas de balanceamento precisam ser definidas *a priori*, resultando em um esforço continuado para que o *pipeline* e a carteira de projetos traduzam de fato os objetivos e metas definidos, conforme hierarquia da Figura 8.

FIGURA 8 Gestão de portfólio – três níveis de funcionamento.

Isso significa, na prática, criar *buckets* bem precisos e com orçamento específico, que precisam ser preenchidos por projetos de inovação. Na prática, isso se traduz em ter metas de alocação dos esforços de inovação da empresa divididos entre focos estratégicos específicos:

- Um percentual do orçamento deve ser direcionado para projetos de criação de novos produtos.

- Um percentual do orçamento deve ser direcionado para projetos embrionários e com potencial disruptivo.

- Um percentual do orçamento deve ser direcionado para o mercado emergente apto.

- Um percentual do orçamento deve ser dividido entre um conjunto pré-selecionado de temas etc.

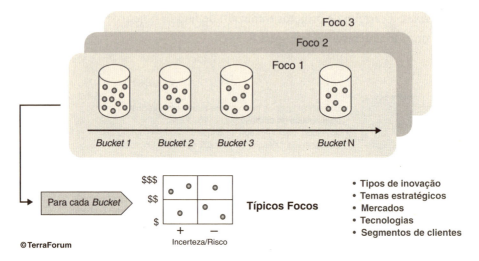

FIGURA 9 Processo para gestão de portfólio de inovação balanceado por focos estratégicos (1 de 2).

O não direcionamento estratégico como apontado na Figura 9 leva, invariavelmente, as empresas a terem sua carteira de projetos com um grande número de projetos voltados para o passado, para inovações incrementais e com retorno certo.

Outro cuidado é fazer o filtro dos projetos para todos os *buckets* usando a mesma "peneira", ou seja, usando os mesmos critérios clássicos de VPL, ROI, Ebitda etc. Sem dúvida são conceitos centrais na gestão de qualquer negócio, contudo a sua aplicação indiscriminada a projetos de inovação pode levar a um falso racionalismo, que se traduz pela seguinte lógica supostamente racional: "Desconsidero o que não conheço muito bem porque ainda não está provado e não pode ser projetado." Com isso, perdem espaço projetos muito inovadores – principalmente aqueles que criam novos mercados. É preciso reconhecer que os projetos mais inovadores são, em geral, o resultado de um grande esforço para superar incertezas, aprender com o próprio mercado, corrigir rapidamente e reorganizar o *business plan*.

Nesse sentido, outro aspecto a ser considerado no portfólio de inovação é a distribuição por estágio no funil de inovação. Com isso queremos dizer que é preciso monitorar e avaliar o equilíbrio ao longo do contínuo da inovação: da detecção da oportunidade à ideia até a implementação ou lançamento efetivo do projeto, como mostra a Figura 10.

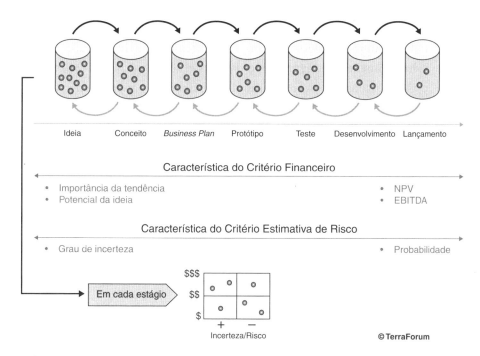

FIGURA 10 Processo para gestão de portfólio de inovação balanceado pelo estágio da ideia/projeto (2 de 2).

Notar que destacamos, nas Figuras 9 e 10, uma matrix "*$$$ x incerteza/risco*", que precisa ser considerada para qualquer projeto, em qualquer estágio ou qualquer foco estratégico. As duas dimensões têm características que precisam, no entanto, ser bem entendidas:

- **Dimensão incerteza/risco.** Projetos de inovação, principalmente se não se configuram como melhorias incrementais ou marginais aos produtos e processos existentes, trazem consigo algum grau de incerteza. Esse grau de incerteza tende, normalmente, a ser mais pronunciado nos estágios iniciais porque, à medida que a ideia ou projeto avança, as incertezas tendem a ser superadas ou o projeto precisa ser terminado ("matar o projeto"). A todo momento, também, a empresa deve avaliar qual sua máxima exposição financeira no caso de insucesso do projeto.

- **Dimensão $$$.** Na prática, quanto mais disruptivos os projetos de inovação, menor a precisão das estimativas do retorno financeiro do projeto. Isso não quer dizer que os projetos de inovação não devam ser pautados sempre por alguma estimativa de retorno. A diferença, ilustrada principalmente na Figura 10, é que nos estágios iniciais as estimativas estão pautadas por estimativas muito grosseiras ("grandes números") sobre a importância da tendência, tamanho do mercado ou existência de um grupo relevante de clientes ou potenciais clientes que poderiam ter interesse na ideia ou inovação proposta.

Não ter uma boa gestão de portfólio é um bom caminho para fazer uma série de bons projetos para melhorar o passado e não criar o futuro ou ainda incorrer em riscos não previstos. Não ter uma gestão ativa do portfólio pode significar também não investir ou investir de maneira muito tímida em temas ou focos estratégicos da empresa. As empresas líderes, por sua vez, estão sempre cuidando do seu futuro, evidentemente sem matar as galinhas de ovos de ouro que sustentam os investimentos para o futuro.

Outra observação é que as empresas precisam de métodos, práticas e algumas heurísticas para determinar o que fazer e o que não fazer em inovação. Sem isso, algumas discussões podem adquirir caráter pessoal, com diferentes indivíduos defendendo projetos e iniciativas que atendem mais a interesses pessoais do que da organização. A gestão bem estruturada do portfólio de inovação ajuda a diminuir sensivelmente (mas nunca elimina) o conflito pessoal, a decisão "viesada" e o jogo político. E o mais importante: a otimizar o uso de recursos da empresa!

DIMENSÃO 2

Modelo organizacional e governança para a inovação

Inovação, em muitos contextos competitivos, é um assunto muito importante para ser deixado ao acaso ou a cargo do departamento de tecnologia ou P&D. Além disso, em uma economia cada vez mais baseada em serviços, a lógica da inovação também há muito extrapolou a tradicional visão de uma área que cuida da inovação ou da tecnologia de forma quase isolada do resto da empresa.

No contexto da discussão do modelo organizacional e da governança, tanto a *dinâmica*, como a **estrutura e governança** como os **processos** são importantes, e essas dimensões são interdependentes.

Dinâmica organizacional

Organizações com estruturas mais flexíveis permitem melhor aproveitamento da competência e experiência das pessoas e melhor articulação delas para os projetos de inovação. Já empresas com estruturas rígidas e funcionais voltadas para modelos da Era Industrial têm grande dificuldade para se reorganizar e formar equipes *ad-hoc*, pois toda mudança envolve grande grau de formalismo e descrição detalhada de cargos. Nas organizações mais inovadoras, a estrutura formal e os cargos têm menos importância do que a experiência e o conhecimento efetivo das pessoas. Assim, a mobilização parcial ou temporária das pessoas para atingir objetivos de negócio e de inovação, em particular, ocorre mais naturalmente.

Equipes multidisciplinares e estruturas matriciais com pessoas advindas de diversos departamentos (e crescentemente de fora da empresa) são essenciais para criar o novo ou responder a desafios que vão além da rotina organizacional. Há evidências de que organizações voltadas para a criação de conhecimento e para a inovação têm mais facilidade para estabelecer esses tipos de equipes. As áreas funcionais respeitam esse tipo de trabalho, e os indivíduos envolvidos estão acostumados a trabalhar liderando ou sob a supervisão de mais de uma pessoa. Equipes multidisciplinares sobrepostas a estruturas operacionais requerem flexibilidade organizacional e individual.

As organizações mais inovadoras tendem, ademais, a ter estruturas mais planas de *reporting* e comunicação, e implementam processos que facilitam que as ideias de todos os colaboradores e mesmo *stakeholders* externos fluam de baixo para cima e entre as áreas na organização. O aprendizado é pensado de forma muito mais ampla e criativa do que a lógica dos cursos e educação formal. A visão interdisciplinar e os mecanismos e fóruns que estimulam a integração e a colaboração entre as áreas da própria empresa e com atores externos ("redes de inovação") são também amplamente apoiados e facilitados.

Sem um modelo mental nos níveis mais altos da organização que realmente priorize a inovação, fica muito difícil que grupos dedicados à inovação gerem resultados significativos, principalmente se o que se espera sejam inovações de maior impacto. Primeiro porque a dinâmica da inovação organizacional e de negócios é, de maneira geral, muito menos compreendida e de difícil consenso que a gestão operacional. Em segundo lugar, maior previsibilidade dos resultados de inovação só é atingida depois que a organização atinge elevado grau de maturidade, massa crítica e fluxo contínuo de pequenas e grandes inovações. E isso pode demorar alguns anos. Em terceiro lugar, e talvez a razão mais importante, está o fato de as inovações mais radicais em seus estágios iniciais apresentarem *business cases* bastante frágeis (com poucos números realistas) facilmente atacáveis pela linha mais conservadora e analítica das organizações.

Além desse nível de flexibilidade inserido no dia a dia da organização, a experiência tem mostrado também ser necessária a definição de estruturas ou governanças próprias a cargo da inovação na empresa. Vários modelos são encontrados na prática: comitês de inovação, incubadoras, grupo de novos negócios etc. Independentemente de sua estrutura formal, a verdade é que em várias empresas esse é um grupo relativamente frágil e que precisa ser olhado cuidadosamente pelos níveis mais altos da organização.

Liderança para executar os objetivos de inovação

O estabelecimento de metas desafiadoras pode ser um importante motivador para o desempenho individual e coletivo. Isso, no entanto, é verdadeiro na medida em que as metas colocadas sejam difíceis, mas realistas e passíveis de serem medidas, e, portanto, prover feedback para os indivíduos. Alguns estudos preconizam a manutenção de um permanente estado de "tensão criativa" como forma de alavancar nosso crescimento e aprendizado através da criação de um intenso *rapport* entre nosso consciente e nossa intuição e subconsciente. Já os estudos sobre o processo criativo destacam que o primeiro passo no processo criativo é o sentimento de dificuldades, problemas ou gaps nas informações.

Destaca-se, no contexto da criação de novos conhecimentos e inovação, a maneira como os líderes da organização se utilizam de metáforas, analogias e modelos para direcionar os esforços dos funcionários.[1]

Inovação, no entanto, é uma daquelas coisas de que todo mundo se mostra a favor, mas na hora da execução muitos encontram diversas desculpas porque a agenda, os objetivos ou os prazos das iniciativas de inovação não foram executados a contento. Visando contrapor essa tendência de a inovação ser frequentemente postergada, é fundamental que a alta administração estabeleça mecanismos gerenciais que tornem as discussões estratégicas mais tangíveis. Podemos citar em particular as seguintes práticas:

Comunicação da agenda de inovação

A inovação já deixou há muito tempo de ser vista como ação e responsabilidades exclusivas de um único departamento. Pelo contrário, espera-se

---

[1] Nonaka & Takeuchi. *A empresa criadora de conhecimento*. Rio de Janeiro: Campus/Elsevier, 2005.

que todo colaborador da empresa seja capaz e responsável por trazer novas ideias, projetos e inovações para a empresa. Dessa maneira, um instrumento fundamental da alta administração é ter uma estratégia de comunicação e engajamento permanente em torno das oportunidades, desafios e recompensas relacionados à inovação. Se isso não é feito, as pessoas, em geral, tendem a buscar uma nova posição de equilíbrio ou zona de conforto.

Definição do time para liderar uma empresa inovadora

Uma das coisas que todo mundo sabe é que o mundo das inovações e de empreender é repleto de altos e baixos, assim como de períodos de euforia e até mesmo desespero. Quanto maior a ambição ou o grau de ruptura da inovação, maior serão as incertezas e as armadilhas. No caso de inovações mais radicais ou novos negócios, os riscos são sistêmicos e nem sempre facilmente mapeados.

Uma das coisas que se revela na fascinante literatura associada à história das invenções, descobertas, inovadores e empreendedores é que os inovadores e empreendedores compartilham de uma resiliência muito acima da média. Bons executivos, bons gerentes e mesmo bons profissionais podem até ter muito destaque e serem mesmo muito mais efetivos quando tudo e todos remam a favor, quando o negócio principal é *milk the cow*, manter ou acelerar o crescimento orgânico ou fazer inovações incrementais.

Há momentos, no entanto, em que a "vaca leiteira" dos negócios já não vai sustentar toda a família. São aqueles momentos em que as ameaças ao *core* da empresa se avizinham por vários lados: novas tecnologias, novos concorrentes, mudanças na regulamentação etc. É nesse momento que os inovadores e empreendedores são ainda mais necessários. Mas a pergunta difícil de ser respondida é: Será que os executivos que conduziram os negócios em tempos de vacas gordas são os mesmos para conduzir em tempos de vacas magras?

Vacas gordas, negócios estáveis e sem competição de peso são, no entanto, muito mais a exceção do que a regra. Inovar é necessário. Toda empresa precisa, na verdade, de líderes, em vários níveis e áreas que não se abatam com pequenas ou grandes derrotas, que tenham certo grau de teimosia, mantenham sempre um *outlook* otimista (isso não quer dizer visão cega da realidade) e saibam que desafios técnicos ou de negócios podem e vão ser vencidos a partir da mobilização de mentes e corações de uma rede vigorosa de relacionamentos internos e externos.

Os inovadores e empreendedores não são necessariamente mais inteligentes que a média de seus pares. Isso nunca ninguém conseguiu mostrar ou provar. Contudo, é evidente que eles dispõem de uma resiliência diferenciada, disciplina para chegar aos seus objetivos e uma gestão emocional que lhes permite superar com elegância os momentos mais duros de suas trajetórias. Trabalhar com inovação – dependendo do grau de mudança necessário – pode levar os envolvidos a diferentes estados emocionais – do desespero ao êxtase. Trabalhar com inovação significa trabalhar, pois, com altos e baixos, acertos e desacertos, vitórias e derrotas. Bons inovadores, portanto, são acima de tudo otimistas e resilientes.

Processos de inovação

Independentemente da ambição quanto ao papel da inovação corporativa, uma coisa é clara: as inovações começam com uma ideia de algo novo que precisa ser implementado para gerar valor: desde algo relativamente simples em um processo produtivo bem dominado até o desenvolvimento de uma tecnologia ou oferta totalmente novos para o mercado. Gerar ou capturar ideias e conseguir transpor todas as barreiras e pressão do dia a dia para conseguir implementá-las de forma a gerar valor não é algo trivial em qualquer contexto organizacional, mas particularmente difícil em organizações de grande porte. Nestas últimas, em especial, o estabelecimento de processos de inovação são particularmente importantes para facilitar e fomentar a inovação.

Ter processo não significa, nos termos populares, ter uma organização "engessada". Processos têm mais a ver com eficiência, coordenação organizada e estruturada do que com procedimentos burocráticos e inflexíveis. Há vários benefícios associados ao estabelecimento de claros processos de inovação, conforme destacados no Quadro 1.

QUADRO 1 Importância dos processos de inovação

- Não se pode confundir inovação com criatividade. Nesse sentido, somente fomentar a criatividade não garante uma empresa inovadora
- Já foi o tempo em que a inovação podia ser deixada ao acaso
- Principalmente em grandes organizações, é necessário haver mecanismos para enfrentar a tendência ao conservadorismo
- Processos facilitam o alinhamento organizacional
- Processos mostram o caminho para que todos os funcionários possam contribuir para a inovação na empresa
- Processos trazem disciplina ou os 99% de transpiração necessária para fazer as inovações acontecerem de fato
- Processos podem estimular a criatividade e estar associados à legitimação da liberdade e do tempo dedicado a atividades exploratórias
- Processos escapam da lógica e das barreiras departamentais
- Processos reduzem os riscos do negócio nos projetos de inovação
- Processos podem ajudar a criar um ambiente mais seguro para os funcionários que querem inovar e educam aqueles que nunca pensaram em inovar
- Processos ajudam a captar recursos financeiros e humanos para a inovação
- Processos alavancam o conhecimento organizacional ao institucionalizar momentos específicos para a contribuição para os projetos
- Processos institucionalizam valores comunicados
- Processos trazem métricas associadas

Os processos relacionados à gestão de inovação precisam, acima de tudo, estar inter-relacionados. Alguns processos ocorrem no nível mais alto da organização, enquanto outros ocorrem no nível gerencial e de execução, seja em unidades dedicadas à novação, seja em equipes *ad-hoc* ou dentro das próprias unidades de negócio. Essa distribuição e inter-relacionamentos dos típicos processos-chave de inovação são ilustrados na Figura 11 e explicitados mais adiante.

- No nível mais alto encontram-se normalmente processos relacionados à definição da estratégia, temas centrais para inovação e metas de resultados. Também é papel da alta administração aprovar investimentos e

Modelo organizacional e governança para a inovação

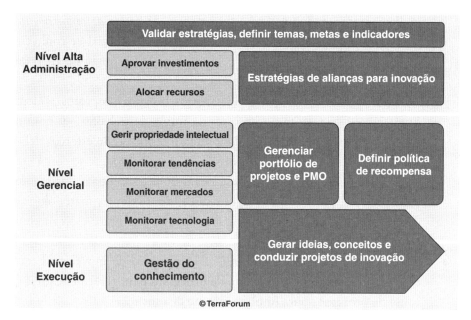

FIGURA 11 Governança: processos centrais para gestão de inovação.

alocar recursos humanos e financeiros, pois no contexto organizacional as ideias e os projetos deverão ser aprovados por alguém, e os *recursos humanos e os recursos financeiros* precisam ser alocados para que os resultados saiam da cabeça das pessoas ou do papel e se tornem realidade. Finalmente, é no nível mais alto da organização que se define a *estratégia de alianças* para a inovação.

- No nível mais gerencial e tático definem-se e se implementam as políticas de propriedade intelectual, assim como as metodologias para o monitoramento de grandes tendências da sociedade, dos mercados e das tecnologias. O gerenciamento ativo do portfólio faz a ponte entre as decisões estratégicas e a realidade dos projetos de inovação. Finalmente, as políticas de reconhecimento e recompensa dos envolvidos com os processos de inovação precisam ser definidas para produzir o alinhamento necessário.

- Há diferentes configurações de estrutura para execução dos projetos de inovação, como visto anteriormente neste capítulo. Independentemente da estrutura definida, espera-se que em organizações inovadoras sejam implementadas metodologias e ferramentas de *gestão do conhecimento* para que as equipes de inovação utilizem todo o potencial de conhecimento acumulado e distribuído pela organização ao longo do ciclo de inovação de cada ideia e cada projeto.

Também é evidente que as ideias e os projetos propostos podem surgir espontaneamente no decorrer da rotina de trabalho ou mesmo fora do ambiente organizacional ou serão o resultado de esforços deliberados, focados e, em alguns casos, com germinação que se conta em anos. Finalmente, boas ideias, que viram bons conceitos e finalmente bons projetos, precisam, em alguns casos, de excelentes metodologias de projetos para conseguir atingir seus objetivos no prazo e orçamento estimados e com o máximo de suporte de várias partes da organização diretamente envolvida na execução e lançamento da inovação. Estamos falando, dessa maneira, tanto de **processos para geração de ideias**, como de **processos para implementação de inovações**.

O perfeito alinhamento entre esses vários processos é sempre um desafio, pois os mesmos não apenas ocorrem em níveis hierárquicos distintos, mas invariavelmente também em diferentes áreas das organizações. Vários desses processos estão contemplados no Modelo das 10 Dimensões e são abordados de maneira específica nos próximos capítulos.

Governança: Estruturas para inovação

Em organizações de médio a grande porte é necessário estabelecer uma governança para o tema inovação. Caso isso não aconteça, os inovadores da empresa ficam sem o amparo da organização em termos de recursos financeiros, recursos humanos, prioridade na agenda executiva etc. Em organizações de grande porte pode haver várias instâncias de governança.

No **nível estratégico**, as decisões são tipicamente aquelas associadas à alta gestão e, em geral, vários líderes funcionais participam de um **comitê estratégico de inovação** para tomar decisões a respeito de coisas como, por exemplo, a ligação entre a estratégia de inovação e a estratégia tecnológica, respondendo a perguntas fundamentais que vão direcionar vários dos processos mais táticos da gestão de inovação.

Estrutura funcional para gestão da inovação. Sendo um tema transversal e com impacto em praticamente todos os departamentos, as empresas tipicamente têm optado por estabelecer comitês de inovação, que são liderados por um alto executivo, tipicamente das áreas de marketing, P&D ou inovação propriamente dita. Comitês, no entanto, não são boas estruturas para a execução das diversas atividades relacionadas à gestão da inovação. Assim, as organizações têm criado diversas estruturas funcionais para tratar das atividades mais específicas do dia a dia da inovação.

Podemos citar desde uma coordenação até uma gerência, diretoria ou vice-presidência. Outras alternativas incluem a criação de incubadoras, divisões ou mesmo empresas formalmente separadas do negócio principal para liderar as iniciativas de inovação. Quanto mais as metas de inovação são ambiciosas e afastadas do negócio *core* da empresa, maior a probabilidade e a necessidade de dotar a estrutura criada com grande autonomia e recursos próprios em vez de compartilhados com o negócio corrente.

Essas considerações, embora de caráter geral, não podem ser aplicadas sem um preciso entendimento do contexto competitivo, do nível de ambição e apetite por inovação da alta administração. Um dos principais erros que notamos em alguns contextos é a tentativa de emulação de casos icônicos de empresas inovadoras, como Apple, Google, 3M, Natura, Embraer, entre outras, sem um entendimento profundo da história, cultura, posicionamento estratégico etc. Estrutura e governança devem seguir esses elementos, e não o contrário.

Realizadas essas ressalvas, apresentamos na Figura 12 um quadro sintético de típicas configurações de estrutura para gestão de inovação. À medida que as organizações necessitam e ambicionam ter a inovação como ponto central da estratégia competitiva, verifica-se que as estruturas para inovação se tornam mais próximas do CEO, mais orientadas para o mercado e menos para a tecnologia, mais multidisciplinares e, em casos mais extremos, ganham grande grau de autonomia com relação ao negócio *core* da empresa.

Há que se ressaltar ainda que as várias configurações muitas vezes coexistem numa mesma empresa. Não é incomum, por exemplo, haver uma diretoria de tecnologia, uma diretoria de marketing e um comitê de inovação tratando, na mesma organização, de diferentes objetivos de inovação e de projetos com diferentes graus de risco, proximidade do *core* ou de horizonte de tempo. Nesses casos mais complexos, tanto a questão da dinâmica como dos processos

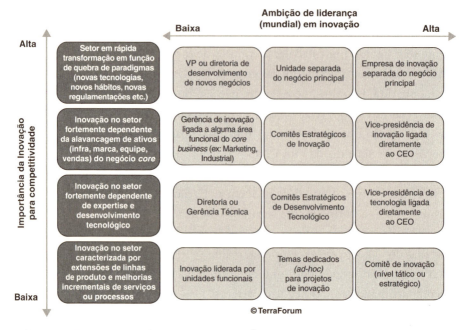

FIGURA 12 Estruturas para inovação: possíveis configurações.

complementam e ditam de certa maneira a efetividade da estrutura ou governança escolhida para a inovação.

Enfim, enfatizamos, mais uma vez, a questão da interdependência. Estruturas semelhantes para inovação podem trazer resultados muito distintos na prática. Esse é um cuidado importante a ser tomado por organizações que se engajam em processos de *benchmark* para estabelecer seu modelo de gestão de inovação: a estrutura e a governança são elementos mais facilmente identificáveis que outros aspectos mais *soft* e sutis dos modelos e estratégias de inovação. Contudo, a estrutura e a governança jamais podem ser transplantadas sem o contexto da dinâmica, dos processos, da cultura e de muitos outros elementos que são discutidos neste capítulo e ao longo das 10 dimensões neste livro.

Centralização *versus* Descentralização

Permeando implícita ou explicitamente várias das alternativas apresentadas ao longo deste capítulo está o velho dilema da centralização ou descentralização das responsabilidades quanto às decisões, atividades e aos resultados de inovação da empresa. Algumas empresas têm estruturas enormes dedicadas exclusivamente à inovação, para pensar o futuro, como é o caso das empresas farmacêuticas, de produtos eletrônicos ou empresas de energia. Em outras, principalmente nos setores industriais mais tradicionais e de serviços, a inovação é muitas vezes dispersa em várias áreas como marketing, vendas, atendimento ao cliente e tecnologia.

Puxando para arquiteturas organizacionais e de processo mais descentralizadas, vicejam teorias e visões de mundo segundo as quais todos os indivíduos podem ser mais criativos e contribuir efetivamente para o processo de inovação corporativo. A defesa da perspectiva sobre a necessidade de concentrar esforços, pessoas e estruturas voltadas diretamente para a inovação parte da premissa de que as inovações de maior impacto, as radicais e aquelas que são consideradas *game-changers* são lideradas, em geral, por indivíduos ou grupos altamente especializados, focados e preparados para liderar com os desafios da criação e implementação de soluções complexas.

A nosso ver essas duas perspectivas podem, na verdade, coexistir em maior ou menor grau, dependendo da indústria, do setor econômico, da intensidade tecnológica ou do porte da empresa. No caso de inovação, qualquer regra ou prescrição muito rígida sempre pode ser contra-argumentada a partir de um exemplo de alguma inovação que surgiu segundo um modelo ou outro. Apesar disso, como regra geral pode-se dizer que, quando a gestão da inovação não tem recursos dedicados exclusivamente para esse fim, a organização tende a inovar de maneira mais incremental ou direcionada por demandas bastante explícitas de clientes ou de gargalos dos processos internos.

A centralização ou a concentração de recursos para a inovação, no entanto, não deve significar isolamento. Em médias e grandes empresas de vários setores, as equipes dedicadas à gestão de inovação têm o papel fundamental de manter a empresa muito focada, com metodologias e processos apropriados e energizada para a inovação. Essas equipes funcionam, em boa medida, como um agente "perturbador" da ordem estabelecida, quase como uma força contrária à força dominante, que leva boa parte das pessoas a pensar e agir conforme as demandas operacionais ou de curto prazo.

Caso CTEEP[2]

Como uma das maiores empresas do setor elétrico brasileiro, a CTEEP optou por não se contentar com metas de crescimento orgânico. Diante de um ambiente externo em constante mutação e extremamente competitivo, a companhia adotou uma atuação dinâmica, baseada no desenvolvimento de planos estratégicos com uma visão proativa e abordagem flexível, incorporando a inovação como um valor organizacional e como um dos elementos centrais de sua estratégia.

A Companhia de Transmissão de Energia Elétrica Paulista (CTEEP) entende que os serviços de geração, transmissão e distribuição de energia configuram um dos campos mais férteis para a busca da inovação na atualidade. A diversificação das fontes energéticas; a otimização dos sistemas de operação e manutenção; a melhoria nas técnicas de monitoramento, proteção e controle dos sistemas; o aprimoramento de equipamentos e adoção de novas tecnologias; práticas mais efetivas de relacionamento com *stakeholders*; conceitos de gestão mais avançados; técnicas mais inteligentes de planejamento e expansão das redes energéticas de forma sustentável; esses são apenas alguns dos desafios que representam grandes direcionadores – e oportunidades – para a inovação no setor.

Nesse cenário, a CTEEP tomou duas decisões essenciais. Primeiro, adotou como um de seus valores a inovação. Em seguida, optou por incorporar a inovação às diretrizes do negócio. São decisões que podem parecer simples, mas que trazem profundas implicações para sua atuação. Tudo isso com o objetivo principal de impulsionar sua competitividade, criando e incorporando novas práticas ou melhorias, buscando identificar necessidades e tendências futuras para, com base nesse conjunto, definir estratégias claras de aquisição e desenvolvimento de conhecimentos e soluções inovadoras, que contribuam para alcançar os objetivos da organização.

Para tornar a inovação explícita e tangível, a CTEEP construiu um Modelo Integrado de Gestão do Conhecimento e Inovação (GCI), desenvolvendo, assim, a capacidade de monitorar estrategicamente as tecnologias mais promissoras, os conhecimentos críticos e os conhecimentos externos à organização. Com base em um referencial metodológico, foi constituído um

---

[2] Caso escrito por César Augusto Ramírez Rojas – presidente da CTEEP (Companhia de Transmissão de Energia Elétrica Paulista e Beto do Valle), sócio-diretor TerraForum.

roadmap de evolução da gestão do conhecimento e inovação, considerando um horizonte de seis anos, passando pela sua modelagem, mobilização e estruturação, consolidação e evolução. Cada uma dessas etapas representa um nível mais avançado de integração da inovação à estratégia da empresa.

O **direcionamento estratégico de conhecimento e inovação** foi o primeiro passo desse movimento. Em 2009, a empresa iniciou o trabalho de modelagem estratégica de GCI com a criação de um grupo de trabalho representativo de todas as áreas da organização. Em poucos meses esse grupo desenvolveu um modelo de gestão do conhecimento e inovação, com diretrizes estratégicas e iniciativas planejadas para o curto e longo prazos. Mais de 60 pessoas (de um total de 1.300 colaboradores à época) participaram diretamente desse trabalho. As diretrizes de GCI passaram a integrar o próprio mapa estratégico da empresa.

A força desse modelo está na integração entre estratégia, conhecimento e inovação. Práticas complementares sistematizam a captação de oportunidades e conhecimento pela empresa (inteligência), a adoção e aprimoramento das práticas da organização com base nesses elementos (aprendizagem) e a geração de novos projetos e soluções inovadoras para a CTEEP e para o setor (inovação). A análise dos indicadores e proposição de iniciativas estratégicas por parte do comitê estratégico de GCI junto ao corpo diretivo criam uma dinâmica virtuosa de incorporação da inovação ao negócio.

A frente de **inteligência e prospecção** integra iniciativas continuadas e orientadas para a captação de tendências, necessidades e oportunidades de inovação, interna e externamente, visando o desenvolvimento de conhecimentos e soluções inovadoras. Entre essas iniciativas está a realização de exercícios de **prospecção tecnológica**, com a participação de especialistas nacionais e internacionais, visando identificar antecipadamente as tecnologias mais promissoras. Esses esforços buscam construir rotas tecnológicas que suportem decisões estratégicas e alavanquem a competitividade do negócio. Também visam reduzir a incerteza e prover uma visão mais clara sobre a evolução das tecnologias relevantes para a transmissão de energia. Outras iniciativas desta frente são o **programa de ideias**, que atua na captação e reconhecimento de ideias inovadoras geradas internamente; e a constituição de um **núcleo de monitoramento e inovação**, que tem como principais atribuições monitorar, captar e interpretar temas, tendências e conhecimentos externos relevantes para o negócio.

A frente de **aprendizagem e compartilhamento** busca sistematizar o processamento do conhecimento captado, buscando transformá-lo em novas práticas ou oportunidades de melhoria e inovação, criando um ambiente de compartilhamento que favorece a disseminação da aprendizagem em todos os níveis da organização. Para tanto, a CTEEP desenvolveu um **portal do conhecimento**, um programa de **gestão de lições aprendidas**, um novo **modelo de educação corporativa**, uma ferramenta para a **busca de profissionais e competências**, e **centros de excelência temáticos**. Essas iniciativas visam facilitar o acesso organizado ao conhecimento, impulsionando iniciativas de interação, aprendizagem e colaboração em toda a organização.

A frente de **inovação** viabiliza o aproveitamento do aprendizado acumulado para a proposição de soluções inovadoras para os desafios do negócio, nas dimensões humana, organizacional e tecnológica. Foi desenhado um novo **processo de gestão da inovação**, integrado a iniciativas como os núcleos de trabalho e a prospecção tecnológica, e apoiado por novos mecanismos de **gestão de portfólio de projetos** de pesquisa, desenvolvimento e inovação.

Este processo proporciona uma integração entre as diversas iniciativas, que se retroalimentam e garantem a integração estratégica dos cenários, tendências e oportunidades para o planejamento tecnológico e inovação, conforme representado na figura a seguir:

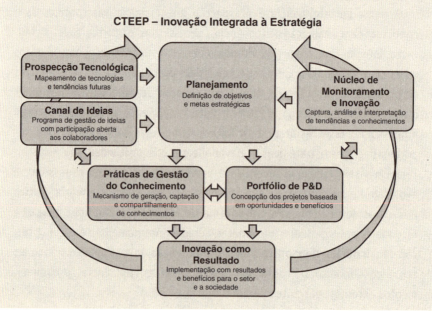

O estabelecimento de **mecanismos de governança** para a integração da inovação à estratégia do negócio foi uma decisão fundamental para a sua materialização. As decisões estratégicas representam "momentos da verdade" em qualquer organização, e diferenciam o que é apenas discurso e o que são aspirações reais, escolhas estratégicas conscientes e atitudes verdadeiras. A CTEEP decidiu que a inovação é parte essencial do negócio, e que as decisões sobre conhecimento e inovação – das mais cotidianas às de maior impacto futuro – são relevantes o suficiente para merecer a participação das áreas e equipes de forma estruturada.

O modelo de governança de GCI foi elaborado de forma colaborativa e submetido ao conselho administrativo dos acionistas da empresa, a companhia de origem colombiana ISA. Com ações estruturantes para tomada de decisão, execução e monitoramento, envolve instâncias responsáveis por implantar e acompanhar a evolução do modelo, com atribuições distribuídas também entre as próprias áreas funcionais da empresa. A instância máxima para as decisões estratégicas e implementação das práticas de gestão do conhecimento e inovação é o **Corpo Diretivo** da CTEEP, apoiado por um **Comitê Estratégico de GCI**. Foram estabelecidos processos e indicadores de gestão do conhecimento e inovação, visando organizar e monitorar os resultados nos níveis estratégico, tático e operacional. Com essa dinâmica de governança, assegura-se que o modelo de GCI da companhia seja incorporado gradualmente às práticas do negócio, com a participação direta e consequente engajamento das diversas lideranças e equipes de colaboradores.

Desde o início desse processo, em 2009, as contribuições oferecidas demonstram a eficácia do modelo, com resultados visíveis e a superação das expectativas iniciais. Alguns aspectos merecem destaque:

- A prospecção tecnológica chegou a seu segundo ciclo anual, identificando as tecnologias-chave para a evolução do negócio em um horizonte de 15 anos. Como produto, a CTEEP já mapeou rotas tecnológicas considerando cinco temas críticos priorizados, que possibilitaram a definição de ações e metas para obtenção e desenvolvimento de conhecimento e tecnologias.
- O programa de ideias ultrapassou a marca de 200 ideias inovadoras geradas pelos colaboradores em um período de seis meses, contribuindo não

só com novas soluções para a organização, como também fomentando a cultura de inovação.

- A captação e disseminação do conhecimento das equipes deu um salto de qualidade com a implementação do programa de lições aprendidas, criando melhores condições para o aproveitamento do conhecimento disponibilizado por profissionais qualificados e para a incorporação de novos aprendizados gerados por práticas inovadoras.
- A atuação do núcleo de monitoramento e inovação trouxe contribuições relevantes para a qualidade e a transparência no processo de identificação e seleção de linhas de pesquisa e desenvolvimento, que conta agora com aporte de conhecimento de várias áreas da empresa.
- A aplicação do modelo de gestão de portfólio de projetos de pesquisa, desenvolvimento e inovação colaborou para o direcionamento da aplicação dos recursos em projetos de Pesquisa e Desenvolvimento (P&D) de forma estratégica, bem como para a identificação de cenários de risco dos projetos.
- De uma forma abrangente, o modelo integrado de GCI tem orientado de forma efetiva e estruturada os investimentos em educação corporativa, aquisições de novas tecnologias e o programa de P&D.

As lideranças da CTEEP entendem que este é um processo em constante evolução, sendo a visão sistêmica fundamental para garantir o sucesso dessa abordagem. São essenciais os esforços nas dimensões organizacional, humana e tecnológica, empreendidos para garantir a sistematização dessas novas práticas e processos.

A gestão do conhecimento e a inovação foram incorporadas como elementos centrais para a evolução da empresa e para potencializar a competitividade de seu negócio. Estabelecer uma relação sinérgica entre a estratégia, o conhecimento e a inovação é fundamental não apenas para manter a organização na posição de referência em seu segmento, mas para que a CTEEP cada vez mais evolua estrategicamente, movida pela inovação.

DIMENSÃO 3

Recursos financeiros

"Pode inovar, sim, mas no ano que vem! Este ano não tem mais orçamento." Mesmo que haja consenso de que a inovação não tem hora marcada para acontecer, essa é uma brincadeira e atitude comum no período compreendido entre as reuniões de planejamento estratégico ou de priorização de projetos. Não quer dizer que os recursos financeiros têm de estar sempre à disposição dos inovadores, mas que o orçamento para inovação requer mais flexibilidade que o da operação.

Embora tratem de ciclos de negócio com previsibilidade e tempo de retorno completamente diferentes, boa parte das organizações ainda lida com o orçamento para inovação exatamente da mesma maneira como lida com o orçamento operacional.

Além disso, alguns ainda inserem a inovação no mesmo processo de validação e priorização usual. O resultado é a execução de poucos projetos "fora da caixa", que não possuem condições de competir com os projetos do negócio atual por apresentarem, de forma geral, menor retorno de curto prazo, grande incerteza e maior risco.

Falsa racionalidade das metodologias de análise financeira

Armados de planilhas automatizadas e alguns ainda carregando a velha HP 12C, gestores financeiros têm todo o arsenal para tranquilamente "matar" projetos inovadores e sem projeções muito bem embasadas e calculadas no nível de precisão decimal. Instrumentos e métodos de avaliação financeira como VPL (Valor Presente Líquido), fluxo de caixa descontado, TIR (Taxa Interna de Retorno), *payback*, entre outros, estão positivamente disseminados na gestão da maioria das empresas. Porém, extrapolar essas técnicas de forma simplificada para a avaliação de projetos de inovação e/ou novos negócios pode comprometer toda uma estratégia de inovação da empresa. Nesses casos, alguns pontos devem ser ressaltados.

É evidente, por exemplo, que os indicadores financeiros devem ser utilizados para comparar situações semelhantes. Porém, quando se trata de inovação, nem sempre essa tarefa é fácil. Não há razão alguma em comparar o VPL de um projeto inovador com outro de mera expansão de linha ou de redução de custos. Ou, pior, comparar a introdução de um novo negócio com a situação de não fazer nada, considerando que a situação atual da empresa se perpetuará.

O que muitos financeiros ou gestores movidos estritamente pelas análises financeiras não consideram em suas projeções é o que pode acontecer com o fluxo geral de caixa da empresa se ela não inovar de maneira competitiva. Uma projeção interessante que muitos deveriam fazer é quanto ao VPL (em geral negativo!) se a empresa parar de inovar e começar rapidamente a perder *market share*, funcionários talentosos etc. Ninguém faz isso, mas seria um bom contraponto.

Ainda que o investimento no negócio atual e nas inovações incrementais em detrimento de inovações mais incertas e em novos negócios possa parecer mais atraente (por ser apenas custo marginal e não investimento em novas estruturas), no longo prazo essa decisão pode se mostrar completamente errada. Nesse ponto, o maior erro, muitas vezes, é ter gestores apenas preocupados com o retorno de curto prazo ou com a variação de valor das ações da empresa, não considerando, dessa forma, as possíveis mudanças de cenário e a inevitável entrada de concorrentes e até de tecnologias substitutas.

Certamente é difícil prever o fluxo de caixa e o retorno de situações que não têm precedente ou de uma ideia sem detalhes de como será desenvolvida.

Além disso, pode ser igualmente complexo prever o custo de não executar tal tipo de projeto inovador. A verdade é que, para inovar no contexto corporativo, é preciso ter flexibilidade e saber gerenciar riscos.

Padronização ou flexibilidade

Entre as inúmeras dificuldades que as grandes empresas têm para inovar mais radicalmente, apesar dos enormes recursos de que dispõem em comparação aos startups, está a questão dos *templates* para elaboração de propostas de investimento em inovação, seja de cunho mais tecnológico, seja de novo mercado ou novo modelo de negócio. Muitas empresas e muitos departamentos financeiros de grandes organizações, escondidos sob o mito da racionalidade dos números, não percebem que a forma de se avaliar uma oportunidade no mundo da inovação não pode seguir os padrões normais de investimento no negócio *core* da empresa, seja para uma expansão da operação industrial, seja para uma pequena melhoria em produto ou extensão de linha.

Como justificar o novo, o desconhecido, o ainda não provado ou testado com planilhas financeiras megadetalhadas com P&L, DRE, fluxo de caixa, EBITDA, IRR, *payback*, VPL etc. quando tudo ou quase tudo ainda são meras hipóteses? A verdade é que se perde, em geral, muito tempo em idas e vindas e números fantasiosos de planilhas financeiras no momento errado. Isso é exatamente o que fundos de *venture capital* não fazem para propostas em *early stage*. Além do mais, eles sabem que boa parte de seus investimentos não vingará no mercado.

Isso não quer dizer que projetos de inovação não devam falar de números, fazer estimativas de tamanho de mercado, evolução geral de margens etc. E devem fazê-lo de maneira cada vez mais detalhada e com mais números à medida que o projeto avança e eventuais aumentos de investimentos financeiros sejam necessários. Contudo, o que não pode é o modelo mental, quase contábil, prevalente no negócio principal no qual se busca uma precisão milimétrica no *market share*, na previsão de receita e custos, ser aplicado na avaliação e *funding* de projetos de inovação.

Se esse desafio não é resolvido, por mais que haja estratégias, cultura e processos favoráveis à inovação, o que acontece é que o portfólio de inovação da empresa tende a ser composto de grande número de projetos incrementais e com baixo potencial de criar inovações radicais, de grande impacto ou disruptivas.

Liberação total ou parcial dos recursos

Projetos "fora da caixa'" precisam ter equipe, recursos e processo de aprovação claros e distintos do negócio corrente. O mesmo acontece com os métodos de financiamento e análise de resultados.

Usualmente, o início de projetos inovadores envolve principalmente compreensão do problema ou oportunidade, estudos e protótipos prévios, ou seja, requer em essência tempo das pessoas e algum investimento de baixo valor. Nesse momento, esses projetos devem se mostrar viáveis do ponto de vista conceitual. Com o tempo, no entanto, passam a requerer maior investimento, com pesquisas aprofundadas, desenvolvimento de protótipos técnicos e, por vezes, até compra de tecnologia e informações de mercado. Nessa etapa, esses projetos passam a envolver maior investimento financeiro e, consequentemente, devem apresentar estudos de viabilidade econômica e de retorno financeiro, ainda que estejam baseados em previsões de longo prazo.

Assim, uma das formas de estruturar o financiamento de um projeto inovador é considerar essas diferentes características, garantindo investimentos paulatinos, mas cada vez maiores à medida que o projeto se provar viável técnica e financeiramente. Dessa forma, é possível reduzir o custo inicial dos projetos e garantir melhor gestão dos riscos.

Para que essa estrutura ocorra, entretanto, antes de tudo é preciso definir e divulgar os processos e aprovações mínimas pelos quais um projeto precisa passar e quais serão os critérios de cada fase.

A clareza inicial das regras do jogo somadas à gestão efetiva de riscos e de recursos permite que:

- A empresa invista apenas em inovações com benefícios claros e que atendam a necessidades reais (internas de processos ou externas de mercado).

- Haja agilidade na avaliação de oportunidades e na identificação de variáveis fundamentais para o sucesso.

- As inovações sejam inseridas de forma gradual e natural no negócio, conforme superem as etapas de aprovação.

É necessário, portanto, listar e compreender logo de início todas as premissas e suposições que os projetos inovadores deverão suportar. Assim, ao longo do tempo será possível analisá-los perante projeções mais detalhadas ou até perante resultados aferidos. Dessa forma, como afirmado por Clayton Christensen,[1] o erro da inovação virá do fato de não levantar as questões importantes, em vez de não chegar às respostas corretas. Ou seja, o desafio principal é identificar as premissas e efetuar as suposições para que um projeto seja com o tempo considerado viável e atrativo financeiramente, principalmente à medida que as necessidades de investimentos vão aumentando.

Gestão de riscos

Fato é que, sem risco, não há inovação significativa. É simples assim. Tornar uma organização mais inovadora passa necessariamente por uma mudança no perfil de tomada e gestão de riscos. Isso realmente é difícil de ser feito para a maioria das pessoas e organizações, até porque em geral não há recompensas para a quebra de regras, obtenção de fracassos ou pela mera tentativa. É fácil encontrar casos de pessoas que tentaram, fracassaram e foram despedidas. Histórias de grandes sucessos são frequentemente precedidas por histórias de pessoas que se arriscaram.

Ainda assim, empresas brilhantes reconhecem o aspecto inerente da incerteza na inovação e desenvolvem mecanismos e estratégias para gerenciar e compartilhar riscos, assim como limitar perdas máximas.

Em um ambiente competitivo e dinâmico, certamente os resultados pela tomada de passos incertos, mas calculados, são mais duradouros do que a simples aversão ao risco. Atualmente, o maior risco que se corre é o de não

---

[1] *Innovation Killers: How Financial Tools Destroy Your Capacity to Do New Things*, de Clayton M. Christensen, Stephen P. Kaufman e Willy C. Shih (2008).

inovar. E para que essa mudança de pensamento ocorra, o primeiro passo é definir o apetite e a disponibilidade que a empresa possui ao risco, à incerteza e ao erro, considerando sua visão e missão, seus recursos, competências e capacidades.

A questão-chave não é a eliminação dos riscos, mas sua clarificação, a **definição de (exposição) perdas máximas** e o adequado direcionamento e mitigação dos riscos. Ainda que a gestão de riscos possa resultar no veto ou descontinuação de um projeto, em última instância seu objetivo é garantir o apoio da liderança da empresa e dos envolvidos no projeto.

Algo que todos que investem em inovação devem saber é como limitar perdas grandes em função do desenvolvimento insatisfatório de projetos. Isso é um modo de investir de maneira continuada e não deixar a empresa traumatizada em função do insucesso e perda financeira associada a algum projeto. Neste capítulo e neste livro, abordamos essa questão de várias maneiras. As empresas experientes com inovação limitam sua exposição financeira por meio de uma série de mecanismos:

- **Percepção aguçada.** Identificar os riscos e barreiras envolvidos nas oportunidades de inovação.

- **Proatividade.** Desenvolver uma estratégia adequada de eliminação paulatina de incertezas ou limitação e mitigação dos riscos identificados e garantir a superação de medos infundados.

- *Funding* **progressivo.** Assim como investidores de *venture capital*, o investimento em inovação deve prosseguir em ondas, ou seja, a equipe de inovação sempre caminha com um capital suficiente apenas para atingir o próximo *milestone* do projeto.

- *Go/no go.* Complementando a questão do *funding* progressivo, o investimento em inovação requer a incorporação de uma atitude do *go/no go* também a cada *milestone*. Isso normalmente é muito difícil, pois requer um *mindset* do tipo acabar com as perdas e seguir em frente para o próximo investimento. Ninguém gosta de "matar" projetos, contar as perdas financeiras e fazer o inventário dos aprendizados.

- **Flexibilidade.** Buscar por meio de parcerias maneiras de reduzir a incerteza e de compartilhar o risco e eventuais perdas ou mesmo para fazer um *spin-off* para outra empresa com melhores competências para seguir adiante com o projeto.

- **Oportunismo.** Explorar as competências e os conhecimentos para alcançar vantagem competitiva pela própria tomada de risco e, eventualmente, pela antecipação de movimentos de mercado.

Entrar no jogo e taxa de sucesso

Outro aspecto fundamental é saber o quanto a empresa está disposta a investir para entrar no jogo da inovação. E a palavra "jogo" é bastante pertinente porque, à medida que cresce o envolvimento de empresa com inovação de maior envergadura e ambição, é normal que algumas "partidas" sejam perdidas, ou seja, que o investimento não gere qualquer tipo de resultado concreto.

Muitas empresas se assustam com essas colocações, pois estão fortemente direcionadas pelos paradigmas da qualidade, do *Six Sigma*, da melhoria contínua. Embora já esteja relativamente provado que não há uma correlação direta entre investimentos em P&D e desempenho empresarial, empresas que querem competir com base na inovação precisam de um valor "mínimo" para entrar no jogo (em linguagem popular, o CEO de uma grande empresa nacional nos lembrou que esse é o "pingo" do jogo de pôquer).

Uma vez, no entanto, que a empresa entra no jogo é importante monitorar a taxa de sucesso de seus investimentos. Se todos os seus projetos de inovação estiverem dando certo e trazendo resultados positivos, é muito provável que a empresa esteja sendo muito conservadora (e focando, portanto, apenas em inovações incrementais). Se a maior parte dos seus investimentos em inovação estiver dando errado, é possível que a empresa esteja atuando como um *venture capital* e buscando projetos de grande ambição e alavancagem ou, então, que esteja fazendo muitos investimentos errados.

Essa maneira de encarar o uso de recursos financeiros, como sabemos, é algo muito difícil para boa parte dos empresários e industriais brasileiros, que por muitas décadas foram protegidos da competição global ou que ambicionavam atuar apenas em solo brasileiro. Em um contexto protegido só se investe em projetos absolutamente garantidos. Daí é alto retorno, baixo risco. Quando, porém, a inovação é o caminho competitivo, o modelo de gestão financeira e a análise dos resultados financeiros do portfólio de investimentos precisam mudar. Não pode ser como o processo normal de gestão operacional ou de projetos industriais e de expansão, cujos riscos estão todos mapeados. Em projetos de inovação, não é apenas uma questão de riscos, mas de incerteza.

Centralizar ou descentralizar recursos

De modo semelhante aos demais projetos de uma organização, os projetos de inovação também sofrem o dilema de quem paga a conta. Afinal, há projetos que são tratados de forma corporativa e outros que são inseridos nos próprios orçamentos e regras das áreas.

Como regra geral, pode-se dizer que quanto mais incremental (visão de curto e médio prazo) e mais próximo da operação está o projeto, seu orçamento deve estar mais descentralizado. O contrário é evidente: quanto mais radical ou transformadora a ambição em termos de inovação (visão de médio e longo prazo), mais é necessário ter um fundo comum para todas as áreas e unidades da empresa. Dependendo do porte da empresa, no entanto, e do quanto focado e autônoma é a equipe de inovação, essa regra geral pode ser completamente modificada de forma que as equipes de inovação administrem diretamente seus fundos, a exemplo de startups.

Por vezes, essa descentralização agiliza a tomada de decisão, minimiza a burocracia e estimula o espírito criativo e empreendedor, tão necessários para a execução de projetos realmente ambiciosos e inovadores. Um fundo único, em contrapartida, pode garantir maior alinhamento estratégico e uma gestão integrada de recursos, riscos e conhecimentos.

O grau de dosagem dessa centralização ou descentralização é a chave para que a inovação flua de forma natural na organização. O que ocorre usualmente é o nascimento de projetos nas áreas e, posteriormente, apoio ou até liderança da alta gestão. Em outros casos, ocorre o nascimento de grandes projetos a partir da alta gestão, e toda a implantação é entregue para alguma área. Nesses dois casos, a dúvida que surge é quem é o real patrocinador da inovação.

Por isso, independentemente da dinâmica, é necessário conhecer os prós e contras da centralização ou descentralização e, mais do que isso, definir de forma clara as regras para que um projeto passe a ser estratégico ou para que seja repassado para alguma área. Essas regras devem descrever critérios, responsabilidades e prazos.

Recursos para a equipe de gestão de inovação: *front-end e back-end*

Em empresas de serviços, em particular mas não exclusivamente, ficam sempre as perguntas: Qual o papel, qual o tamanho e qual o orçamento de uma equipe dedicada à gestão de inovação? A inovação não deveria permear todas as áreas da empresa? É preciso um orçamento específico e dedicado?

A resposta, evidentemente, não pode ser genérica, mas, dependendo do contexto e do grau de importância da inovação para a estratégia da empresa, não é possível haver uma área focada em inovação que não tenha recursos próprios orçamentários recorrentes. Na linha da discussão da seção anterior: é o recurso para entrar no jogo.

E para que deveriam ser alocados esses recursos recorrentes? Pensando que a inovação se divide em duas grandes fases – **front-end** (que envolve a geração de ideias e conceitos – tema abordado na Dimensão 6 deste livro) e **back-end** (que envolve a implementação de projetos inovadores – Dimensão 7 deste livro) –, os recursos recorrentes e independentes de projetos deveriam ser previstos para o *front-end*.

Sabe-se que, em inovação, no início (*front-end*) a incerteza é alta, mas os recursos necessários relativamente pequenos e, no final (*back-end*), a incerteza diminui, mas os recursos aumentam consideravelmente e, em alguns casos, exponencialmente. Nesse sentido, os recursos para o *front-end*, que envolvem normalmente recursos para diversas abordagens para geração de ideias, conceitos e detecção de tendências e oportunidades, precisam ser orçados de forma recorrente. É o que chamamos de "dinheiro para entrar no jogo" antes mesmo de se ter projetos específicos. Isso se aplica a empresas de qualquer setor, mesmo aquelas que não têm P&D corporativo clássico.

Sem esse tipo de recurso, diminui-se sensivelmente a possibilidade de a empresa gerar novas ideias e conceitos de impacto, assim como manter-se conectada e, se for a ambição da empresa, à frente das principais tendências e oportunidades de negócios.

Uso de fontes externas de recursos

Por vezes, um fundo específico de inovação e/ou novos negócios não é suficiente ou até adequado, e a melhor forma de ultrapassar a barreira financeira é utilizar recursos externos à organização. Esse capital pode ser obtido por meio de parcerias ou até mesmo de fundos de apoio à pesquisa e inovação.

A verdade é que há capital externo disponível, mas as empresas precisam avaliar suas necessidades internas, identificar as fontes e, principalmente, compreender as condições atreladas (regras de captação, custo do capital, tempo de liberação, riscos, envolvimento do agente financiador). Nesse processo, pode ser que o projeto ou até a forma como a inovação é tratada na empresa precise de adequações, requisitando inclusive um alinhamento de modelo mental da gestão.

Em uma parceria ou *joint venture*, por exemplo, o investimento pode ser compartilhado, mas o mesmo poderá ocorrer com o direito à propriedade intelectual, o retorno gerado e o conhecimento adquirido.

No caso de captação de recursos voltados à inovação e à tecnologia, como subvenções econômicas, o processo pode envolver primeiramente a adequação do projeto aos temas e especificidades do edital e aos prazos estabelecidos.

Às vezes, o barato e até o gratuito saem caro: a utilização de fontes externas pode parecer muito tentadora, principalmente quando o nível de subsídio é elevado. Contudo, nunca é demais alertar que o governo e os órgãos de financiamento conhecem muito pouco dos desafios de negócio e da estratégia de inovação de cada empresa. A tecnologia, mesmo a tecnologia de ponta, sem uma clara vinculação de negócios pode não gerar valor para a organização.

De qualquer forma, as empresas não podem desconsiderar a opção de utilizar os recursos que estão disponíveis, principalmente os públicos, que muitas vezes oferecem condições especiais para projetos de inovação. Como apresentado nos relatórios de Pesquisa de Inovação Tecnológica[2] elaborados pelo IBGE, apenas 23% dos recursos de P&D tiveram fontes externas à empresa (2008), mas a participação do capital público vem tendo expressivo aumento, representando 19% do total (2008), enquanto em anos anteriores (2000, 2003 e 2005) representava algo em torno de 7%.

Uso de incentivos fiscais[3]

De forma simplificada, o governo, em todas as esferas, oferece apoios diretos, ou seja, recursos para financiar principalmente as atividades de pesquisa, e apoios indiretos, representados essencialmente pela redução da carga tributária sobre as atividades relacionadas à inovação.

Nesse ambiente de apoio e incentivo, a institucionalização e aplicação de leis de incentivo é o início de uma jornada.

No Brasil, por exemplo, sob a prerrogativa de que a inovação é ponto essencial para aquisição de autonomia tecnológica e desenvolvimento, foram estabelecidas a Lei de Inovação (Lei nº 10.973, de 2 de dezembro de 2004) e a Lei do Bem (Lei nº 11.196, de 21 de novembro de 2005). Em conjunto, essas leis contribuem de forma efetiva para a inovação nas empresas do país, regulamentando e instituindo facilidades e privilégios, como:

- Mecanismos de apoio e estímulo à constituição de parcerias com foco em pesquisa e desenvolvimento.

- Estimulo à participação de instituições de ciência e tecnologia no processo de inovação.

- Concessão de recursos financeiros, humanos, materiais ou de infraestrutura

---

[2] Pintec (Pesquisa de Inovação Tecnológica): http://www.pintec.ibge.gov.br.
[3] *Fontes*: Anpei (Associação Nacional de Pesquisa, Desenvolvimento e Engenharia das Empresas Inovadoras): http://www.anpei.org.br. MCT (Ministério da Ciência e Tecnologia): http://www.mct.gov.br.

- Incentivos fiscais, como deduções de Imposto de Renda e da Contribuição sobre o Lucro Líquido de dispêndios efetuados em atividades de P&D; redução do Imposto sobre Produtos Industrializados; e redução do Imposto de Renda retido na fonte incidente sobre remessa ao exterior resultante de contratos de transferência de tecnologia.

No entanto, como mencionado, cabe às empresas identificar os projetos passíveis de incentivos e também garantir os mecanismos necessários para que as áreas técnica, legal e fiscal internas estejam em constante interação.

Gestão de portfólio e alocação financeira

Ao considerar os desafios de inovação, a preocupação e as dificuldades, por vezes, não estão na busca da criatividade ou na realização de ideias, mas na gestão financeira. Essa gestão deve avaliar e ponderar as especificidades de cada projeto, os diferentes graus de amadurecimento e evolução, e as diversas fontes possíveis de captação de recursos. Dessa forma, o maior desafio é como fazer a gestão financeira integrada de inovação, considerando todo o portfólio de projetos e a estratégia estabelecida.

É apenas esse olhar holístico da inovação que garante ou pelo menos permite a alocação condizente de recursos, considerando diferentes variáveis como potencial do projeto, coerência estratégica, riscos, *stakeholders* envolvidos, conhecimentos e competências desenvolvidas, e movimentos de mercado gerados.

Esse olhar amplo também garantirá o investimento coerente em ações de curto, médio e longo prazo, evitando que a empresa caia na armadilha de sempre investir em ações que possuem baixo risco e que apresentem retorno de curto prazo, ou seja, ações de pouco poder transformador (ou nada inovadoras).

Em resumo, é a visão ampla de diferentes projetos e prazos que cria as empresas consideradas referências em inovação sistemática, empresas que investem em inovações incrementais e radicais, de baixo e alto risco, e dentro e fora de seu *core business* de forma sistêmica e continuamente balanceada.

Spin-off e capitalização

É importante reconhecer que a gestão de portfólio, mesmo aplicada em empresas maduras e reconhecidamente inovadoras, não evitará um desafio em geral não deslumbrado no início de um projeto inovador: como superar a resistência que a própria empresa cria ao crescimento da inovação. Essa limitação pode ocorrer por caráter gerencial, cultural ou até mesmo financeiro.

Quando o obstáculo é essencialmente gerencial e cultural, uma possível solução adotada é a de gerar uma *spin-off*. Nesse caso, o negócio gerado é transformado em uma nova empresa, gerida por pessoas específicas e sem vínculo direto com a organização mãe, mesmo que esta ainda possa ter controle acionário e participar de decisões estratégicas.

Na situação em que a limitação é principalmente de investimento, uma opção real é a busca de capital externo por caminhos como *venture capital, private equity* e abertura de capital (IPO). Nesses casos, a organização deve compreender que foi responsável pelo capital semente, mas apenas uma grande capitalização permitirá o crescimento do negócio. De qualquer forma, a empresa pode continuar como cotista e também participar da gestão do negócio, por exemplo, com presença ativa no conselho de administração.

DIMENSÃO 4

Pessoas

A grande maioria das pessoas pode produzir e inovar muito mais do que acredita ser capaz de fazer. Ainda que a capacidade de inovação guarde relação com algumas características enraizadas dos indivíduos e com suas condições socioeducacionais, muitas lideranças corporativas já despertaram para o fato de que o desafio funciona como mola propulsora para focar, mobilizar e mover talentos latentes. O maior desperdício nas organizações não está relacionado a estoques, matéria-prima ou energia, mas à subutilização da capacidade de aprendizado e criativa dos colaboradores.

De fato, está nos colaboradores – e também nos fornecedores e clientes – um dos conceitos fundamentais para a inovação: gente faz toda a diferença. Essa diferença é expressa em duas frentes:

a) **Fenômeno social.** A inovação é, de fato, um fenômeno social. Uma invenção espetacular que não é adotada por uma rede social não se transforma em inovação. A história está repleta de excelentes produtos que, por alguma razão, não são adotados pelos consumidores e por isso não se tornam inovações.

b) **Atividades humanas.** A inovação é resultado exclusivo da atividade humana. À medida que a automação avança sobre as funções executadas pelos seres humanos, cresce uma distinção entre as funções que podem ser executadas por máquinas e as que só podem sê-lo pelos seres humanos. As atividades fundamentais para a inovação envolvem criatividade e, portanto, não podem ser automatizadas.

A conjunção dessas perspectivas permite estabelecer que a organização, para inovar, necessita desenvolver uma relação diferenciada com "pessoas", tanto interna quanto externamente, tanto em nível individual quanto coletivo. A organização precisa ter a capacidade de desenvolver relações produtivas com "pessoas", pois são elas as únicas capazes de criar o conhecimento necessário para a inovação.

Trataremos de diversas abordagens possíveis para melhor envolver as pessoas no processo de inovação. No entanto, o pouco que se pode dizer de concreto a respeito desse envolvimento aponta para três características fundamentais do ambiente no qual essas mesmas pessoas devem atuar. São elas:

a) **Quantidade.** Para as pessoas gerarem grandes ideias é necessário que elas possam gerar quantidades significativas de ideias (inicial e aparentemente) "pequenas";

b) **Indefinição.** A inovação pressupõe gerenciar riscos e tolerância a diversos níveis de indefinição;

c) **Diversidade.** Novos conhecimentos necessários à inovação são gerados a partir da combinação de distintos conhecimentos e de pontos de vista diferentes, por vezes antagônicos. Um ambiente que estimule a convivência entre díspares (de dentro e de fora da organização) é tipicamente mais propício à geração de ideias mais "fora da caixa".

Essas características e as relações entre as categorias de pessoas *internas* e *externas* e as ações em níveis *individual* e *coletivo* geram o quadrante visto na Figura 13 para a atuação das lideranças de inovação na organização.

Na sequência, abordamos cada um desses quadrantes.

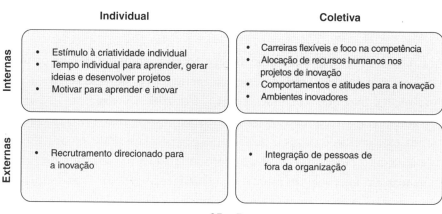

FIGURA 13 Foco em pessoas como recursos para a inovação.

INDIVIDUAL/INTERNAS

Nesse quadrante, a perspectiva está centrada nas ações que podem ser feitas para que o indivíduo, no âmbito interno da organização, tenha melhores condições de gerar contribuições efetivas para o processo de inovação.

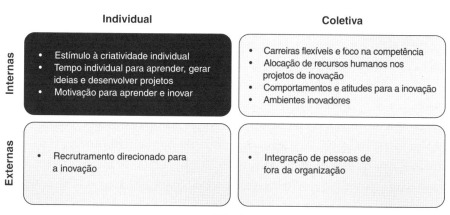

FIGURA 14

Estímulo à criatividade individual

Embora a inovação seja um fenômeno social e, como tal, resulte da interação entre indivíduos, reside nesses elementos – os indivíduos – a energia fundamental para que o fenômeno ocorra. Por isso, não é sem razão que um questionamento é recorrente. Nas salas de aula, em seminários e nas empresas, muitos indagam se é possível tornar uma pessoa mais criativa e o que fazer para acelerar o processo. Há certa ansiedade no ar, como se os interlocutores demandassem uma solução pronta, rápida. Algo do gênero: "Vamos, diga as três providências fundamentais para ampliar a criatividade de cada um e a da organização como um todo!" A resposta, obviamente, não é tão simples e requer uma reflexão mais profunda e apurada sobre o que vem a ser, de fato, criatividade.

Para alguns, trata-se de uma capacidade associada à concepção de ideias inéditas e que geram valor. Entende-se o conceito de valor de forma mais ampla, por exemplo, do que aquela resultante da inventividade associada à forma de negociar, de se relacionar com outros ou, ainda, de trabalhar com produções visuais.

Mesmo nos dias de hoje, ainda não dispomos de nenhum teste fidedigno para medir quantitativamente – e de forma precisa – a criatividade de uma pessoa. Por se manifestar de diferentes formas e sob inúmeras facetas, a inventividade encontra como única forma de mensuração o reconhecimento dos pares. Explica-se: a medição possível ocorre de forma qualitativa e tem por base uma régua subjetiva, pois se pauta na percepção daqueles que compartilham os campos de produção humana nos quais determinado indivíduo manifesta sua criatividade. Diante desse fato, como distinguir a capacidade de tornar alguém mais criativo se a avaliação possível é carregada de subjetividade?

Outro aspecto fundamental diz respeito à enorme confusão que se observa nas empresas quanto à diferença entre criatividade e inovação. A primeira é apenas um dos *inputs* do processo de inovação nas organizações, podendo ser endógena ou exógena. Já a segunda, conforme dito anteriormente, está relacionada com o coletivo organizacional e envolve a mobilização e a articulação de recursos para gerar resultados concretos no mercado. Como se vê, embora entrelaçadas, criatividade e inovação têm natureza e princípios bem distintos.

Afinal, é possível tornar as pessoas mais criativas? Sim e não. Comecemos por explicar a resposta negativa. Os adultos trazem consigo características de cognição, talentos e formas de relacionamento com o mundo e com outras pessoas que foram moldados nos primeiros cinco ou seis anos de vida, a partir de determinadas essência e carga genética. Logicamente, ao longo da adolescência e da juventude, essas características natas e intrínsecas são lapidadas e potencializadas diante das experiências de vida e do processo de aprendizado a que as pessoas são submetidas.

Na vida adulta, cada indivíduo acaba por priorizar escolhas, caminhos e experiências que aprofundam um pouco mais o desenvolvimento de seus talentos natos, sendo menos provável que consiga mudar de maneira significativa e essencial o seu potencial de expressão criativa. Ou seja, é muito difícil transformar, por exemplo, um matemático em um designer quando esse talento permaneceu inexplorado ou não encontrou espaço para se manifestar até a idade adulta. Além disso, nessa fase já dispomos de um conjunto de características que determinam, em boa medida, os limites de nossas áreas mais criativas.

Por outro lado, como mencionado anteriormente, é plenamente possível fazer uma pessoa se tornar mais criativa. Paradoxal? Nem tanto. Sabemos que os principais resultados criativos não advêm de exercícios mentais que prometem aumentar o potencial de criação dos indivíduos de forma isolada, a exemplo de almanaques de exercícios mentais ou fórmulas mirabolantes que apregoam sete ou oito lições para aprimorar a criatividade. São soluções ineptas e que devem ser rechaçadas a todo custo.

A criatividade humana se revela a partir de associações e combinações inovadoras de planos, modelos, sentimentos, experiências e fatos. O que realmente funciona é propiciar oportunidades e incentivar os indivíduos a buscar novas experiências, testar hipóteses e, principalmente, estabelecer novas formas de diálogos, sobretudo com pessoas de outras formações, tipos de experiências e cultura. Alguns indivíduos altamente criativos já apresentam naturalmente esse padrão de comportamento curioso, investigativo, voltado à experimentação e à busca persistente de pequenas e grandes nuances, seja em suas áreas de interesse ou em terrenos nem tão familiares, envolvendo outras culturas, tecnologias, idiomas etc. São pessoas que intuitivamente fazem o melhor exercício possível para o cérebro ao investir, de maneira consistente, no aprendizado e no estímulo de diferentes capacidades cognitivas e sensoriais.

Em suma, embora seja impossível modificar algumas características essenciais das pessoas, podemos incentivar comportamentos, estilo de vida e formas de interação com o mundo que permitam o desenvolvimento de novos padrões cognitivos e facultem aos indivíduos oportunidades de geração de insights criativos. O mais importante, no entanto, está no fato de que, no contexto organizacional, o que vale mesmo é a capacidade criativa coletiva.

Tempo individual para aprender, gerar ideias e desenvolver projetos

A maioria das organizações não dá tempo para seus empregados pensarem. E eles também são constantemente bombardeados por e-mails, ligações de celular, smartphones, reuniões inúteis. Inovação é um fenômeno engraçado que é igualmente abastecido pelo caos e pela paz total. Pessoas diferentes certamente serão mais ou menos inovadoras com diferentes combinações de caos e paz. As organizações parecem, entretanto, mais propensas a fornecer o primeiro do que o último. Deixe seus empregados encontrarem seus próprios equilíbrios e respeite isso! Principalmente em situações nas quais o foco é a inovação.

Mais tempo (de qualidade) juntos

Correria, correria e correria! Quanto tempo seu melhor pessoal gasta junto? Você o força às vezes a conversar? Acredite ou não, alguns dos maiores inovadores fazem exatamente isso. Pegam seus melhores empregados, algumas vezes até mesmo executivos seniores, liberam suas agendas e listas de "afazeres" para conversarem uns com os outros. Isso não apenas é bom para os casamentos, mas para os negócios também. Deixe as pessoas principais se entrosarem no nível mais profundo possível e elas irão realmente construir coisas juntas em vez de competirem por brilho individual!

Motivação para aprender e inovar

Como alguém pode pensar em um produto inovador sem estar realmente envolvido com o que faz? O ato da criação exige mais que comprometimento, exige total envolvimento. Alguém pode se comprometer com metas, bônus e até mesmo com seus colegas. Porém, infelizmente, a inovação não é o domínio dos bons soldados; é o domínio das pessoas com um desejo ardente de mudar as regras do jogo. E isso é lógico: o resultado da inovação nunca acontece dentro do padrão esperado.

O inovador quebra os velhos e cria novos padrões. Como os artistas, os inovadores corporativos naturalmente questionarão as obviedades da corporação em seus produtos, em qualquer lugar e a qualquer momento possível. E isso está demonstrado por diversas pesquisas que apontam para o fato de que é impossível determinar exatamente de onde virá e para onde irá a próxima onda inovadora. Por isso, é necessário tratar as pessoas como indivíduos, não como "recursos" genéricos. No entanto, se por um lado a atividade da criação depende das pessoas e não pode ser automatizada, por outro, pesquisas afirmam que um grupo de pessoas motivadas a aprender constitui um requisito fundamental para a inovação.

Realização pessoal

É praticamente impossível alguém tornar-se um inovador ou intraempreendedor se não estiver envolvido em atividades e desafios que tragam por eles mesmos um estímulo intrínseco. Embora voltemos a falar especificamente da dimensão, Mensuração e recompensas mais adiante no livro, é importante considerar nessa dimensão a importância do *fit* entre os desafios que se apresentam e o interesse genuíno, seja ele de caráter pessoal, intelectual ou de empreendedorismo, que as pessoas devem ter ao se envolver em atividades e desafios de inovação.

INDIVIDUAL/EXTERNAS

As organizações fazem várias trocas com os ambientes no contexto da inovação e uma das mais importantes é a habilidade da organização em atrair talentos que aumentem sinergicamente a capacidade de inovação da empresa.

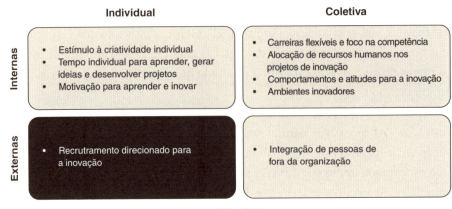

FIGURA 15

Recrutamento direcionado para a inovação

É difícil pensar em recurso mais importante para a inovação do que as pessoas que trabalham na organização. Máquinas não inovam; pessoas, sim. Alguns chegam a dizer que, se você quer uma empresa inovadora, basta contratar pessoas inovadoras e deixá-las em paz. Talvez um exagero, mas o fato é que o recrutamento e a seleção são essenciais para moldar o DNA da empresa. Para aquelas organizações que colocam a inovação como estratégia e/ou valor central, o recrutamento e a seleção passam a ser absolutamente vitais. Eles podem ser fonte de energia criativa ou, se mal direcionados, potencial barreira à inovação.

Profissionais T-shaped

Na economia do conhecimento e da inovação, é importante selecionar profissionais que tragam "expertise profunda para a festa". Não adianta apenas ter expertise. É importante vir para a festa. O que queremos dizer com isso? As organizações que querem aumentar seu potencial inovador precisam de profissionais que a literatura tem cunhado como *T-shaped*. A forma da letra "T" serve como metáfora para descrever os profissionais que, embora possuam um conhecimento específico profundo (simbolizado pela linha vertical da letra "T"), também conhecem e estão cientes das áreas contíguas de expertises (simbolizadas pela linha horizontal da letra "T"). Na prática, isso se traduz em profissionais que aprenderam a trabalhar e agregar valor numa economia hiperconectada, na qual informação e conhecimento estão, muitas vezes, a um clique de distância.

Para isso, traduzindo em linguagem bem popular, não basta apenas ser excelente em um campo e desconhecer os demais ou "ser mais ou menos bom" em muitas coisas. Os profissionais mais valiosos nos dias atuais são aqueles que têm alto grau de especialização, mas ao mesmo tempo grande capacidade de conexão com outros conhecimentos e outros profissionais em áreas adjacentes ou necessárias para enfrentar os desafios rotineiros ou de inovação de sua área. Isso é muito evidente, por exemplo, na medicina. Atualmente, os médicos são cada vez mais especializados em áreas ou tecnologias muito específicas. Mas os pacientes e as doenças são, muitas vezes, complexos e desafiadores. Assim, trazem mais resultados aqueles que, além de expertise, têm um bom network, ótima capacidade de relacionamento, de reconhecer padrões e de trabalho em equipe.

Busca da diversidade

A empresa está sempre contratando os mesmos tipos de pessoas? Mesmo perfil social, mesmas escolas, mesmas raízes étnicas e mesmas localidades? Diversidade de perfis está associada de forma crescente a ambientes mais criativos. Pessoas com diferentes *backgrounds*, experiências e educação formal trazem perspectivas diferentes para a solução de problemas e geração de novos insights. Esse fato também é particularmente relevante em setores com alta taxa de inovação na medida em que se verifica que muitas das inovações mais radicais recentes têm envolvido a combinação de diferentes campos do conhecimento. As equipes formadas na organização tendem a incluir diversos tipos de personalidades, experiências, educação formal e cultura. Mesmo a seleção interna para projetos inclui objetivos de diversificação de perfis profissionais.

Colocar pessoas de diferentes gerações, diferentes níveis hierárquicos, diferentes departamentos e/ou diferentes países trabalhando juntas em um desafio ou oportunidade é uma prática para buscar soluções novas e com um olhar mais sistêmico. Misturar diferentes perfis requer muita maturidade e um reconhecimento claro de que haverá também transtornos e conflitos, mas, se bem gerenciado, vale bastante a pena se o foco é a inovação.

Uma das coisas mais gritantes entre o ambiente corporativo na América do Norte e o Brasil, por exemplo, é a questão da diversidade de *background*. Um dos autores morou e trabalhou durante cinco anos em empresas de alta tecnologia/software nos Estados Unidos e Canadá, e ficou extremamente surpreso com as diferenças encontradas. Enquanto, no Brasil, nas melhores e maiores empresas do país as pessoas tipicamente tendem a ter formação muito padrão – administradores, economistas, engenheiros e publicitários de um pequeno punhado de universidades –, na América do Norte encontram-se pessoas com graduação em filosofia, história da arte, antropologia, literatura, física, astronomia, artes cênicas ocupando cargos executivos ou liderando equipes de desenvolvimento de software. O contraste é brutal.

Capacidade autônoma para aprender

Profissionais que ainda acreditam que a empresa seja a principal responsável pelo seu desenvolvimento e aprendizado não perceberam a grande mudança ocorrida nos últimos anos. Embora seja papel das empresas ampliar as condições e oportunidades de aprendizado de seus funcionários – muito além da sala de aula –, o aprendizado em si, principalmente visando a inovação, é de responsabilidade principal dos indivíduos.

Profissionais que demonstrem curiosidade, foco e concentração para aprender temas emergentes e ainda não consolidados são muito importantes para empresas que buscam a inovação como diferencial. Aqueles profissionais que ainda acreditam que programas de treinamento, MBAs e outras formas tradicionais de aprendizado são grandes diferenciais para empresas inovadoras não entenderam a dinâmica fundamental do conhecimento e inovação. Quando um dado conhecimento já está consolidado, codificado e começa a ser amplamente disseminado, ele perde valor rapidamente. O valor da inovação, no contexto, está na periferia, no incerto e no emergente. Aprender e se destacar nessas áreas requer profissionais com perfil e histórico bem distinto da média da sociedade e das empresas. Esses são os profissionais ideais para as empresas que buscam inovações de ponta.

COLETIVAS/INTERNAS

O grande desafio está em gerar e enriquecer ideias e insights de maneira contínua, colaborativa e sistemática. Ainda que a criatividade individual seja importante, necessária e altamente desejável, no ambiente corporativo ganha relevância a combinação de múltiplas fontes criativas, o que exige enorme disposição e disciplina para implementar as medidas necessárias, viabilizando a obtenção de resultados efetivos e diferenciados.

Nesse quadrante, o foco principal é entender como a empresa pode criar contextos internos que permitam que a criatividade individual possa ser direcionada para os objetivos da inovação corporativa e, principalmente, estimulem a criação coletiva.

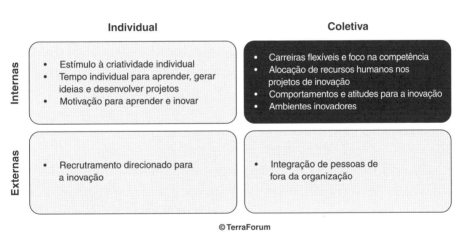

FIGURA 16

Carreiras flexíveis e foco na competência

O processo inovador depende crescentemente da combinação de diversas perspectivas e campos do conhecimento. Nesse sentido, empresas que estimulam seus funcionários a terem carreira que envolva experiências diversificadas estão aumentando o potencial criativo deles e também aumentando suas redes pessoais com pessoas de várias áreas da empresa e de diversos campos do conhecimento. Além disso, funcionários com experiências em diversas áreas e funções têm uma visão mais equilibrada das forças e fraquezas da organização. A mobilidade e a rotatividade implicam, por sua vez, que as pessoas, e não os mecanismos formais, se tornem os principais veículos para a troca de informações e estabelecimento de relações entre diferentes áreas da empresa. Pessoas que passam por vários tipos de experiências desenvolvem, ademais, um *mindset* mais flexível e maior habilidade para se ajustar ao inesperado e às demandas de novos projetos, sem passar por períodos de preparação e treinamentos formais extensos.

No passado, nos modelos organizacionais da Era Industrial, havia grande preocupação com a descrição detalhada de cada um dos cargos da organização. Na Era do Conhecimento, e quando a inovação é essencial, toma-se uma visão muito mais focada na pessoa e no conjunto de suas habilidades, atitudes, competências e experiências. A descrição de cargo, por isso mesmo, exige algumas definições muito mais amplas de responsabilidades e um escopo muito maior do campo de atuação das pessoas. Essa tendência é importante na medida em que cresce a importância do uso de equipes multifuncionais, estruturas em células, matriciais por projetos, em rede etc. Nessas organizações, os indivíduos sentem-se confortáveis para tomar decisões e trabalhar com membros de outras equipes.

Competências essenciais

Uma das ferramentas já clássicas de gestão de pessoas é aquela volta para a definição de competências essenciais que devem nortear comportamentos, atitudes e entregas dos profissionais-chave da empresa. Cada organização acaba por definir algumas competências essenciais, mas em geral elas não fogem muito de competências como "iniciativa", "capacidade de articulação", "curiosidade" e "empreendedorismo". Como sempre, o maior desafio não é escrever essas competências, mas sim prover um alinhamento efetivo em todo o ciclo de carreira das pessoas, passando inicialmente pelo recrutamento e seleção, avaliação de desempenho, movimentações, promoções e mesmo desligamento.

Carreira em Y

Particularmente em organizações que dependem bastante de competências técnicas ou conhecimento tecnológico profundo, é comum encontrar a lógica da carreira em Y estabelecida. A ideia por trás dessa alternativa é permitir à empresa ganhar de duas maneiras: primeiro, ao não promover para funções gerenciais aqueles profissionais técnicos que não têm aptidão para esse tipo de responsabilidade, e, segundo, ao sinalizar fortemente para seu corpo técnico que a valorização do conhecimento técnico profundo não apenas é reconhecida, como é recompensada na organização. No Brasil são poucas as empresas com histórico de grande valorização da carreira em Y. As mais conhecidas nesse sentido são a Petrobras e a Embraco.

Alocação de recursos humanos nos projetos de inovação

Normalmente, as organizações buscam estabelecer um nível alto de eficiência nas suas operações, eficiência essa obtida através da alocação parcimoniosa de recursos os mais diversos. No entanto, a história demonstra que altos níveis de eficiência não garantem a sobrevivência das organizações. Basta lembrar diversas indústrias que sucumbiram apesar de apresentarem níveis excelentes de eficiência: um exemplo didático é o da indústria de máquinas de escrever. Ainda hoje, isso pode acontecer se as organizações confundirem os conceitos de *eficiência* e *produtividade*. Esta garante a perenidade das organizações, aquela não.

A produtividade exige um equilíbrio dinâmico entre períodos de foco na eficiência da operação (a melhor utilização possível de *inputs*) e períodos regulares de foco na eficácia (a melhor produção possível de *outputs*). Será nos períodos de eficácia que a inovação ocorrerá, sem sombra de dúvida. O correto balanceamento entre um e outro dependerá de cada organização, do setor em que ela atua, do momento econômico e, principalmente, de sua ambição estratégica quanto à inovação. De qualquer forma, duas perspectivas devem ser observadas no sentido de aumentar a produtividade da organização, melhorar seus níveis de eficácia. São elas:

Mais experimentação

O inovador brinca com os objetos que imagina. Desse modo, as empresas devem fornecer ao seu pessoal meios para experimentar e brincar com diferentes conceitos desde cedo. Não espere algum conceito chegar a um estágio mais detalhado de projeto antes de convidar seus colegas, fornecedores e clientes para observá-lo e criticá-lo. E, principalmente, não tenha apenas uma grande ideia. Tenha diversas pequenas ideias e, caso alguma não resista às críticas, poderão servir de inspiração para outras tantas pequenas ideias. Afinal, os inovadores são normalmente colecionadores. Escritores possuem muitos livros; engenheiros possuem garagens interessantes; excelentes comerciantes são ansiosos consumidores de mídia, e assim por diante. A realidade nunca está na mente ou no objeto da criação; está na dualidade do consciente e do inconsciente. Trabalhar com essa instabilidade ou "perecibilidade" de ideias é fundamental. Duas pessoas nunca observam algo exatamente da mesma forma.

Mais rotinas criativas

Sim, a inovação também precisa de rotinas. Vários autores distintos e artistas são conhecidos por seguirem rotinas metódicas e muito específicas para obter inspiração e produzir mais. As organizações são cheias de rotinas. A maioria, entretanto, não tem nada a ver com a promoção da inovação. Ao contrário, elas estão lá para mostrar que as pessoas aprenderam a viver pelas normas, procedimentos e cerimônias da burocracia.

Comportamentos e atitudes para a inovação

Da mesma forma que os indivíduos, a própria organização pode apresentar um perfil *T-shaped*. Ou seja, ela pode incorporar a suas rotinas processos que a habilitem a acessar perspectivas diferentes das de sua expertise organizacional específica. Duas atitudes, em particular, podem nortear o estabelecimento de normas que incentivem comportamentos e atitudes para a inovação. São elas:

Ouvir mais atentamente

Se muitas inovações surgem da combinação de novas e velhas ideias ou novos e antigos conhecimentos, então é evidente que as pessoas com forte observação e habilidade de ouvir têm uma vantagem quando se trata de desenvolver novas ideias. O mesmo se aplica às companhias. Como uma organização observa se seu ambiente é claramente relacionado à sua capacidade de inovação? Ela pergunta a si mesma: As pessoas de departamentos diferentes realmente prestam atenção umas nas outras? Há rotinas em andamento que as estimulam a ouvirem umas as outras? As pessoas estão treinadas para ouvir atentamente? As pessoas mais introvertidas encontram espaço para expressar suas ideias? Não se mede o quanto se ouve atentamente em um ponto simples: isso é uma disciplina que deve ser aplicada em muitos níveis. Se você ouvir, poderá encontrar oportunidades de inovação pertinho do escritório.

Questionamento de crenças

Quais são as teorias e paradigmas de seu negócio? Há verdades aceitáveis sobre o que funciona e o que não funciona em seu negócio e indústria? Os vendedores devem ser comissionados? É difícil vender diretamente para particulares? Não há mercado para seu produto em países em desenvolvimento? Os custos não podem ser divididos? As pessoas não vão pagar por música? O arrendamento nunca funcionará nessa indústria? Pessoas de baixa renda sempre colocarão o preço em primeiro lugar? A história dos negócios é cheia de exemplos de organizações que quebraram todas as regras e reinventaram suas indústrias (por exemplo, Starbucks, Apple, Jetblue etc.). Então, não é importante ter reuniões periódicas para questionar as concepções muito fortes existentes sobre seu próprio negócio. Algumas organizações brilhantes fazem exatamente isto: elas regularmente reúnem suas melhores cabeças para encontrar e atacar todas as fundações de suas próprias crenças. Solicite às suas melhores cabeças que ajam como novos jogadores sem todos os recursos que vocês se acostumaram atualmente. O que eles fariam?

Ambientes inovadores

Quando falamos de ambientes inovadores é possível pensar em dois contextos específicos: um físico e outro comportamental/relacional.

Ambiente físico: mais sentidos humanos

Os homens não evoluíram por milênios observando números e assistindo a apresentações de PowerPoint. Nós aprendemos e recebemos impactos de diversas maneiras com todos os nossos sentidos. Uma fragrância pode despertar conexões que nos levam de volta à infância, por exemplo, e isso combinado com qualquer desafio que você estiver enfrentando pode colocar em funcionamento uma ideia completamente nova. Absurdo? Só se você pensar que a espécie humana evoluiu observando uma tela de computador. Ao pensar sobre inovação, é importante alavancar tudo à sua disposição, e poderemos pensar em nada mais importante que a (livre) capacidade que está escondida em nossos próprios sentidos humanos.

Nesse sentido, a criação de ambientes inovadores não condiz com certos tipos de ambientes de escritório e fabris cuja lógica é da padronização, do incolor, do inodoro, do asséptico e do frio e impessoal. Organizações inovadoras compreendem bem essa dimensão e facilitam, e algumas estimulam mesmo que as pessoas estejam em um ambiente com personalidade, cor, contato com a natureza, com fragrâncias e qualquer outro elemento que, no contexto do negócio da empresa, as estimulem a colocar seus sentidos humanos para criar.

Várias organizações já pensam em seus ambientes de trabalho, portanto, pensando em como facilitar, e mesmo demarcar, vários espaços segundo a lógica da inovação. Portanto, há ambientes específicos para facilitar o *serendipity* ou encontros casuais, para interagir e rabiscar, e também ambientes para o trabalho em equipe ou, ainda, para refletir e se concentrar individualmente. E os indivíduos inovadores, em vez de presos em uma cadeira, vagueiam por esses espaços segundo a fase do processo de inovação e/ou desafio do momento.

Sabemos que, numa lógica dominante da qualidade total, da padronização, do ganho de produtividade industrial, as assertivas anteriores podem parecer meio chocantes, mas ao se investigar o ambiente de trabalho e inovação de grandes escritores, pintores e também tecnólogos, cientistas, publicitários e megaempreendedores, essas afirmações são vistas com olhos muito mais benevolentes. Também é fácil observar tal realidade ao se visitar empresas em reconhecidos centros mundiais de inovação ou mesmo algumas empresas brasileiras que já construíram alguns espaços recentes com parte desses conceitos, como é o caso da expansão do CENPES, da Petrobras, ou o prédio da Natura em Cajamar.

Ambiente comportamental/relacional

O gerenciamento proativo da criatividade é um caminho inexorável para as empresas interessadas em inovar e evoluir. Transformar uma organização em um espaço inovador passa pelo questionamento de conceitos fundamentais sobre o jeito como aprendemos, criamos e geramos valor. Não há outra forma de romper barreiras e enxergar além senão quebrando paradigmas e construindo uma cultura da qual façam parte o risco, a dor e o aprendizado, conceitos fundamentais e bem diferentes dos que são normalmente ligados ao entendimento corrente do que vem a ser "criatividade". Grandes inovadores não ficam esperando que as ideias simplesmente surjam: eles vão ao encontro delas e tratam de materializá-las, certificando-se de que haverá compradores para elas.

A história da inovação está repleta de "eurekas!", estalos criativos que, em geral, despontam quando as pessoas estão relaxadas. Haveria alguma contradição entre o trabalho duro e o relaxamento? Não. As empresas inovadoras trabalham duro e buscam pessoas dispostas a tanto, mas lhes dão intervalos e possibilitam que façam pausas, abrindo espaço para o pensamento criativo. O retorno é ainda melhor quando a cadência respeita o ritmo de cada um, criando um campo fértil para fazer brotar ideias realmente novas e inspiradoras.

Ambientes inovadores, portanto, não são necessariamente ambientes mais cômodos, mais tranquilos ou menos estressantes. Não se trata de uma oposição entre o ruim e o gostoso, entre o lento e acelerado ou entre o organizado e o desestruturado. Há muita noção errônea sobre os contextos e ambientes inovadores. Ambientes inovadores não são, ademais, os mais adequados para muitos perfis pessoais. Eles podem ser muito estressantes para quem não se habituou ao desafio constante, a viver com incerteza e a trabalhar em ritmos intensos.

As respostas para o desafio de criar um ambiente que estimule o exercício da criatividade pelas pessoas não é trivial nem pequena, e também não se aplica, como uma forma simples, a todos os ambientes organizacionais e competitivos. Anos de pesquisa nos levam, no entanto, a concluir que a típica organização moldada segundo paradigmas da Era Industrial já não funciona na Era do Conhecimento e da Inovação. Essa transição passa não apenas por artefatos visíveis das regras, normas e ambiente de trabalho, mas principalmente pelo modelo mental de gestores e funcionários sobre o que de fato funciona quando se busca a promoção de ambientes inovadores.

COLETIVA/EXTERNAS

Na perspectiva de que são as pessoas – de que é o fenômeno social – a fonte da qual a inovação flui, é lógico o interesse por parte das organizações em ter acesso ao maior volume possível dessa fonte de inspiração. Nesse sentido, quanto mais a organização puder interagir de forma produtiva – eficiente e eficaz – com "pessoas", mais ela aumentará seu potencial inovador. E para fazer isso a organização não poderá apenas "contratar" todas as pessoas. Ela precisará desenvolver uma capacidade verdadeira e transparente, tanto em relação aos valores dela própria quanto das pessoas com as quais pretende colher informações, ideias e insights para o seu processo de inovação. Nesse aspecto, o ponto principal é o de desenvolver processos que permitam a integração com a realidade de pessoas externas à organização.

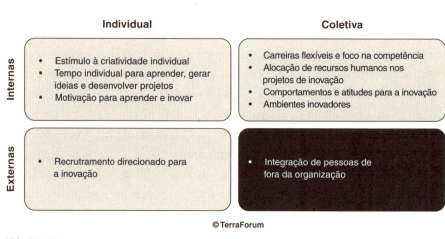

FIGURA 17

Integração de pessoas de fora da organização

Mais viagens

Observar, observar e observar potenciais clientes ou consumidores. Ninguém gera insights ou inova só olhando para a tela do computador. Apesar disso, com que frequência isso é feito pelos colaboradores? Em algum momento já foi dito aos empregados para passarem mais tempo fora da empresa? De onde virão as novas ideias se todos os dias as mesmas pessoas dirigem pelas mesmas ruas, comem nos mesmos lugares, falam com os mesmos conhecidos e visitam os mesmos colegas nas mesmas indústrias? De forma interessante o suficiente, organizações que precisam muito de ideias estão muito mais confortáveis em gastar dinheiro em pacotes de cursos nos quais seus empregados não aprenderão nada realmente novo, além de dar a seus empregados algum tempo e recursos para verem como os negócios funcionam em outro lugar, em mercados diferentes, regiões ou indústrias. Não nos sentimos revigorados quando vamos a algum lugar novo nas férias? Por que esperar?

Encontros com os clientes (e não clientes!)

Poucas visões virão das planilhas eletrônicas, apresentações de PowerPoint e relatórios. O aspecto interessante sobre os negócios e as hierarquias é que, conforme as pessoas que melhor atendem os funcionários são promovidas, perdem o contato com os clientes. A mesma coisa acontece com bons cientistas que se tornam gerentes que gastam a maior parte de seu tempo preenchendo relatórios, gerenciando recursos humanos ou participando de funções corporativas. Esse problema (perder um bom cientista e ganhar um mau gerente) é bem conhecido e amplamente discutido na literatura de gerenciamento. Inovação, entretanto, não é privilégio ou responsabilidade dos cientistas.

Essa tendência organizacional de "enclausurar" seus melhores colaboradores precisa ser revista para que o potencial de inovação se concretize. Os cérebros da organização – na verdade, o maior número possível – devem periodicamente entrar em contato com a realidade do mundo externo. Devem ter a oportunidade de encontrar os clientes nas unidades mais capilares da organização. Na maioria das vezes em que o potencial de inovação é despertado, isso ocorre justamente nos limites extremos da organização. Essa prática não parecer ser eficiente. E, de fato, não é. Nem pode ser. Para que a fagulha da inovação aconteça é necessário eficácia.

A partir disso, alguém pode concluir facilmente que muitas organizações têm um sistema funcional desenvolvido para livrar-se de inovadores, isolando-os, protegendo-os do contato com o dia a dia mundano dos clientes até, por fim, sufocá-los com atividades burocráticas. Infelizmente, é exatamente isso o que acontece quando as organizações confundem eficiência com produtividade.

Últimas considerações: Vários papéis no processo de inovação

Embora, ao longo deste capítulo, tenhamos discutido várias ações e comportamentos que as empresas devem apoiar para ter pessoas mais criativas e inovadoras, sabemos que no caso de grandes corporações as demandas e responsabilidades quanto à inovação podem variar profundamente. Assim, é importante destacarmos que boa parte das recomendações deste capítulo se aplica, em particular e mais especificamente, para o caso de indivíduos diretamente envolvidos com a geração de ideias e condução direta dos projetos de inovação.

As inovações, no entanto, não ocorrem em um vácuo organizacional. Elas precisam de inserção e vários tipos de apoio. Caso contrário, é preferível isolar totalmente o time de inovação criando unidades de negócio dedicadas para isso. Mas como esse não é o caso mais comum, é importante alertar que a dimensão Pessoas de nosso modelo só vai funcionar se os indivíduos em posições de liderança:

- Tornarem-se verdadeiros *champions* ou, ao menos, *sponsors*, da inovação na empresa.

- Ajudarem os criativos e tecnólogos da empresa a romperem barreiras de sistemas, processos e normas quando necessário.

- Apoiarem a gestão de projetos – principalmente em sua fase de execução – com recursos e pessoas com ótimas habilidades de gestão de projeto, implementação técnica e experiência em *go-to-market*.

- Promoverem alinhamentos com partes do *value-chain* da empresa (fornecedores, distribuidores etc.) de modo a criar oportunidades para que os produtos nascentes tenham maior chance de sobreviver.

Enfim, nem todos serão brilhantes criadores e inovadores, mas uma organização inovadora definirá uma série de outros papéis e perfis de indivíduos para apoiar aqueles indivíduos e ideias menos óbvias e mais radicais.

DIMENSÃO 5

Gestão do conhecimento e infraestrutura tecnológica

Inovação depende de conhecimento novo aplicado e gerando valor para alguém, para a sociedade ou para o planeta. A nosso ver, a gestão do conhecimento é uma das molas indutoras da produtividade e criatividade dos trabalhadores do conhecimento. Inovação, de fato, é o trabalho sublime dos *knowledge workers*. Em sua definição mais simples, inovação pode ser vista como a combinação de conhecimentos complementares, adjacentes e/ou sinérgicos com aplicação prática e útil para um processo organizacional ou para um público específico. Vista sob esse prisma, é evidente, pois, que a gestão do conhecimento pode contribuir bastante com a gestão de inovação organizacional. O conhecimento é um dos insumos essenciais para a inovação.

A teoria, a disciplina e a prática da gestão de conhecimento nas organizações têm evoluído com altos e baixos, acertos e erros desde meados da década de 1990. Os erros tendem a estar bastante associados a iniciativas cujo foco principal está no software, nos dados e na informação, e não no conhecimento, principalmente conhecimentos **críticos** das organizações. "Para onde você quer ir? Não sei. Então, qualquer caminho está bom." Um diálogo semelhante em *Alice no país das maravilhas* é uma boa analogia dos esforços organizados frustrados em gestão do conhecimento. Uma empresa que não sabe quais conhecimentos precisa para garantir seu futuro vai fazer muito mal à gestão de inúmeros conhecimentos, em muitos casos irrelevantes para o seu futuro.

De certa maneira, todas as organizações já lidam com a gestão do conhecimento a partir da perspectiva do aprendizado e da capacitação de seus colaboradores. Algumas o fazem de maneira muito estratégica, explícita e com métodos e tecnologias virtuais bem avançados, enquanto boa parte ainda trata do conhecimento de maneira bastante intuitiva e empírica, e com métodos e ferramentas muito tradicionais. A gestão do conhecimento, contudo, vai muito além dessa questão de capacitação; ela trata da mobilização de conhecimento – independentemente de sua origem – para atingir objetivos de negócio específicos.

Se o mundo não fosse tão conectado, em escala mundial, com a informação viajando instantânea e exponencialmente, e os ciclos de desenvolvimento de produtos não fossem tão rápidos, talvez levasse muito mais tempo para que fosse percebida a importância da disciplina e abordagem estruturada da gestão do conhecimento. Isso não quer dizer que as ferramentas virtuais tenham papel determinante para a implementação da gestão do conhecimento. De fato, elas são, cada vez mais, *commodities* e acessórias. Contudo, essas mesmas ferramentas fazem parte integral (tanto como causa, como efeito) de um novo contexto competitivo no qual velocidade, escala global e capacidade de mobilização e *sourcing* de competências, conhecimentos e expertise são um diferencial competitivo.

Estratégia explícita de gestão do conhecimento

Embora muitas organizações não tenham uma estratégia explícita de gestão do conhecimento nem uma área formalmente designada para isso, é evidente que organizações líderes, de rápido crescimento e de sucesso gerenciam, ainda que apenas intuitivamente, o conhecimento organizacional.

Em uma economia na qual o valor das empresas é cada vez mais intangível, boa parte do valor das organizações está no conhecimento organizacional, seja ele tácito, implícito ou explícito. Os grandes saltos organizacionais e inovações em termos de novos serviços e produtos, por exemplo, têm absolutamente tudo a ver com a mobilização e concatenação de conhecimentos novos e/ou dominados, estejam internalizados ou sejam parte do ecossistema do *value chain* da empresa. A entrada em novos mercados também ocorre, em boa medida, a partir do aproveitamento de um conjunto de competências organizacionais em outros contextos.

A história das grandes inovações e expansões empresariais mostra que têm mais êxito as organizações que são altamente conscientes do seu know-how, conhecimento e competências, pois escolhem oportunidades de mercado e caminhos de expansão nos quais esses ativos intangíveis são alavancados e expandidos. Há uma continuidade, não uma ruptura. Já as expansões empresariais que resultam em fracassos retumbantes têm a ver com o ingresso em negócios, mercados ou tecnologias que são muito pouco familiares para a organização.

A questão do conhecimento organizacional é crítica, ademais, para todos os processos de fusões e aquisição, que podem ser um dos caminhos de execução de uma estratégia de inovação. Em mercados de alta tecnologia, investidores e empresários sabem que a empresa adquirida pode ter seu valor rapidamente dilapidado se os conhecimentos adquiridos saírem pela porta da frente e não voltarem (perda de talentos), se os mesmos não encontrarem no novo ambiente organizacional os caminhos adequados para aplicarem ou evoluírem em suas áreas de conhecimento (estagnação) ou, ainda, se a empresa, em vez de sinergia de talentos e conhecimentos, cria silos permanentes (isolamento). O contrário disso é quando novos conhecimentos adquiridos com a nova organização ou fusão são rápida e sinergicamente integrados para criar um novo futuro conjunto que é mais do que a soma das partes isoladas.

A gestão do conhecimento, portanto, está no coração da inovação, da sustentabilidade, do crescimento e da expansão saudável das organizações. Há, porém, um gap a ser fechado: o profundo distanciamento entre as disciplinas de planejamento estratégico, gestão da inovação e gestão do conhecimento. Os modelos, *frameworks* e, principalmente, profissionais envolvidos com essas disciplinas ainda se tangenciam de maneira tênue. Em alguns dos capítulos deste livro acreditamos que fazemos uma contribuição para atenuar esse distanciamento.

Competências para o presente e para o futuro

Competências organizacionais envolvem a capacidade de obter resultados específicos e tangíveis a partir da mobilização integrada das competências individuais e coletivas, do uso efetivo de recursos produtivos e de informação, de redes de relacionamentos, entre outros. Um nível elevado de consenso sobre as competências e habilidades da organização é muito importante no contexto da gestão do conhecimento, pois facilita o desenvolvimento de estratégias de negócio que alavancam esses ativos. É importante também porque direciona esforços individuais e coletivos no sentido de melhorar essas competências e habilidades centrais, e também direcionar esforços no sentido de buscar de forma consciente novos conhecimentos e competências necessárias para competir em novos mercados e aproveitar oportunidades emergentes.

A visão de competências centrais não é necessariamente uma visão para o passado. Competências centrais podem ser aquelas que o processo de planejamento estratégico identifica como emergentes para o direcionamento futuro da organização para expandir os mercados atuais, explorar novos mercados e garantir diferencial competitivo. Enfim, para inovar. É importante, ademais, compreender que competências organizacionais estão relacionadas às competências dos indivíduos e grupos que integram a organização, mas não são a mesma coisa. As competências organizacionais referem-se a potencialidades que a organização detém em função das competências desses indivíduos e grupos, direcionadas e mobilizadas em função da estratégia organizacional.

Quando uma organização entende a relação entre conhecimentos centrais e inovação, os documentos estratégicos da organização não se limitam a falar de mercados, clientes, organização, receitas e custos. Eles incluem de forma central e explícita referências e estratégias para o desenvolvimento, disseminação, proteção e uso de competências, conhecimentos e ativos intangíveis críticos para o futuro da organização. O planejamento estratégico da organização inclui, por exemplo, referências específicas a ações destinadas a melhorar algumas competências específicas dos colaboradores, contratar funcionários com perfis, experiências e competências estratégicas, estimular o compartilhamento de alguns tipos de melhores práticas, proteção e retenção de conhecimentos e competências estratégicas etc.

No nível mais estratégico, uma organização que tem um olhar apurado sobre o futuro e sobre as áreas potenciais de inovação identifica os gaps de conhecimento. Lacunas de conhecimento podem incluir a competência e as habilidades da equipe, informação externa sobre mercados, setores industriais, tendências e áreas de expertise (interna e externa). Planos são desenvolvidos para diminuir o gap por meio de programas de desenvolvimento pessoal, treinamento *on-the-job* e desenvolvimento de soluções de aprendizado e acesso à informação on-line. Estudos *ad-hoc* também são encomendados para acelerar a compreensão de temas específicos.

Entretanto, na prática, são poucas as empresas que conseguem manter essa visão integrada entre a estratégia, os conhecimentos e a inovação. No Brasil, felizmente, temos alguns casos que apontam para essa direção, como o Grupo Fleury. A empresa não só integrou esse tripé organizacionalmente com a criação, em 2007, da Diretoria Executiva de Estratégia e Marketing, composta das áreas de marketing, estratégia e inovação, pesquisa e desenvolvimento, e sustentabilidade, como também criou programas estratégicos de gestão do conhecimento e inovação.

Dedicado à geração e implantação de ideias de natureza radical ou semirradical,[1] o programa Plataformas de Inovação gerou movimentos internos de direcionamento e monitoramento estratégico das ações de inovação. Com base em fóruns, entre diretores executivos e gestores das unidades de negócio, são feitas análises estratégicas da empresa e o alinhamento entre as diferentes áreas. Apenas a partir da identificação de atributos competitivos, ocorre a seleção de temas de inovação e a posterior definição e priorização dos projetos a serem executados por equipes multidisciplinares e sob coordenação da área de inovação.[2]

Dessa forma, o Grupo Fleury não só faz o alinhamento estratégico, como também mapeia os temas e conhecimentos[3] atrelados que potencialmente impactarão seus resultados futuros.

---

[1] Grupo Fleury, relatatório anual, 2009.
[2] Arruda, Carlos; Rossi Anderson; Penido, Erika e Savaget, Paulo. *Grupo Fleury: gestão de inovação e conhecimento em medicina e saúde.* Fundação Dom Cabral, 2010.
[3] Ver também: Pedroso, M.C.; Franco, R.F.; Terra, J.C. "Transformando intangíveis em valor real aos clientes." *Harvard Business Review*, v. 8, p. 58-66, 2008.

Gestão do conhecimento: visão integrada e direcionada para a ação

A gestão do conhecimento deve estar amplamente ancorada e direcionada por desafios específicos do negócio segundo uma lógica agregadora de valor (Figura 18). Sem isso e sem uma clara identificação dos conhecimentos realmente críticos para o negócio, a gestão do conhecimento tende a se aproximar de atividades tradicionais de gestão da informação e tecnologia de informação. Estas últimas atividades e recursos nunca devem ser as principais direcionadoras das ações de gestão do conhecimento.

A Figura 18 também destaca o fato de que os objetivos específicos de gestão do conhecimento, assim como seus métodos e ferramentas, podem trabalhar em diversos planos, desde o tratamento da informação (criação, organização, ciclo de vida, acesso etc.) até conceitos mais sofisticados relacionados ao estímulo cognitivo, aprendizado, geração de insights e preservação da capacidade organizacional.

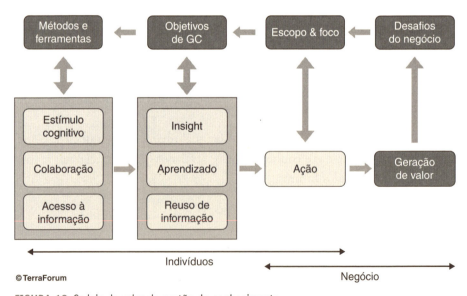

FIGURA 18 Cadeia de valor da gestão do conhecimento.

As iniciativas e os processos que lidam com os conhecimentos organizacionais podem gerar melhores resultados se contarem com uma abordagem sistêmica de gestão do conhecimento. Dessa forma, é possível gerar resultados para os profissionais e para a organização, obtendo o máximo valor a partir dos conhecimentos existentes – ou mesmo da criação de novos conhecimentos – na organização.

Para estabelecer o direcionamento estratégico de gestão do conhecimento, é fundamental entender o contexto estratégico da organização – em seus principais cenários presentes e futuros. A partir desse pano de fundo, é possível estabelecer os principais direcionadores para a gestão do conhecimento:

- Conhecimentos essenciais para sustentar a estratégia da organização e alavancar seu desempenho no curto prazo.

- Estratégias para aquisição, desenvolvimento, compartilhamento e aplicação desses conhecimentos em contextos específicos.

- Governança ampla para garantir processos estratégicos e participativos de gestão do conhecimento.

- Ferramentas e métodos que operacionalizem efetivamente as práticas de gestão do conhecimento.

Há uma variedade de métodos e ferramentas disponíveis para as organizações, envolvendo desde ações fortemente estratégicas, como métodos de gestão e desenvolvimento organizacional, e também ferramentas de TI. Esses métodos e ferramentas podem, ademais, estar associados tanto à inovação e criação de conhecimento como ao compartilhamento, retenção e proteção de conhecimentos, conforme a Figura 19.

A escolha dessas ferramentas deve ser sempre fruto de um processo sistemático de alinhamento de objetivos, por meio de uma governança estabelecida e um claro entendimento da natureza dos conhecimentos a serem geridos, assim como do valor organizacional a ser obtido pelo uso dos métodos e ferramentas escolhidos.

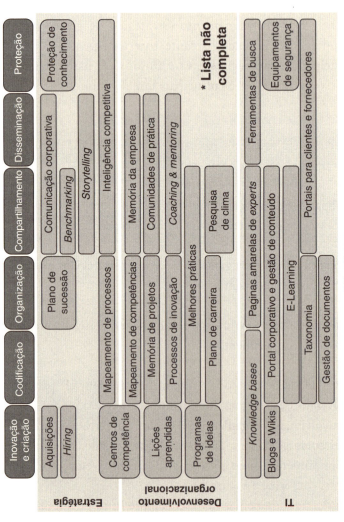

FIGURA 19 Visão ampla de métodos e ferramentas de gestão do conhecimento.

Aprender para inovar

Pode ser um grande chavão, mas não dá para não repetir: aprender a aprender parece ser o grande desafio tanto para indivíduos como para as organizações. Há uma grande sinergia entre os desafios nesses dois planos.

Do ponto de vista individual, algumas perguntas são bem relevantes: Como aprender de maneira mais rápida, mais eficiente e com resultados tangíveis em termos pessoais e profissionais? Como não ficar para trás? Como acompanhar as novas tecnologias e métodos que surgem a cada instante? Sabemos que não é possível mais separar muito bem o momento de aprendizado do momento do trabalho e, em algumas profissões, até do momento de lazer e prazer.

O mundo pode ser uma oportunidade constante de aprendizado. As informações e conhecimentos necessários para o aperfeiçoamento profissional nunca estiveram tão disponíveis. Alguns exageram e dizem que está a um clique de distância. Exageros à parte, a verdade é que os indivíduos podem ter acesso à informação, a redes de aprendizado, comunidades de práticas e a especialistas em uma escala que há pouco tempo não era possível de se imaginar.

Já as organizações precisam desenvolver novas competências, metodologias e novos produtos de maneira cada vez mais frequente para se manterem competitivas. Isso não ocorre simplesmente porque é determinado no planejamento estratégico e no orçamento. Competências, métodos e inovações ocorrem porque há gente motivada em aprender, individual e coletivamente, porque a organização disponibiliza tempo para as pessoas saírem da rotina e para acessar pessoas, lugares e tecnologias habilitadoras. Treinamentos pontuais também podem fazer grande sentido; contudo, é a parceria entre indivíduos e organizações visando objetivos comuns de evolução profissional e competitiva que faz a grande diferença.

Aprender na escola, na faculdade, na pós-graduação e também nos cursos e treinamentos oferecidos pela universidade corporativa continua sendo muito importante, mas isso é suficiente para se formar talentos realmente inovadores, dispostos a quebrar paradigmas? É suficiente para empresas que querem realmente se reinventar e/ou competir em mercados globais nos quais a capacidade de inovação seja um fator determinante de sucesso?

A nosso ver, a questão das teorias de aprendizado tipicamente aplicadas nas empresas – e, em particular, nas empresas brasileiras, apesar de avanços dignos de nota –, ainda se pauta por paradigmas da era industrial e se traduz principalmente em ganhos de eficiência e eficácia para as organizações (Figura 20). Já as empresas altamente inovadoras e as visionárias que são admiradas tocam algo mais profundo: a capacidade de indivíduos genuinamente capacitados e motivados para aprender.

Nessas empresas líderes, além dos treinamentos e capacitações básicas para a rotina e operação, as pessoas são incitadas e providas de recursos para aprender de múltiplas maneiras: com tempo pessoal para mergulhar de fato em suas áreas de expertise, analiticamente e, principalmente, sensorialmente, com o mundo, por meio de histórias, com redes de conhecimento de dentro e fora da empresa, com mecanismos bem estruturados para aprender por meio de pesquisas, experimentação, protótipos etc.

Quando falamos de aprendizado individual e, principalmente, organizacional regenerativo, voltado para o conhecimento coletivo e para a criação de conhecimento para a inovação, o aprendizado formal não é suficiente e, muitas vezes, tem um olho sempre colado no retrovisor.

O aprendizado formal não vai desaparecer. Longe disso. Mas o informal será cada vez mais prevalente à medida que caminhamos para uma ubiquidade cada vez maior no acesso à informação, uso de redes sociais e foco em

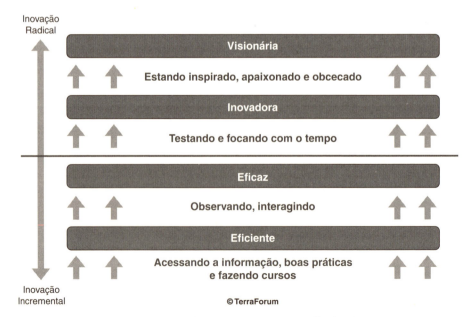

FIGURA 20 Tipologia (não tradicional) para a busca de aprendizado e inovações.

dinâmicas de trabalho e organizacionais nas quais o conhecimento e, mais ainda, a capacidade de contribuição e aprendizado individual fica menos bloqueada em função de barreiras de status, hierárquicas e geográficas.

Para o aprendizado extraclasse, extracurso, acontecer é preciso também muita organização e direcionamento. É preciso, entre outras coisas:

- Organizar fluxos de informação e produção de conteúdos.

- Estimular e facilitar o uso de ferramentas colaborativas.

- Intervir estrategicamente para colocar em contato, de forma regular, pessoas que não se conhecem ou raramente se encontram.

- Prover um bom grau de liberdade para as pessoas aprenderem fora da organização.

- Criar um ambiente saudável e de alta confiança entre as pessoas e entre as pessoas e a organização.

- Formar e promover líderes aderentes a uma cultura em que são valorizadas a iniciativa, o aprendizado coletivo e a colaboração contínua.

Storytelling como ferramenta de gestão do conhecimento e inovação

A humanidade vem contando histórias de forma ininterrupta desde que adquiriu a fala ou mesmo antes disso, desde que aprendeu a gesticular e se comunicar. De fato, muitos antropólogos dizem que é a nossa capacidade de contar histórias que nos separou de outros primatas ao longo da evolução. Mais ainda, parece haver uma correlação entre a capacidade de contar histórias e o grau de coesão que se consegue em grupos. Quanto mais evoluídas as subespécies de primatas em termos de mecanismos de comunicação, maior o tamanho médio dos grupos e maior o grau de sofisticação das interações sociais.

A semiótica, ciência que estuda as estruturas linguísticas e as formas de comunicação, nos conta, por sua vez, que o ser humano transmite, sem se dar conta, quase 700 mil sinais físicos distintos, incluindo cerca de 1.000 posturas corporais, 5.000 tipos de gestos e 250.000 expressões faciais! Enfim, o ser humano tem uma enorme capacidade natural de transmitir sinais, informações e conhecimento. E de fato tem feito isso com maior ou menor efetividade há muito tempo na sociedade e nas organizações. Desde o advento da linguagem e depois da escrita, as histórias passaram a viajar muito mais rapidamente no espaço e no tempo. Com a explosão da internet e outros meios de comunicação, as histórias podem viajar pelo mundo quase instantaneamente, afetando relacionamentos pessoais, cultura e sentimentos, independentemente da localização física e geográfica dos indivíduos.

É evidente que as histórias são importantes para a humanidade. Mas uma boa questão que se apresenta é saber se também o são para as organizações. Qual o seu papel? E como isso está relacionado aos temas gestão do conhecimento e inovação?

Toda organização, à medida que evolui, acumula uma série de vivências, casos e aprendizados associados à experiência adquirida pelas equipes e líderes enquanto em ação nas operações e projetos. Desafios técnicos, de mercado e de gestão são superados e, muitas vezes, acabam embutidos nos processos operacionais, documentos, softwares e patentes da organização. Esse tipo de conhecimento explícito, no entanto, não traz consigo os contextos, valores, sentimentos e histórias pessoais que ajudaram a construí-lo, na evolução da organização. As histórias, por sua vez, são ricas em todos esses elementos e têm permeado a vida das organizações. Toda organização tem suas histórias de guerra, seus heróis e visões de mundo construídas a partir de pequenas ou grandes anedotas que se transmitem diariamente e perpetuam o ethos da organização. Enfim, os valores de uma organização ganham vida e se perpetuam, em grande medida, nas histórias que são contadas, revividas e relembradas a cada momento, de forma espontânea ou deliberada para enfatizar algum tipo de comportamento ou crença que se deseja ver integrado ao tecido cultural da organização.

A maioria das histórias em uma organização é baseada em casos reais, que podem ser ligeiramente modificados para dar ênfase a um ponto específico ou para direcionar a narrativa. Alguns exemplos de tipos de histórias no contexto organizacional são: histórias inspiradoras, usadas para estimular a imaginação, a criatividade e gerar energia e cooperação; histórias de ação preventiva, usadas para ensinar lições sobre o perigo proveniente de certas emoções negativas ou insegurança; e histórias que refletem um valor organizacional específico, tais como inovação, confiança, priorizar sempre o cliente, sustentabilidade, entre outros.

Histórias que merecem atenção e têm impacto

Logicamente, nem todas as histórias conseguem captar atenção, perpetuar-se ou influir de maneira significativa na transferência de conhecimento, valores e emoções. No contexto organizacional, é importante saber quem está contando as histórias (são pessoas de influência na organização?) e a capacidade dessas histórias para atravessar hierarquias, geografias e o tempo. Para começar, histórias importantes têm algumas características distintivas. Elas marcam eventos importantes ou que foram destacados como importantes pelos líderes da organização. Incluem tramas, desafios ou mesmo pequenos incidentes carregados de significado; fazem sentido em qualquer época; têm pontos altos e desfechos marcantes ou mesmo inesperados. São frequentemente curtas, mas com propósito e carregadas de analogias, metáforas e visões de futuro. Histórias de impacto são ainda contadas e "ouvidas", tanto pelo lado esquerdo como pelo lado direito do cérebro.

Histórias de impacto contam invariavelmente com personagens que carregam em suas ações muito simbolismo. Alguns desses personagens viram mitos e, ao longo do tempo, suas ações, ao serem recontadas, vão se distanciando da realidade efetiva, pois o que perdura são as lições, os valores, dilemas e posicionamentos morais ou éticos desses personagens. No contexto empresarial, isso é visto com frequência à medida que as organizações homenageiam seus fundadores e pioneiros. Estes, em alguns casos, viram "super-homens". De fato, não importa mais quem de fato foram esses personagens, mas o que eles representam para o inconsciente coletivo da organização.

Os valores de uma organização, embora possam ser vivenciados a cada instante de forma inconsciente, são particularmente evidenciados em alguns contextos particulares, como experiências novas e inusitadas, vitórias ou derrotas marcantes, processos de transformação, gerenciamento de crises e resolução de dilemas éticos e morais. Esses momentos são preciosos para organizações que estão procurando reforçar valores e comportamentos ou mesmo introduzir novos valores. Nesse contexto, o impacto da história é determinado tanto pelo fato em si como pelo alinhamento da história com objetivos estratégicos bem definidos pela organização.

O método do storytelling no contexto da gestão do conhecimento

O storytelling ou contar histórias parece ser algo natural, em particular para grandes líderes. Apesar disso, até recentemente a ciência administrativa havia dado pouca atenção a esse fenômeno. Isso vem mudando, tanto no campo teórico como na prática. No contexto da gestão do conhecimento, além de certa frustração com grandes projetos de codificação de conhecimento e transferência de conhecimento por meio de tecnologia da informação, há um reconhecimento da importância crucial das histórias para a transferência de conhecimentos complexos, contextos, Weltanschauung (visão de mundo) e valores culturais.

O storytelling é uma técnica que reforça múltiplas relações causais. É multifacetada, estimulando tanto o lado direito como o lado esquerdo do cérebro, e permite a quem lê ou ouve a história se envolver fortemente com a mesma, sonhando, atuando e refletindo à medida que a história evolui. Dessa forma, a experiência, as lições aprendidas e o contexto são transmitidos de forma a estabelecer um significado, uma emoção e servir como padrão ou arquétipo para a tomada de decisão ou ação futura em situações semelhantes.

Como o método de storytelling se compara aos outros métodos normalmente associados à gestão do conhecimento? Em que medida o método de contar histórias é realmente efetivo quando se trata de transferir conhecimento? Mais do que transferir conhecimentos específicos, as histórias transferem valores, inspiram atitudes e ajudam na construção de compromissos com visões de futuro. Se o objetivo principal é transferir conhecimentos técnicos específicos, normas e melhores práticas, outros métodos são mais apropriados. Nesse sentido, o storytelling é mais um dos instrumentos para aqueles envolvidos com a gestão do conhecimento. A novidade é que, em tempos mais recentes, o storytelling está sendo usado de forma bastante instrumental no contexto de equipes, departamentos e mesmo organizações como um todo, que buscam mudanças profundas e/ou transferência de atitudes, formas de encarar desafios e/ou métodos para lidar com situações complexas.

Gestão de inovação: contando histórias para criar o futuro

O storytelling começa, ademais, a ganhar um espaço na agenda de líderes envolvidos também com a gestão da inovação. Se, por um lado, as histórias servem para refletir o passado, por outro elas incitam a imaginação a pensar em contextos mais amplos e ao desenvolvimento de diálogos multidisciplinares. De fato, uma das vertentes do método para a construção de cenários, bastante usada em planejamento estratégico e tecnológico, não é nada mais do que uma história do futuro construída a partir da reflexão sobre possíveis caminhos para as demandas da sociedade, clientes, *stakeholders* e para a evolução de tecnologias críticas.

De maneira correlata, as histórias são poderosos instrumentos para a gestão da mudança. Ninguém é absolutamente racional. E quando a mudança é profunda e afeta muito a vida das pessoas, argumentos puramente racionais têm baixa efetividade. É preciso mudar os modelos mentais e perspectivas das pessoas a partir de histórias que as ajudem a visualizar futuros possíveis e desejáveis.

O meio é a mensagem

Histórias têm sido contadas de muitas maneiras: oralmente, por meio de imagens e textos (por exemplo, casos no contexto do ensino da administração), por vídeo e multimídia, e, mais recentemente, por meio de blogs. Como dizia Marshall McLuhan, o famoso intelectual canadense dos meios de comunicação que ficou célebre com a frase "o meio é a mensagem", cada um desses meios para se transmitir mensagens e histórias transforma o próprio conteúdo. Em um contexto organizacional isso é mais verdadeiro do que nunca. Organizações que sabem o poder das histórias têm áreas e pessoas que procuram utilizar proativamente todos os canais formais e informais pelos quais as histórias trafegam para influenciar a visão de mundo da organização e obter comportamentos desejáveis dos colaboradores.

Historicamente, as histórias fluíam de cima para baixo nas organizações, e os mecanismos de comunicação em massa se organizavam numa perspectiva unidirecional, em que poucos emissores transmitiam mensagens para todas as outras pessoas, que eram vistas unicamente como expectadores. Essa realidade mudou completamente nos últimos anos. As empresas são muito mais permeáveis: as histórias entram e saem da organização de maneira muito mais rápida e com abrangência muito maior. Um único indivíduo tem, hoje, o potencial de anonimamente contar histórias não sancionadas pela empresa para centenas, milhares e mesmo milhões de pessoas. A internet é uma realidade incontestável. Há algo absolutamente novo na sociedade (e crescentemente nas empresas): milhões de contadores de histórias, que utilizam diferentes ferramentas digitais, como blogs, wikis, grupos de discussão etc. Essa capacidade de distribuir histórias digitalmente e o impacto disso, tanto no contexto da sociedade como particular, no contexto organizacional ainda precisa ser mais bem compreendido.

Equipando-se para contar histórias

Vários estudos têm mostrado que organizações longevas têm ideologias fortes e prestam também muita atenção aos seus valores centrais. Nesse contexto, a perpetuação de histórias não é algo fortuito e esporádico; é algo gerenciado com muita perspicácia e visão estratégica. Isso significa que histórias que reforçam os valores estratégicos definidos são identificadas, narradas e comunicadas de maneira bastante deliberada no contexto das equipes, projetos, organização e mesmo no ambiente mais amplo da cadeia de valor e sociedade no qual a empresa se insere.

Equipar-se, porém, para contar histórias vai muito além de desenvolver um portal, um blog ou dar uma câmera a cada colaborador. Antes de tudo, é preciso reconhecer no nível mais alto da organização o link estratégico que existe entre modelos mentais, cultura, atitudes e criação, absorção, transferência e produção de conhecimentos críticos. Depois disso, é preciso valorizar e legitimar o tempo investido para contar e ouvir histórias e implementar métodos, processos facilitadores e meios físicos e eletrônicos para que histórias importantes possam emergir, ser identificadas, validadas e disseminadas dentro e fora da organização.

Finalmente, mas não menos relevante, boas histórias precisam ser contadas por alguém. Logicamente, há indivíduos que são naturalmente excelentes contadores de histórias. Se, no entanto, o storytelling passar a fazer parte do arsenal de ferramentas gerenciais estratégicas, gestores e líderes precisarão ser treinados para incorporar habilidades para contar e/ou escrever boas histórias. A princípio esse objetivo pode parecer inalcançável e irrealista. A nosso ver, no entanto, embora difícil, a habilidade

Gestão do conhecimento e infraestrutura tecnológica 115

de contar histórias pode e precisa ser desenvolvida. No passado, habilidades como a oratória, o debate e a apresentação pessoal fizeram inclusive parte do currículo escolar. Por outro lado, outras habilidades tidas como *soft* (por exemplo, dar feedback, liderar reuniões etc.) também têm sido incorporadas ao repertório de habilidades de bons gestores. O storytelling é, nesse sentido, uma das habilidades essenciais para gestores de organizações líderes que estão frequentemente reinventando o futuro.

Framework da gestão do conhecimento para a inovação

É possível definir uma abordagem de gestão do conhecimento específica para a inovação? Cremos que sim. Assim, utilizando trabalho original de Nonaka e Takeuchi (1995), a tese de doutorado de Terra (1999) e a experiência acumulada da TerraForum, apresentamos o modelo da Figura 21, que destaca quatro processos principais de combinação de conhecimentos para a inovação.

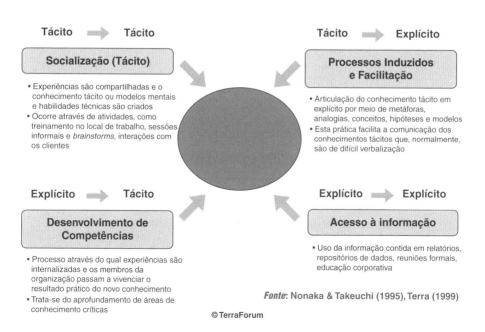

FIGURA 21 Processos para combinação de conhecimentos para a inovação.

Os quatro processos podem ser caracterizados por uma série de atividades que qualquer grupo de pessoas envolvidas com inovação deveria se engajar para adquirir ou fomentar a criação de novos conhecimentos:

1. *Socialização (combinação de conhecimentos tácitos)*
   - Ambientes de trabalho onde imperam a confiança e a transparência e que estimulam a criatividade, a colaboração e a flexibilidade.
   - Discussões e colaborações bem planejadas e estruturadas que enriqueçam e expandam a capacidade de realização de profissionais cujos resultados são medidos essencialmente pela qualidade e não pela quantidade.
   - Eventos planejados de compartilhamento de conhecimento entre unidades de negócio.
   - Revisão pelos pares (*peer review* ou *peer assist*).
   - Reuniões presenciais estruturadas sobre lições aprendidas.
   - Intercâmbios com universidades e centros de pesquisa externos.
   - Visitas a clientes e fornecedores.
   - Painéis de especialistas.

2. *Processos induzidos e facilitação (conversão de conhecimento tácito em explícito)*
   - Mecanismos que facilitam o acesso a vários tipos de informação e a um amplo leque de especialistas de dentro ou de fora da organização podem contribuir para a inovação corporativa.
   - Comunidades de prática.
   - Desenvolvimento de *check lists* detalhados.
   - Portais abertos para ideias externas (captura de ideias de clientes, fornecedores e parceiros).
   - *Brainstorms* facilitados e técnicas de clusterização e criatividade.
   - Equipes multidisciplinares de inovação.
   - Desafios internos, externos e prêmios de inovação.
   - Programas de ideias.
   - *Crowdsourcing*.

3. *Acesso à informação (combinação de conhecimentos explícitos)*
   - Métodos estruturados para receber *inputs* de qualquer pessoa de dentro ou de fora da empresa.
   - Mapeamento de especialistas internos e externos ("páginas amarelas").
   - Repositório de boas práticas e lições aprendidas de projetos.
   - Acesso a bases de dados com literatura acadêmica (física e digital).
   - Acesso a projetos internos (físicos e digitais).
   - Acesso a revistas técnicas (físicas e digitais).
   - Acesso a pesquisas de mercado.
   - Acesso a *benchmarks*.

4. *Desenvolvimento de competências (conversão de conhecimento explícito em tácito)*
   - Mapeamento de conhecimentos críticos (árvore de conhecimentos críticos).
   - Estratégia de desenvolvimento de competências (curto e longo prazos).
   - Convênios estruturados com universidades.
   - Carreira em Y para desenvolvimento focado em expertises.
   - Apoio estruturado para formação de alto nível e pós-graduação.
   - Participação ativa em congresso das áreas de conhecimento e atuação.
   - *Storytelling* (internalização de competências).
   - Capacitação em gestão de projetos.

Segundo esse *framework*, na tradição de Polanyi, assim como em Nonaka e Takeuchi, há uma grande ênfase no papel do conhecimento tácito (aquele não facilmente articulado) como estratégia fundamental para a conversão de informação e conhecimentos adquiridos para a geração de ideias, insights e bons projetos de inovação. Segundo ainda esse modelo, as organizações podem facilitar imensamente o desenvolvimento de conhecimento específico para os objetivos de inovação a partir de uma série de ações em vários planos, conforme listados anteriormente, de forma a criar contextos mais propícios para que indivíduos inseridos no contexto organizacional possam cocriar as bases de conhecimento que suportem as ambições de inovação da organização.

Gestão do conhecimento na perspectiva japonesa

São nove horas da manhã de um domingo chuvoso de outono na capital japonesa, quando chego à Câmara de Comércio de Tóquio para o encontro anual da Knowledge Management Society of Japan (KMSJ), realizado com o apoio do Ministério da Indústria e Tecnologia japonês. Após as palavras de boas-vindas, sobe ao palco o Dr. Ikujiro Nonaka, que recentemente recebeu do imperador japonês o título de "Tesouro Vivo do Japão" – distinção importantíssima em um país que cultiva sua história, seus mitos e sua cultura. Já havia presenciado suas apresentações em eventos pelo mundo, mas senti que ali seria diferente. O contexto é outro. Nonaka falaria para seus pares, seus compatriotas e algumas das pessoas responsáveis por tornar o Japão uma potência mundial ao longo da segunda metade do século XX.

Nonaka começa a palestra destacando que a realidade está sendo criada pelos indivíduos de forma contínua, e ela só existe a partir da interação entre o sujeito e o objeto. E a cada instante ela é diferente, assim como a água no leito de um rio nunca é a mesma. Da mesma maneira deve ser vista a estratégia empresarial. Os indivíduos devem se guiar menos por análises estáticas do presente e mais pela capacidade humana de criar novos futuros interessantes para a empresa. E como são criados os futuros da empresa? Segundo Nonaka, a teoria da criação de conhecimento é essencial. Ela se expressa por meio da criação de múltiplos *Bas*, ou espaços para socialização e criação de conhecimento. As empresas líderes se inserem em seus mercados e ambientes de modo a estabelecer processos altamente dinâmicos de aprendizado coletivo, isto é, coaprendizado.

Por que as empresas diferem entre si? Essa é a essência da estratégia. Com isso, Nonaka quer dizer que empresas com processos estratégicos robustos têm mecanismos para diferenciação contínua de seus concorrentes por meio do conhecimento e inovação. Na prática isso se traduz em processos de planejamento que enfatizam tanto o qualitativo como o quantitativo. Essas empresas reconhecem, ademais, o mercado como orgânico e em constante evolução, e seus líderes empresariais não apenas alocam recursos e aprovam orçamentos, mas participam e fomentam processos de aprendizado e reinvenção a partir do uso frequente de metáforas, histórias vividas e histórias sobre o futuro da organização.

As visões de futuro são fundamentais, porém não estáticas. Elas se recriam de múltiplas maneiras, múltiplas perspectivas, múltiplos atores e vários níveis organizacionais interconectados via pessoas, em uma corrente infinita. Isso significa, ademais, que aprender e atender os clientes requer que o conhecimento tácito dos indivíduos (contextualizado como "verbo" por ser dinâmico) seja transformado em processos de negócio e produtos ("substantivos" por ser a materialização) e guiado tanto pela visão de futuro como pelas atitudes, valores e cultura organizacional.

Conceito de *Ba*

O conceito de *Ba* como um espaço para socialização pode ser traduzido para a perspectiva ocidental em práticas como mecanismos de governança, comunidades de prática, grupos de trabalho e equipes de projetos que surgem, se comunicam e se dissolvem de maneira natural, conforme a organização se adapta e coexiste com o seu ambiente.

É papel da liderança fomentar novos *Bas* que permitam a contínua reinvenção do conhecimento organizacional. O verdadeiro novo conhecimento, no entanto, aquele que vai atender às necessidades dos clientes é criado a partir de mecanismos tanto contratuais como que fomentem graus elevados de intimidade que permitam o efetivo compartilhamento de experiências e conhecimentos tácitos.

Fomentar a coexperiência

É preciso atenção aos detalhes, é neles que surgem os insights. Os detalhes, no entanto, são particularmente percebidos na medida em que há uma imersão empática, de corpo e alma, nos ambientes dos clientes. A criatividade e a inovação podem ter uma justificativa racional, mas surgem quando há aprendizado com os cinco sentidos.

Organizações inovadoras criam contextos e missões que vão muito além dos produtos existentes, pois estes são apenas objetos temporários. É a partir da forte adesão dos colaboradores à missão organizacional que se consegue apoio e mecanismos para se engajar em processos de coexperiência e cocriação de conhecimento.

> **Traduzir instintos e insights
> para guiar a organização**
>
> A realidade só existe a partir da interpretação de cada indivíduo. Essa simples afirmação, embora possa parecer trivial, segundo Nonaka, tem consequências muito práticas para as lideranças das organizações. A criação de conhecimento ocorre a partir das múltiplas interpretações da realidade que distintos indivíduos fazem de certo contexto, projeto ou iniciativa organizacional. Assim, a criação de significados comuns e de conhecimento organizacional requer um grau de alinhamento mínimo entre os indivíduos. Isso é conseguido a partir de diálogos verdadeiros e da criação de metáforas e analogias que sejam ao mesmo tempo simples e profundas.
>
> Concluindo, podemos concluir que, segundo Nonaka, a experiência compartilhada, inserida fortemente na realidade principal fonte e compartilhada tacitamente é a de criação e aplicação do conhecimento e da estratégia organizacional.

Gestão do conhecimento e redes sociais

Os organogramas não representam de forma fiel a realidade das interações entre os colaboradores de uma organização. Para resolver problemas, aprender sobre novos assuntos e inovar, as pessoas entram em contato com colegas de outras áreas funcionais, de diferentes níveis hierárquicos e, em alguns momentos, de outras empresas. Essas interações formam redes organizacionais invisíveis para os gestores, mas com importância estratégica para a competitividade empresarial.

A crescente complexidade do mundo atual e a impossibilidade de estarmos plenamente informados tornam a gestão de redes pessoais um trabalho tão árduo e importante como qualquer outro. Várias pesquisas, por exemplo, mostram crescentes níveis de colaboração entre pesquisadores trabalhando na fronteira de suas áreas de conhecimento. De fato, os mais criativos encontram-se, frequentemente, em colaboração com outras mentes brilhantes de campos do conhecimento adjacentes ou mesmo completamente distintos. A criatividade demanda divergência, enquanto a inovação demanda convergência.

Indivíduos e organizações, na ânsia pela objetividade e produtividade, deixam muitas vezes de estar abertos para as informações, conexões e oportunidades que batem à porta.

É importante notar que as redes geralmente são formadas informalmente. Isso significa que elas se estabelecem e não são representadas pelas estruturas funcionais da empresa. Contudo, são geralmente essas redes que promovem a flexibilidade e a inovação através da ligação de competências únicas. Portanto, é de extrema importância que as organizações suportem essas redes, principalmente aquelas que buscam conhecimento, habilidade em inovar e adaptação às mudanças.

O método da análise de redes sociais

Dentro desse cenário, um método originalmente usado na sociologia – a análise de redes sociais (ARS) – tem sido aplicado com grande sucesso por empresas de ponta. As empresas continuam usando ferramentas e técnicas tradicionais de gestão que não conseguem contemplar a crescente complexidade existente no ambiente empresarial.

O desenvolvimento cuidadoso de uma ARS possibilita que os gestores tenham uma ideia mais real dos fluxos de conhecimento e trabalho, dando insumos para a tomada de decisões e ações que favoreçam a eficiência e a eficácia da rede, trazendo benefícios tanto para a organização quanto para os indivíduos. A análise de redes sociais consiste no mapeamento da relação entre os diversos atores de uma organização e a representação desses relacionamentos na forma de matrizes, gráficos e análises quantitativas e qualitativas, como no exemplo da Figura 22.

Esses mapas, como o representado na Figura 22, são obtidos a partir de uma série de técnicas, como questionários on-line, análise de trocas de e-mails e mensagens (no futuro, cada vez mais, de mapas das redes sociais) e mesmo ligações telefônicas.

A aplicação de técnicas de redes sociais em organizações tem mostrado que existem tipicamente quatro tipos de papéis principais em uma rede:

1. **Conectores centrais.** Ligam a maior parte da rede e fornecem as informações críticas ou conhecimentos para que a rede possa desempenhar as suas atividades.

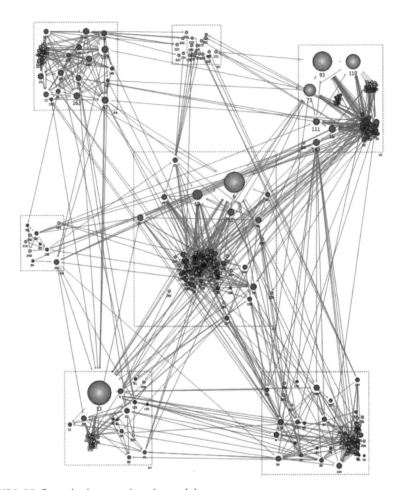

FIGURA 22 Exemplo de mapa de redes sociais.

2. **Ampliadores de fronteiras.** Conectam a rede a outras redes da companhia ou até mesmo a outras empresas.
3. **Agenciadores de informação.** Ligam os subgrupos dentro da rede; caso eles deixem a rede, ela é dividida em partes menores, e menos dois pontos devem ser observados quando pensamos nos atores envolvidos em redes sociais.
4. **Especialistas periféricos.** Pessoas que fazem parte da rede, mas que atuam apenas em situações específicas nas quais seu conhecimento é requerido por outros elementos da rede.

Para uma boa performance organizacional e individual, deve ocorrer um equilíbrio entre a quantidade de participantes em cada papel e as necessidades da empresa. Não há uma resposta-padrão, pois os resultados dependem muito do universo de análise, assunto dominante na empresa etc. Nesse sentido, a técnica de ARS deve ser vista e analisada por profissionais capacitados e treinados em desenvolvimento organizacional em parceria com pessoas com profundo conhecimento do contexto organizacional.

As análises das redes sociais podem trazer uma série de benefícios, tais como:

- Identificar gargalos de conhecimento.

- Identificar e reter profissionais críticos.

- Identificar conectores de redes isoladas.

- Identificar relacionamento entre áreas, departamentos e mesmo regiões ou países dentro de uma grande organização.

- Identificar os relacionamentos-chave da organização com o mundo externo e os fluxos de informação e conhecimento existentes.

- Acompanhar a evolução de fusões empresariais e departamentais.

- Identificar fragilidades da rede para conhecimentos críticos.

- Identificar comunidades de prática em potencial.

- Melhorar a atuação de atores críticos.

Os desafios enfrentados pelas organizações devem ser analisados em múltiplas dimensões. A ARS não é uma solução universal, ela é uma ferramenta poderosa de mobilização organizacional e, como toda ferramenta, deve ser utilizada de forma criteriosa e cuidadosa, evitando imposição da técnica para os colaboradores. É importante ressaltar o caráter "ganha-ganha" da análise, uma vez que ela possibilita criar planos de ações de alto impacto no desempenho organizacional e individual.

Empresas preocupadas em articular de forma mais eficiente suas redes sociais podem ganhar vantagens consideráveis em termos de competitividade. As redes mobilizam as pessoas em torno de questões centrais na Era das Redes, tais como criatividade, inovação e aprendizagem. A análise de redes sociais torna "visível" o "invisível", possibilitando que sejam identificados padrões e sejam concretizadas ações.

Análise de redes sociais e o desenvolvimento individual

Nosso conhecimento e capacidade de ação são influenciados sobremaneira em função de nossa habilidade para estabelecer e manter redes pessoais e profissionais altamente efetivas. Alguns de nós já sabemos disso intuitivamente, outros fazem disso uma arte, enquanto algumas pessoas sentem não ter perfil para fazer networking e, no pior dos casos, algumas pessoas nem compreendem o valor fundamental das redes para serem mais efetivas.

É interessante notar que, quando conduzida de forma séria e transparente, a ARS pode trazer benefícios tanto para a empresa, que pode tomar decisões de forma a articular melhor sua rede, quanto para os colaboradores, que recebem um feedback do processo, com uma lista de pontos que podem ser melhorados. Uma prática muito comum das empresas que utilizam ARS é fornecer para os funcionários um relatório com o seu papel na rede, suas relações mais diretas, entre outras informações, e uma lista de recomendações para melhorar sua atuação dentro da empresa.

Em alguns casos, a empresa pode chegar a disponibilizar um sistema de *coaching* ou *mentoring* para apoiar o desenvolvimento de competências necessárias para trabalhar em rede, o que ajuda na melhoria da performance individual.

Essa discussão dos resultados das ARS, do ponto de vista dos indivíduos, se enquadra em um contexto maior, que é o papel de líderes e mentores experientes. Na Era das Redes, um dos papéis fundamentais dos líderes é ajudar os profissionais no início de carreira a realizar e manter conexões significativas.

Nossas faculdades, inclusive de Administração, não orientam seus alunos para viver na Era das Redes. Ainda se perpetua a ideia de que a aquisição de conhecimento é resultado essencialmente de um esforço intelectual. Os mentores experientes, que já inovaram e cometeram erros importantes, encontraram soluções e fecharam negócios em encontros casuais, sabem que conhecer, na Era das Redes, significa conhecer também quem sabe o quê ou mesmo conhecer quem sabe quem sabe o quê. Sabem também que o posicionamento do indivíduo em uma rede é crítico para o seu desempenho e para a geração de oportunidades ao longo da vida profissional. Isso é tão importante que não pode ser deixado ao acaso.

Gestão do conhecimento, redes sociais e Web 2.0

Gestão do conhecimento e inovação. Redes sociais. Estamos falando de Gestão 2.0. Esse termo está não apenas intimamente ligado aos conceitos de Web 2.0, mas vai muito além. Não estamos falando apenas de ferramentas e plataformas tecnológicas utilizadas para estimular a colaboração horizontal entre os diversos atores internos e externos de uma empresa (clientes, fornecedores, colaboradores, sociedade, *stakeholders*, lideranças etc.). Estamos falando também das novas relações dessas tecnologias com o ser humano, a sociedade e as empresas. O impacto que isso significa para os relacionamentos entre os indivíduos, dentro e fora do ambiente corporativo, já é bastante evidente e visível.

Se no dia a dia já percebemos maneiras totalmente novas de interação entre a geração dos "nativos digitais", estamos pensando em como essas interações vão se refletir dentro das empresas assim que essa nova força de trabalho for a dominante e, mais ainda, quando chegar ao poder nas grandes organizações. Ainda é muito cedo para cravar uma opinião ou uma certeza (além de tudo mudar muito rapidamente, outra característica desses tempos 2.0), mas claramente vislumbramos desafios para os empreendedores do futuro – desafios de relacionamento com seus colaboradores, desafios de mudança de cultura organizacional, de governança, de processos, de sustentabilidade. Enfim, de tudo que envolve a gestão de uma empresa, seja ela uma gigante global da "velha" economia ou uma representante da "novíssima" economia de serviços digitais.

Embora já tenhamos passado por momentos de maior ou menor euforia com a informática, internet, redes sem fio e mobile, o fato é que as possibilidades de aplicação dessas tecnologias no mundo dos negócios ainda estão em sua infância. Os recursos digitais e as possibilidades wireless são novidades que surgiram em meados da década de 1990, um tempo muito curto se comparado ao da história de gestão das organizações. Evitando uma atitude de deslumbramento irresponsável, há a necessidade de desenvolver um olhar aguçado sobre as oportunidades de negócio e de reinvenção de produtos e processos que as tecnologias propiciam, lembrando sempre que a evolução é rápida, contínua e, em alguns casos, radical.

Ferramentas on-line

De forma proposital começamos este capítulo sobre gestão do conhecimento falando muito pouco ou quase nada sobre ferramentas on-line (portais, busca, fóruns, comunidades, blogs, gestão de conteúdo, gestão de documentos etc.). Depois de mais de uma década trabalhando com essas ferramentas em empresas de vários setores econômicos, temos forte convicção de que a pior coisa para uma empresa que está realmente imbuída em fazer uma gestão do conhecimento, principalmente aquela para apoiar processos de inovação, é começar a falar desse assunto a partir da implantação desse tipo de ferramenta on-line.

Os fracassos são mais numerosos que os sucessos. Muitos realmente se esquecem de que quem realmente detém o conhecimento e a capacidade de inovação são as pessoas. E que elas precisam estar genuinamente motivadas a compartilhar, colaborar e a se arriscar em um ambiente digital, no qual tudo fica registrado. Também muitos se esquecem de que o ambiente digital e as ideias e os conhecimentos ali compartilhados são apenas uma parte do *value chain* da geração de valor a partir da aplicação do conhecimento e da inovação. Podemos ter vários cenários improdutivos nessas iniciativas:

- Iniciativas on-line que não saem do lugar, de que ninguém participa.

- Iniciativas on-line que geram muito volume, mas poucas coisas realmente úteis e de valor para as empresas.
- Iniciativas on-line que geram boas ideias, bons intercâmbios de informação e conhecimento, mas que nunca de fato se transformam em projetos com recursos humanos e financeiros alocados para aprofundar os insights iniciais e transformar fragmentos de ideias em ideias, depois em conceitos, em propostas de valor, em aplicações efetivas nos negócios.

É evidente, no entanto, que as organizações que se constroem e se transformam neste início de milênio terão práticas, métodos e ferramentas de colaboração on-line cada vez mais incorporadas no seu modelo de gestão. Não é difícil antecipar que, por exemplo, as redes sociais serão tão prevalentes em futuro próximo quanto hoje é o e-mail e que isso trará ganhos e ônus específicos quanto à produtividade, agilidade, comunicação, compartilhamento de conhecimento e cocriação em grande escala (*crowdsourcing*).

DIMENSÃO 6

Geração de ideias e insights (*fuzzy front-end*)

A parte central do Modelo das 10 Dimensões refere-se ao processo de inovação *per se*. Este, por sua vez, é dividido, tanto na literatura como na prática, em duas grandes partes: (1) *fuzzy front-end* e (2) *back-end*.

Na primeira parte deste capítulo se concentram as atividades empresariais governadas pelo pensamento divergente, ou seja, uma busca ampla de possibilidades para encontrar soluções que gerem novo valor aos clientes. O desafio do pensamento divergente é quebrar os limites do pensamento que existem no indivíduo e na empresa. Esses limites são construídos de forma silenciosa por motivo de crenças e valores do que se considera "apropriado" e ainda sobre o que é "possível" de se imaginar e realizar.

Mesmo que se consiga gerar uma ampla gama de boas ideias, isso por si só não garante que a empresa seja inovadora e colha resultados dessa atividade. Inovação requer ideias implementadas e que gerem valor. Essa segunda fase, focada na implementação, é normalmente conhecida como *back-end* e é tratada no próximo capítulo (Dimensão 7).

O fato é que, por mais valiosas e interessantes que sejam as ideias geradas, nunca haverá recursos suficientes para financiar e executar todas elas.

É necessário escolher as melhores ideias, as mais alinhadas com o propósito estratégico da empresa e ainda verificar qual é a capacidade de execução de projetos da empresa. Em outras palavras, é necessário aplicar pensamento convergente, ou seja, buscar identificar através de critérios claros e focados na estratégia da empresa quais as melhores "apostas" para a inovação.

O Quadro 2 descreve e compara as diferenças e complementaridades do pensamento divergente e convergente no processo de inovação.

QUADRO 2

Pensamento divergente (*fuzzy front-end*) – Dimensão 6	Pensamento convergente (*back-end*) – Dimensão 7
• Aceitar todas as ideias	• Valor ao cliente é o critério
• Procurar muitas ideias	• Plano de ação claro e detalhado
• Estimular combinações	• Avaliação de investimento
• Adiar julgamento	• Avaliação de recompensa
• Todas as ideias são bem-vindas	• Manter o foco
• Buscar combinações de ideias	• Julgar afirmativamente
	• Ser explícito
	• Evitar conclusões prematuras

O caminho que uma ideia perfaz na empresa muitas vezes é tortuoso e cheio de desvios até chegar a se tornar uma inovação, uma vez que os recursos disponíveis são restritos e a pressão por eficiência e resultados é, invariavelmente, grande. O processo de inovação geralmente aplica diversos ciclos de pensamento divergente-convergente até que todos os envolvidos tenham clareza para tomar decisões e alocar recursos para projetos de inovação. A cada ciclo de pensamento divergente-convergente o número de alternativas vai diminuindo até o momento em que todos os envolvidos têm clareza e convicção suficientes para configurar "o projeto", em outras palavras, a consolidação das melhores ideias.

Exemplo IDEO

A IDEO é aclamada por muitos como a empresa mais renomada no mundo em design e inovação. Uma empresa criada a partir de professores e alunos da Escola de Engenharia de Stanford na Califórnia.

A IDEO foi muito estudada, principalmente, pela sua grande habilidade em conduzir sessões de *brainstorming* (pensamento divergente), que internamente recebe o nome de *Deep Dive*. Embora a empresa tenha no pensamento divergente sua característica mais distintiva, nenhum resultado seria alcançado se não houvesse profissionais líderes responsáveis em cortar o processo criativo divergente para poder cumprir prazos e encontrar caminhos de ação claramente definidos.

A empresa utiliza uma metáfora interessante para ilustrar essa guinada de pensamento. Ao longo do processo de inovação, se diz que há o momento das "crianças" e o momento dos "adultos". As sessões de *brainstorming* são chamadas de momento das "crianças" devido à necessidade de quebrar limites do pensamento, liberar ideias potencialmente "absurdas" e abrir espaço para a extroversão num ambiente sem hierarquias e comando formal. O momento dos "adultos" se traduz pela necessidade em interromper de forma cuidadosa o processo criativo e provocar uma reflexão sobre as ideias construídas. No momento dos "adultos" é primordial a atuação de um líder hábil capaz de conquistar a confiança e o respeito dos demais, através de uma postura autocrática, porém de menor duração do que o processo criativo.

O exemplo da IDEO nos leva a refletir em como construir times de inovação que sejam capazes de realizar esse ponto de inflexão entre pensamento divergente e convergente sem perder o foco ou a energia e realizar essa inflexão quantas vezes for necessário.

Caixa de sugestões e programa de ideias

Quem não ouviu falar da velha caixa de sugestões? É uma prática muito antiga, principalmente no setor industrial/manufatura e mesmo em repartições públicas. Resultados dessa prática? Em geral, pífios, irrelevantes ou, no máximo, incrementais. Ninguém nunca deu bola ou foi assunto da capa de revista importante de negócios.

Mas, hoje em dia, todo mundo fala de inovação, mas inovação não depende – para começar – de sugestões e ideias? Nesse sentido, é importante diferenciar o que significa ter uma caixa de sugestão (mesmo que seja virtual, um formulário eletrônico) e um programa corporativo de gestão de ideias.

Diferentemente de uma simples caixa de sugestão, programas de geração de ideias podem envolver, entre outras coisas:

- Direcionamento constante quanto a oportunidades e desafios do negócio.

- Esforços sistemáticos para aumentar o potencial cognitivo dos colaboradores.

- Várias metodologias para construção de conceitos, recebimento de *inputs* do ambiente externo da empresa (pessoas, dados etc.).

- Reconhecimento de que diferentes tipos de ideias precisam de diferentes processos de avaliação, enriquecimento, tempo de maturação etc.

- Mecanismos de colaboração para enriquecimento de ideias.

- Ampliação do foco estreito do "passa/não passa".

- Mecanismos de gestão que permitem visualizar o ciclo de vida de uma ideia.

- Governança superatenta e motivadora dos vários níveis da organização.

- Vários mecanismos de reconhecimento que contemplem os vários atores envolvidos no processo de inovação: os exploradores, os facilitadores, os apoiadores, os testadores etc.

- Uso de software para gerenciar e classificar as ideias e seu ciclo de vida.

Esses são apenas alguns exemplos das muitas diferenças. A caixa de sugestão, em geral, tem baixo impacto e não será capa de revista de negócio, já programas estruturados e estratégicos de geração e gestão de ideias fazem parte de uma disciplina ainda emergente – temos muito o que aprender sobre isso – e com enorme potencial para os negócios.

Top-down ou *bottom-up*

Muitas empresas ainda acreditam que seja possível apenas com programas de ideias – com formulários eletrônicos – capturar a próxima grande ideia inovadora selecionada entre milhares de pequenas sugestões que certamente virão depois de uma campanha de endomarketing, premiações simbólicas ou monetárias e a chance de encontrar a alta administração em um evento no final do ano. Esse tipo de ação até pode, num primeiro momento, dar a impressão de funcionar. O que a experiência tem demonstrado é que há vários tipos de programas de ideias – desde aqueles totalmente espontâneos até alguns altamente sofisticados, com processos colaborativos e induzidos para a geração e enriquecimento de ideias, algumas delas podendo gerar mudanças significativas nos rumos da organização. Na prática, contudo, os programas mais simples e espontâneos que demandam baixo envolvimento e investimento tendem a predominar na realidade das empresas nacionais.

Uma das decisões importantes no processo de geração de ideias é se o mesmo deve ser mais direcionado pela liderança e estratégia (*top-down*) ou mais espontâneo, baseado na criatividade e oportunidades identificadas pelos funcionários da empresa (*bottom-up*). A experiência mostra que esse é um falso dilema e que as organizações podem ter vários tipos de mecanismos de inovação coexistindo com diferentes objetivos. Como regra geral, pode-se dizer que as abordagens *top-down* tendem a focar objetivos mais estratégicos, e as *bottom-up*, objetivos mais incrementais. Essa tendência, no entanto, não é absoluta e, em alguns casos, as abordagens *bottom-up* também podem estar no cerne da estratégia de inovação de ruptura empresarial. Os casos emblemáticos são o Google e a 3M. Por outro lado, algumas abordagens *top-down* podem ser muito conservadoras e levam apenas à condução de projetos de baixo risco e retorno financeiro de curto prazo.

No Quadro 3, discutimos as principais características que favorecem o êxito nas abordagens *top-down* e *bottom-up*. Para isso consideramos as diferenças ao longo de um processo contínuo, desde o foco dos programas, passando pelos mecanismos de geração de ideias até chegar à implementação e às métricas e ao reconhecimento pela participação.

QUADRO 3

	Top-down	Bottom-up
Foco do Processo	Alcançar objetivos estratégicos	Colaboração; cultura de inovação; eventuais grandes ideias
Forma de Participação	Grupos de trabalhos estratégicos	Individual ou grupos organizados de forma autônoma
Base para Geração de Ideias	Objetivos estratégicos	Definição de ideias; temas
Foco das Ideias	Ideias de ruptura ou de grande impacto	Melhorias em processos, produtos e no ambiente de trabalho; eventuais grandes ideias individuais
Método de Geração de Ideias	Workshops; técnicas de geração de insights, persquisas de campo, design thinking	Dia a dia de trabalho, *sessões de brainstorm*
Desenvolvimento da Ideia	Consolidação de ideias em temas	Auxílio de especialista
Avaliação de Ideia	Comitê de risco ou de orientação; utilização de *stage-gates*	Funcional; Comitês
Recursos	Capital interno ou externo; recursos estratégicos, equipes de projeto	Orçamento da área ou da empresa; alocação de pessoas
Desenvolvimento	Rápida experimentação e aprendizagem; desenvolvimento de grandes projetos	Em grupos; utilização de técnicas de resolução de problemas
Implantação e Lançamento	Provavelmente por meio de novos canais, novos negócios ou novas áreas; lançamento em fases	Por meio dos canais atuais; implementação local, lançamento rápido
Reconhecimento	Bônus atrelado à performance; plano de carreira; participação nos lucros de inovação	Mecanismos de Reconhecimento, Pequenos incentivos financeiros, eventos corporativos
Mensuração	KPI (Key Performance Indicators); Fluxo de Caixa, Valor do Negócio	Paticipação, casos de sucesso

Fonte: © TerraForum Consultores

De onde vêm as ideias?

O que muitos, na academia e no mundo empresarial, se perguntam é: de onde vêm as (grandes) ideias?

Além dos programas de ideias, muitas empresas também estabelecem processos fortemente estruturados de inovação – estes para "gente grande", muitas vezes segundo uma lógica bem estabelecida de *stage-gates* e com toda a parafernália típica de "controle" dos PMOs corporativos. Ficam faltando apenas as boas ideias para serem processadas no funil estabelecido.

O que mais surpreende em grande parte de todos esses esforços é quão pouco as pessoas realmente conhecem sobre de onde vêm as (grandes) ideias. Será que todos podem trazer grandes ideias? Como encher o funil de inovação estabelecido? Será que as ideias que permitirão a empresa mudar o rumo dos seus negócios ou posicionamento virão naturalmente? Como de fato pode a empresa facilitar o aparecimento e a sobrevivência das grandes ideias?

Como discutido no capítulo anterior sobre gestão do conhecimento, é preciso reconhecer que toda nova ideia é uma combinação diferenciada e original de informações e conhecimentos existentes. Dessa definição simples, mas precisa, segue que é difícil imaginar novas (grandes) ideias surgindo se o contexto de informação e conhecimento permanece o mesmo.

Capturar, coletar e receber ideias parece muito mais simples e rápido. Melhor ainda, exige pouco esforço, investimento e paciência. Parece ser um ótimo negócio: investe-se muito pouco, monta-se um formulário na intranet ou mesmo no site da empresa e daí é só esperar: cedo ou tarde, entre milhares de ideias que vão surgir, algumas delas trarão os resultados de grande impacto esperados.

Na prática (e também na teoria) para gerar (grandes) ideias é preciso prestar muita atenção e investir tempo, esforço e recurso nas fases que antecedem o surgimento das ideias: a aquisição e o compartilhamento de informação e conhecimento e a definição dos problemas e/ou das necessidades que precisam ser endereçados ou resolvidos por meio de novos produtos ou serviços.

Essa fase, mais conhecida como o *fuzzy front-end* da inovação, que vai da coleta de *inputs* (informação, experiências, observações e conhecimento) até a geração de ideias, é o foco deste capítulo. Como veremos mais nas próximas seções, esse santo gral não tem um único caminho, mas vários. São vários conceitos, métodos e ferramentas para ajudar as empresas a combinar e focar o processo de ideação.

Perguntas e desafios em vez de ideias

Há uma linha de raciocínio que diz que mais importante do que boas ideias são as boas perguntas. A lógica por trás disso é que as pessoas também precisam ter foco em seus esforços criativos. Nenhuma sessão de *brainstorm*, por exemplo, vai funcionar bem se o tema do mesmo for muito aberto. As pessoas tendem a dispersar, rapidamente a produtividade cai e há pouca sinergia. Assim, em um *brainstorm*, pesquisa de campo ou programa de ideias induzido, há vários benefícios advindos da indução.

A história dos avanços na ciência está repleta de episódios de grandes competições, concursos e desafios que geraram importantes *breakthroughs*. Vemos isso, por exemplo, nos primórdios da aviação e da navegação marítima, na exploração da Antártica e do Polo Norte, na física, na química, na arquitetura e na medicina. Os desafios mundiais mais recentes têm sido protagonizados por empresas como o Google, quando a empresa estimulou a comunidade de desenvolvedores a criar aplicativos para a plataforma Android por meio de prêmios. Mesmo Nova York tem lançado desafios de aplicativos mobile que tragam utilidade para os cidadãos e visitantes da cidade.

A competição traz enormes benefícios em termos de direcionamento de foco e energia de potenciais inovadores. Essa mesma lógica pode e tem sido utilizada de maneira crescente para estimular funcionários e pessoas e empresas de fora das organizações. A explosão do acesso à internet e às redes sociais tem potencializado essa forma de estímulo à inovação.

Muitas vezes, no entanto, a indução precisa ser precedida de boas metodologias para se gerar perguntas altamente relevantes para o negócio. As perguntas podem ser tão abertas como foi o caso do Walkman de Morita: "um gravador portátil" ou um carro que apele para os sentidos humanos de estilo, diferenciação e estilo de vida, como no caso do Míni da BMW.

Neste livro, no final de cada dimensão colocamos, por exemplo, uma série de perguntas. Elas talvez sejam apenas o início de perguntas ainda mais profundas que cada leitor possa fazer a respeito de seus mercados, clientes atuais, não clientes, tendências emergentes, processos internos etc. Nessa mesma linha, muito já se escreveu em livros de gestão sobre o papel de grandes líderes da sociedade e das organizações cujas trajetórias foram marcadas por perguntas difíceis e desafios, a princípio intransponíveis, e que tiveram enorme êxito a partir da diligência de amplo número de pessoas altamente motivadas e engajadas com a visão estabelecida. No contexto da gestão de inovação organizacional, portanto, é evidente que as boas perguntas podem ser muito poderosas. De fato, acreditamos que toda organização deva ter um conjunto de boas perguntas a serem respondidas. Uma organização que só tem várias certezas e planos muito bem definidos e bastante previsíveis provavelmente não está inovando o suficiente.

Talvez a principal pergunta que qualquer organização deva fazer – principalmente as de grande porte – é se os mercados (nichos) oferecem as principais oportunidades para a inovação:

- Quais são os mercados (nichos) com alta taxa de crescimento? E qual o potencial de se tornarem grandes mercados?

- Quais são os mercados que podem ser mais bem atendidos em função de alguma mudança de paradigma tecnológico ou mesmo regulatório?

- Quais são os mercados em que as necessidades dos potenciais clientes não estão sendo devidamente atendidas?

Definidos alguns mercados importantes para focar a inovação (abordagem *top-down*), as perguntas seguintes podem se direcionar para dois tipos de abordagem:

1) **Novas *features* de produtos existentes.** O foco aqui tipicamente é perguntar para clientes e não clientes sobre o grau de satisfação com as características dos produtos existentes e sugestões de melhorias.

2) **Inovação de grande impacto.** O foco aqui é descobrir necessidades de segmentos específicos de clientes que poderiam ser mais bem atendidos com produtos e/ou serviços totalmente novos.

Evidentemente, existem diversas técnicas para descobrir as perguntas e as ideias que efetivamente vão gerar resultados mais efetivos de inovação. Uma das primeiras coisas, no entanto, a serem feitas é entender os mercados de atuação da empresa. Assim, discutimos a seguir a inteligência competitiva como um processo importante para alimentar o processo criativo.

Caso Suvinil[1]

A Basf é a maior empresa química do mundo e tem muitas unidades de negócio, produtos dos mais diversos e em muitos diferentes campos de atuação – de produtos para agricultura ao plástico, de químicos para construção civil à nutrição. Em grande parte, na verdade, a Basf é uma empresa B2B. E, entre tantas categorias, há uma de consumo: tintas decorativas, representadas pela marca Suvinil.

Nesse contexto, a Suvinil teve que aprender como ser uma marca de consumo dentro de uma empresa B2B.

São 50 anos de história dessa marca, que é reconhecidamente inovadora. Ser inovadora para a Basf não é nenhuma novidade – a empresa respira inovação para manter tantas categorias, tantos negócios vivos e se diferenciando ao longo de mais de 140 anos de história. Mas trabalhar diretamente com o mercado consumidor foi uma expertise desenvolvida pela Suvinil.

E como manter uma categoria como tintas, que as pessoas não compram todos os dias, viva, inovadora, relevante?

Hoje, 72% das vendas dessa marca vêm de produtos lançados recentemente. É um resultado expressivo. E, além da excelência na gestão de projetos em si, coletar e gerir ideias é o primeiro passo para garantir o funil de inovação vivo.

Gestão de ideias na Suvinil

Podemos dividir o processo de gestão de ideias da Suvinil em algumas etapas:

1. Levantar todos os pontos de contato

O processo de escolha de cor, tipo de tinta e compra efetiva é, em sua maioria, assistido. O consumidor consulta arquitetos, pintores, balconistas de lojas. O pintor, por exemplo, é quem de fato, na maior parte das vezes, pinta a parede. Outras tantas, nem é o próprio consumidor quem escolhe a cor, é o arquiteto ou designer. E o balconista, já na loja, é quem ajuda o consumidor a escolher o tipo de tinta a ser utilizado. Todos esses públicos, que chamamos internamente de influenciadores, além do consumidor, devem ser ouvidos, entendidos, consulta-

---

[1] Caso escrito por Carolina F. Araujo, gerente de inovação da Suvinil.

dos. E outros ainda: nossos colaboradores – que se orgulham de participar desse processo –, além de estudantes de faculdades, sempre ricos em ideias novas, fornecedores e clientes (lojistas).

2. Tempo para pensar e ouvir

O processo para coletar ideias de todos esses públicos pode variar. Mas uma competência o permeia, não importa o formato utilizado: a habilidade de ouvir.

Ouvir envolve humildade, abertura genuína e vontade de realmente entender o que está sendo dito. É clichê dizer que os executivos das grandes corporações pensam que entendem seu público, mas que, de fato, não estão perto o suficiente. É clichê... mas é verdade. Por essa razão, um processo formal e rotineiro para ouvir as ideias e críticas dos públicos relevantes se faz necessário – e é prioridade no que se refere à inovação na Suvinil.

O processo que utilizamos para coletar ideias de todos os públicos influenciadores é o que chamamos de *Innovation Day*. No ano de 2011 foram seis *innovations days*, gerando aproximadamente 200 ideias por dia.

Para começar a elaborar um dia como esse, é importante ter em mente o objetivo do *Innovation Day*. A experiência da Suvinil revela que é sempre mais produtivo estabelecer um território para a busca de ideias. Desde escolher uma megatendência (ideias de produtos sustentáveis, por exemplo), um público específico (ideias para a classe C) ou campos de atuação (novos serviços ou novos negócios). Dessa forma, a empresa consegue direcionar melhor o produto final.

Innovation Day – fase inspiração

Esse dia conta com uma primeira parte, de inspiração, em que profissionais renomados em suas áreas de atuação – e relacionados aos temas que queremos trabalhar – são convidados para falar um pouco de sua experiência. Por exemplo, no *Innovation Day* de arquitetos, levamos uma alta executiva de uma revista de decoração. Quando realizamos um dia exclusivo para falar de ideias para a classe C, levamos o diretor de um instituto de pesquisa voltado para essa classe. E também executivos de outras empresas, que trazem seus *cases*, com os quais aprendemos e trocamos ideias. Com os pintores, fizemos uma oficina com novos produtos e técnicas para inspirá-los e os levamos para conhecer a nossa fábrica e entender todo o processo de fabricação de tintas. Quando voltaram para a fase de geração de ideias, tínhamos em mãos um grupo absolutamente dedicado a pensar diferente.

Innovation Day – fase geração de ideias

Depois, um processo de *brainstorming* baseado em *mind-mapping* é realizado. Primeiro individualmente e depois compartilhado em grupos. As ideias são levantadas. É impressionante o que alguns minutos dedicados simplesmente a pensar em ideias pode fazer.

Após o levantamento de ideias, elas são apresentadas aos outros grupos e complementadas, comentadas e criticadas por todos os participantes. Todas as ideias são recolhidas e catalogadas para passar para a próxima etapa do processo de gestão de ideias.

Além do *Innovation Day*, a Suvinil também coleta ideias através do Prêmio Suvinil de Inovação, dedicado a estudantes de faculdades de todo o Brasil e jovens arquitetos – em três anos, foram coletadas mais de 1.500 ideias.

E para nossos clientes (lojistas), montamos um Conselho de Clientes, com o qual nos reunimos bimestralmente para falar sobre tópicos específicos e discutir ideias não apenas para produtos, mas também serviços, política comercial, logística etc.

O resultado do processo de geração de ideias nunca é menos que revelador. De ideias *breakthrough* a simples mudanças, ouvir o que os públicos com os quais nossos produtos têm contato diário é sempre enriquecedor e revela nossos pontos fortes e fracos.

Um exemplo muito simples, onde pensávamos estar acertando. A Suvinil sempre entregou camisetas como brindes aos pintores. Há 50 anos. Em 2011, tivemos um Dia de Inovação com pintores em que abrimos um espaço para críticas. Segue o que disse um pintor:

Pintor: Como são as camisetas que vocês nos dão?

Suvinil: De manga curta. Por que vocês estão trabalhando?

Pintor: Onde vocês acham que a tinta suja enquanto estou pintando?

Suvinil: Nos braços...

Pintor: Então, que tal camisetas de manga comprida?

3. Triagem e seleção: escolhendo o que NÃO fazer

Essa é a fase de racionalização do processo, a fase da difícil tarefa de dizer não para muitas, muitas e muitas das mais de 1.000 ideias geradas pelos *Innovation Days* e todas as outras fontes.

A triagem envolve, em primeiro lugar, descartar as ideias repetidas. Depois excluir o que já é projeto, separar as ideias de melhorias de comunicação, vendas e até finanças. Não jogamos essas ideias fora. Nós as direcionamos para as áreas responsáveis analisá-las e implantá-las. Também faz parte da triagem relacionar as ideias aos nossos objetivos estratégicos e de marca e às nossas plataformas de inovação e megatendências. O produto dessa etapa é a redução de aproximadamente 60% do total de ideias.

Já a seleção é um processo multifuncional, em que laboratório, vendas, marketing, comunicação, entre outras áreas, participam, elegendo as ideias mais interessantes. O foco aqui é eleger maiores diferencial e potencial. É um processo subjetivo, mas balizado pela experiência das pessoas que vivem a marca diariamente.

As 40 ideias mais interessantes são transformadas em protótipos conceituais simples, com seus principais atributos listados e focos de atuação mapeados.

A partir daí, a alta liderança é envolvida e as 20 melhores ideias são eleitas para ir adiante.

4. Decidindo, finalmente, o que vai adiante

Essa é a última etapa do que chamamos gestão de ideias. Nessa fase, as ideias são transformadas em conceitos e vão para testes quantitativos com consumidores. As ideias mais bem avaliadas tornam-se projetos.

Fundamentalmente, gerar ideias é divertido, gostoso, leve. Mas é preciso que haja um processo para tal. Do contrário, a empresa acaba com um estoque de ideias muito diferenciado e fora da caixa, mas não aproveitável em mãos. Apesar da diversão envolvida, o objetivo de gerar ideias é gerar, também, negócios.

Inteligência competitiva e monitoramento tecnológico

Informação não gera necessariamente novas ideias e insights, mas a falta de informação sobre o ambiente competitivo e tecnológico pode significar o mesmo que dirigir de olhos vendados. Visando prover os inovadores da empresa com informação de qualidade, uma série de metodologias relacionadas à inteligência competitiva e monitoramento tecnológico tem sido utilizada pelas empresas como *input* inicial de seu processo de inovação. Não temos a pretensão de explorar em detalhe nesta seção e neste livro a questão da inteligência competitiva e mecanismos de monitoramento tecnológico, contudo achamos importante, ao menos, listar algumas das metodologias mais importantes nesse contexto. Elas são apresentadas no Quadro 4.

QUADRO 4 Metodologias para capturar informações e ideias

Inteligência competitiva	Monitoramento tecnológico
• Metodologias e ferramentas de busca de informação digital	• Utilização de *roadmaps* tecnológicos
• Metodologia de cenários	• Construção de cenários tecnológicos de negócios e previsão tecnológica
• *Chief Knowledge Bandit*	• Métodos Delphi
• *Technology Scout Teams*	• *Technology Roadmap*
• *War Rooms*	• Participação em consórcios multiempresas para tecnologias de ponta
• *Challenge Questions* e *Thought Leader Panel*: competição de times internos	• Criação de redes de inteligência tecnológica interna e externa
• Análise de tendências sociais, culturais e visuais	• Mapeamento de parceiros tecnológicos, tecnologias críticas e patentes
• Estímulo à formação de redes informais e comunidades de práticas internas e externas	• Auditoria tecnológica
• Uso de *experts* externos (antenas) mundiais e internos	

De maneira geral, mas particularmente no contexto da inovação, a inteligência competitiva não pode ser confundida com a difusão de grandes tendências de mercado. Há uma confusão generalizada na prática observada nessa área porque os mesmos profissionais que ficam avaliando informações de mercado para analisar o dia a dia da concorrência, da briga de *market share* etc. acabam ficando responsáveis também pela inteligência competitiva para inovação.

Enquanto, no caso da análise de mercado, tipicamente servindo ao gerente de produto, gerente de marketing ou área comercial, o foco é o curto prazo, a busca de informações relevantes e provadas para direcionar esforços tanto de marketing como comerciais, no caso da inovação a busca é muito mais sutil, e o normal é a nuance, o sinal fraco, a tendência de nichos muito pequenos e a tecnologia emergente ou ainda precária. Como vemos, tais diferenças requerem diferentes métodos, habilidades e maneiras de interpretar a inteligência coletada.

No caso da inteligência para inovação é, ademais, altamente recomendada a ampliação do leque da busca e do monitoramento para incluir outras indústrias e setores econômicos que podem trazer ideias, conceitos, métodos e tecnologias úteis. Esse processo, no entanto, não é trivial porque, de um lado, demanda maior repertório conceitual dos analistas e, de outro, maior capacidade de abstração para enxergar desafios e soluções a partir de conceitos mais genéricos. Exemplo típico seria uma empresa que busca entender como aumentar a resistência à queda de um celular no chão. Ela pode olhar para todos os concorrentes e fornecedores do setor ou pode ampliar o conceito e tentar entender como diversos setores e tipos de produtos definem os limites de resistência aos choques e quais materiais, métodos e linhas de pesquisa têm sido utilizados para melhorar os resultados.

BMW: Global Technology Scouting[2]

A BMW é considerada, por muitos, a marca mais inovadora do setor automobilístico. Para alcançar esse posicionamento, a empresa decidiu fazer da inovação um critério explícito de diferenciação e criou mecanismos internos para geri-la e acelerá-la. Por meio de uma abordagem rigorosa e focada nas ideias de maior impacto e mesmo radicais, desenvolveu um processo de inovação sistêmico, integrado e mais focado na estratégia de negócio para gerar inovações vencedoras e sustentáveis em curtos espaços de tempo. Como um dos resultados, já a partir de 1997, a empresa conseguiu diminuir significativamente o seu *time-to-market* de novos componentes automobilísticos e correlacionou o aumento de suas vendas à tecnologia de ponta.

Os critérios para seleção de ideias tornaram-se a base para o desenvolvimento de seis campos focais orientados ao consumidor – *experiência de compra, serviços e conveniência, segurança, carros-conceito, estética e valor*, e *responsabilidade ambiental*. Eles passaram então a ser utilizados para direcionar o portfólio de ideias e projetos e para identificar oportunidades de mercado, balanceando criatividade e pragmatismo para gerar benefícios comerciais reais.

Em Munique, foi criado o Centro de Pesquisa e Gestão da Inovação. Responsável por avaliar, desenvolver e comercializar as melhores ideias, ele possui conexões com toda a organização e com grupos de monitoramento de novas tendências e tecnologias que a BMW criou ao redor do mundo (os principais se encontram nos Estados Unidos, na Europa e no Japão – Global Technology Scouting).

Exemplo disso é Palo Alto, no Vale do Silício, onde a BMW estabeleceu um escritório dedicado aos estudos e às tecnologias mais recentes e avançadas do mercado. Com localização privilegiada, próximo de milhares de empresas de alta tecnologia e design, bem como de instituições de ensino e pesquisa, esse satélite de inovação funciona como catalisador para o desenvolvimento de novos produtos e possui, inclusive, sua própria missão: *"We explore, evaluate and*

---

[2] Caso escrito com a colaboração de Isabela Moraes e Thiago Higa. Fontes utilizadas: http://www.launchinstitute.com/docs/BMWArtikelFrom_Roadmap.pdf
http://www.gsb.stanford.edu/scforum/login/events/mar_15_2005/C_Klaus_Buttner_BMW.pdf
http://www.dlr.de/as/Portaldata/5/Resources/dokumente/veranstaltungen/ehemaligentreffen_2005/stilla.pdf

transfer cutting edge technologies primarily from non-automotive US industries to our partners within the BMW Group." Algumas das áreas centrais de monitoramento e pesquisa tecnológica incluem:

- *Advanced Electronic Devices*
- User Interface & Enabling Technologies
- *Communications*
- Consumer Electronics & Entertainment
- *Sensing Technologies*
- Energy Management Systems
- *Advanced Materials*
- Production Technologies

A unidade de Palo Alto é um escritório que funciona propositalmente fora do ambiente automotivo tradicional, em local de fácil acesso a muitos eventos *high-tech* e onde as pessoas e empresas são *early adopters* de novas tecnologias. A equipe do escritório também é diferenciada, com *background high-tech* diversificado e com uma cultura particular voltada totalmente para engenharia e inovação de ponta, o que também ajuda a atrair pessoas diferenciadas e inovadoras.

Os resultados, porém, advêm da forte interação com a unidade central de inovação em Munique em um processo intercultural e multidisciplinar. O trabalho conjunto desses dois polos tem gerado resultados rápidos e positivos como, por exemplo, o iDrive, um instrumento com mais de 700 funcionalidades presente nos painéis de uma linha completa de carros de luxo da BMW.

Outra iniciativa da empresa para inovar de maneira contínua é o VIA (Virtual Innovation Agency), um portal de captação de ideias criado para desenvolver relacionamentos com potenciais agentes de inovação externos – indivíduos, pequenas e grandes empresas e centros de pesquisa. As ideias sugeridas recebem suporte e são mantidas sob sigilo; as selecionadas para implementação são recompensadas.

Com equipes de trabalho globais, pesquisa, processo e gestão, o impacto das diretrizes inovadoras da BMW pode ser traduzido pelo sucesso da organização nas ruas de diversos países.

A engenharia e o design

Vários estudos apontam para o fato de que as organizações, para sobreviverem no longo prazo, precisam exercitar um equilíbrio dinâmico entre fases de *estabilidade* e de *criatividade*. Enquanto a fase de estabilidade é muito bem tratada pelas engenharias, a de criatividade necessita de outro paradigma. Esse paradigma é o *design*.

A dupla ideal para a gerência da inovação é constituída por modelos mentais e práticas oriundos da engenharia e contrabalançadas com aqueles vindo do mundo do design. Do ponto de vista teórico, sempre que se faz algo pela primeira vez isso é feito através de um processo de design. De fato, uma definição para *design* é o processo de "criar futuros desejados". Para tanto, a *atividade de criar* é fundamental. Enquanto a engenharia fornece as ferramentas ideais para a *estabilidade* (solução de problemas, eficiência, manutenção), o design faz o mesmo com as ferramentas de criatividade (eficácia, inovação).

Cada organização deve desenvolver seu próprio ritmo de alternância entre manutenção e inovação. Em determinados setores, com ciclos mais longos de desenvolvimento de produtos, o balanceamento pode se dar com maior concentração na eficiência e, apenas em períodos rápidos e pouco intensos, pender para a eficácia e para a inovação. Em setores mais ágeis da economia, o balanço deve ser mais enérgico. De qualquer forma, o modelo de governança deve refletir a característica específica de cada organização e estabelecer políticas que assegurem os recursos necessários para o correto balanceamento.

Um exemplo interessante de ações que podem ser apoiadas pelo modelo de governança é o de sistemas de informação para a captação de ideias. Embora possam ser definidos como sistemas de engenharia – focados na eficiência –, se acoplados a um *programa* de ideias podem gerar excelentes resultados para a organização. Com eles é possível capturar e analisar de forma eficiente grande número de ideias. No entanto, é um engano estratégico esperar que apenas esse sistema resolva a demanda por ideias com grande potencial de inovação. Embora fundamentais para a gestão da inovação e para os programas de ideias, aos sistemas de TI não pode ser exigida uma tarefa que apenas os seres humanos são capazes de fazer: criar novos conhecimentos. É necessário todo um programa corporativo de ideias muito bem planejado para que isso ocorra.

Para que a gestão da inovação possa ser produtiva é necessário acoplar o sistema de captação de ideias a outros mais complexos e voltados para o apoio e incentivo à aquisição de conhecimento e de desenvolvimento da criatividade das pessoas na organização. Tais sistemas, apoiados por um modelo consistente de governança, podem se constituir de diversas formas, desde espaços físicos para a socialização com pessoas internas e externas à organização até políticas de alocação de tempo que permitam aos funcionários a dedicação a projetos de interesse particular. Tais sistemas, com foco na eficácia (criatividade) – e não na eficiência (estabilidade) – possuem, fundamentalmente, duas macroetapas: a) Descobrir e b) Enriquecer. Ambas oriundas do processo de design.

O processo de design ocorre, basicamente, alternando etapas chamadas de "divergência" e de "convergência". Na primeira, todas as atividades são voltadas para cobrir o maior espectro possível de conhecimento, evitando ao máximo os preconceitos e tendências que a organização possui. Por isso, ela é chamada de divergente. Na segunda, as atividades conduzem à convergência em torno de um conceito que ofereça as melhores soluções para que o produto final apresente as seguintes características:

a) Praticabilidade: é funcionalmente possível em um futuro próximo.

b) Viabilidade: apresenta potencial para um modelo de negócio sustentável.

c) "Desejabilidade": desperta o desejo e faz sentido para as pessoas internas e externas à organização.

Ideação: Descobrir e enriquecer

A fase de geração de ideias, insights e conceitos tratada nessa dimensão do livro apresenta algumas atividades, metodologias e práticas que podem ser úteis em vários contextos de negócio. Conforme apresentado anteriormente, elas podem ser divididas em duas macroetapas:

1. Descobrir

Nessa etapa, todas as ferramentas utilizadas devem possibilitar a geração e o registro de ideias, impressões, associações etc. O importante é o fato de que nada deve ser desperdiçado nem julgado. Todas as informações possíveis a respeito do mercado, dos usuários, dos não usuários, dos concorrentes, dos não concorrentes e outras mais devem ser descobertas e capturadas.

O monitoramento do entorno organizacional realizado de maneira deliberada, formal, organizada, coletiva e seletiva é uma atividade crítica para organizações que querem ter um posicionamento estratégico proativo e ser líderes na inovação. Nos casos mais avançados, esse processo de monitoramento conta com recursos humanos e tecnológicos dedicados e com processos bem estruturados para captura, disseminação e interpretação coletiva das informações obtidas.

Afinal, as organizações precisam ter um bom entendimento não apenas de seus concorrentes diretos e indiretos, mas também de suas cadeias de valor e de seus mercados atuais e adjacentes. Esse tipo de informação e conhecimento pode ser comprado (fontes secundárias) e/ou desenvolvido internamente por uma equipe de analistas internos e externos. Em sistemas avançados de descoberta, outra faceta importante é a permissão para que várias áreas e níveis da organização também possam contribuir para o sistema de inteligência a partir de informações coletadas no campo, nos clientes ou em eventos.

Um exemplo de participação maciça na geração de conhecimento organizacional é o da fabricante japonesa de carros Toyota. Um dos aspectos gerenciais da Toyota que até hoje poucas empresas do Ocidente conseguiram emular é o seu programa de ideias. São milhões de pequenas ideias catalogadas e implementadas todos os anos. Apesar de ter se tornado a maior empresa automobilística do mundo e com um valor de mercado superior ao das três maiores montadoras americanas, ainda assim muitos concorrentes duvidam de seu programa de ideias. Alguns chegam a dizer que é impossível ter tantas ideias assim e que, provavelmente, a empresa deve estar em dificuldades por ter de implementar tantas ideias. Outros chegam a dizer que essas ideias quase não têm valor e que é uma perda de tempo e desvio de atenção a problemas maiores por parte dos gestores.

Felizmente conhecemos uma série de empresas nacionais, como AGF Seguros, Brasilata, Embraer, International Engines, Mahle-Metal Leve, Samarco, Syngenta, Votorantim etc., que entenderam o papel crítico para a formação de uma cultura de inovação e competitividade. Nessas empresas, há ainda a compreensão de que:

- Para se ter boas ideias é preciso ter muitas ideias.

- As pessoas em todos os níveis hierárquicos podem contribuir com boas ideias.

- Pessoas que têm suas ideias implementadas se identificam mais com seu trabalho.

- Mais importante que premiar é avaliar com rapidez e transparência as ideias dos funcionários.

- Às vezes, grandes ideias e projetos começam como pequenos projetos.

Ao se deter em analisar o impacto de cada ideia, muitos deixam de ver a floresta. O mais importante não é cada uma das ideias ou árvores, mas como o ecossistema organizacional e, portanto, a floresta se sustenta. Empresas que valorizam as ideias de seus funcionários são empresas que compreenderam que a maior riqueza organizacional é o conhecimento organizacional que evolui de forma sistêmica, social, diariamente e de forma granular.

Há muitas técnicas e ferramentas para estimular os sentidos e a geração de ideias (ao final deste capítulo apresentamos uma ampla lista de ferramentas). O tipo de ferramenta muda bastante dependendo do porte da empresa, do setor de atuação e da importância da tecnologia como drive da inovação. O que se pode dizer com certeza, no entanto, é que as empresas mais inovadoras invariavelmente investem em uma série de métodos não corriqueiros para a geração de insights e/ou linhas de pesquisa. Alguns exemplos são destacados no Quadro 5.

QUADRO 5 Exemplos de aplicações de metodologias para geração de ideias e insights

Empresa	Descrição sintética da metodologia
Intel	Realiza estudos sociais aprofundados (etnografia) para caracterizar como as pessoas fazem uso da informatização (inovação de produto e modelo de negócio – foco futuro)
CEMEX	CEMEX "Patrimonio Hoy" – através de estudo etnográfico desenvolveu modelo de negócio para venda de cimento para a base da pirâmide (novo modelo de negócio)
Intuit	Funcionários vão à casa dos clientes para observar o uso dos produtos e descobrir oportunidades de inovação
Nestlé Brasil	Executivos e presidente passam tempo na favela para entender o consumidor das classes D e E (inovação em produto)
Petrobras, CPFL, CTEEP, Delphi, Samarco	Realização de *Technology RoadMap* – monitoramento e identificação de tecnologias emergentes ou maduras com potencial impacto competitivo, através de produtos ou processos
Unilever	"Camarim Seda", um caminhão de 20m transformado em salão de beleza itinerante, foi posicionado em locais estratégicos para coletar insights para desenvolvimento de produtos Seda (inovação em produto). Executivos partem para o convívio direto (corpo a corpo) nessas iniciativas
Whirpool e 3M	Uma parte significativa dos funcionários é treinada em técnicas de criatividade e geração de ideias e conceitos

2. Enriquecer

Para que o conhecimento organizacional evolua, é necessário contextualizá-lo, enriquecê-lo. Isso ocorre nessa fase de definição, na qual a interpretação das informações coletadas é alinhada aos objetivos da organização. Todas as ferramentas, rotinas e práticas organizacionais dessa fase devem ser voltadas a dar sentido às informações coletadas. Nessa etapa, informações desconexas devem ser conceitualizadas, contextualizadas, detalhadas e desenvolvidas de forma que se possa analisar sua praticabilidade, viabilidade e "desejabilidade" frente a um ou vários mercados específicos.

Ou seja, não adianta apenas coletar e armazenar informação e ideias. É necessário *sensemaking*: as informações geradas e coletadas devem ser apresentadas de modo a serem compreendidas e aplicadas pela organização. Nesse sentido, é cada vez mais comum, em todos os setores econômicos, o uso de métodos que permitam rapidamente a compreensão, visualização e feedback dos conceitos inovadores propostos (produtos: bens e/ou serviços). Algumas dessas abordagens estão destacadas no Quadro 6.

Geração de ideias e insights (*fuzzy front-end*) 151

QUADRO 6 Metodologias para enriquecimento de ideias e conceitos inovadores

- Fóruns de parceiros e consumidores
- *Storyboards*
- *Workshops* de enriquecimento
- Metodologias de clusterização
- Grupos multifuncionais
- *Focus groups*

Design thinking para criar o futuro[3]

Steve Jobs, CEO da Apple, disse em 1995 para a *BusinessWeek*: "É difícil desenhar produtos por *focus groups*. Muitas vezes, as pessoas não sabem o que querem até você mostrar para elas." Em outra oportunidade, Jobs disse: "Design não é somente o que se vê ou o que se sente. Design é como funciona." É exatamente dessa forma que a Apple conduz os seus negócios, utilizando design como arquitetura não somente de seus produtos, mas do seu modelo de negócio. Nos últimos anos, diversas empresas têm adotado essa visão de design para construção e condução dos negócios. Nesse contexto, surge o conceito de design thinking.

O conceito

Para Roger Martin, professor na Rotman School of Management e estudioso do tema, design thinking é dar forma a um contexto em vez de tomá-lo como ele é. Ou seja, o conceito lida principalmente com o que ainda não existe, com a criação de "futuros desejados". Até aí, qual é a novidade? Os modelos tradicionais de inovação também buscam minimizar riscos daquilo que não existe, assim como garantir que a organização se mova rapidamente em um cenário complexo e altamente sujeito a mudanças de padrões de vida e hábitos de consumo. No entanto, Tim Brown, fundador da IDEO, deixa bem clara a diferença: design

---

[3] Esse texto de Gustavo de Boer Endo e Luiz Alberto Bonini é uma adaptação de texto original publicado em http://biblioteca.terraforum.com.br/Paginas/designthinking.aspx.

thinking é um negócio baseado na prototipagem, uma vez que você não desiste de uma ideia promissora, você a constrói.

Como o designer pensa?

Entender o método que o designer utiliza para a construção de soluções pode gerar insights valiosos para o mundo dos negócios. É necessário reconhecer que a proposta de "pensar como um designer" parece estranha em uma economia *efficiency-driven*, principalmente em países em desenvolvimento. Em um ambiente focado exclusivamente na eficiência, o entendimento do que passa na cabeça de um designer não é muito desejável e, de certo modo, até considerado pejorativo. No entanto, em um ambiente de inovação, a capacidade de avançar frente ao indefinido – proposta pelo design think – é de fundamental importância. Nesse contexto, estudiosos têm se dedicado a decifrar os seus segredos. Segundo Roger Martin, o design thinking promove o equilíbrio entre o pensamento analítico e o intuitivo. Em essência, o design thinking permite que as corporações passem do complexo ao simples, do mistério para o algoritmo por meio do que se define como o "duplo diamante": uma série de etapas de divergência e convergência de ideias.

Identificando oportunidades

O design thinking foca o desenvolvimento de soluções estéticas com novas funcionalidades, novas experiências, valor e, principalmente, significado para os consumidores. Para isso, é de fundamental importância que a organização inicie o processo de inovação com o consumidor, obtendo as suas impressões sobre produtos, serviços e processos, decifrando em conjunto os "futuros desejados" na forma de novas soluções. Para isso, o método utiliza-se de prototipagens dos conceitos gerados e testes com o usuário final, mesmo em fases prematuras. O processo deixa de ser um funil e passa a ser uma espiral, na qual essas fases evoluem até que o todo se torne viável.

Dentro de um processo de inovação, é de grande importância a definição das premissas iniciais para o desenvolvimento de novas soluções. Assim, o processo de design thinking envolve a formulação das perguntas corretas. Para quem é esse produto? Quais são as necessidades e os hábitos das pessoas que podem ser identificados? Quem são os concorrentes? Todas essas questões podem ser resumidas em uma só sentença: "Qual é a solução que meus clientes ou potenciais clientes precisam?"

A criação de oportunidades se inicia por meio do desenvolvimento de um *briefing*, uma ideia do que se pretende. Após o *briefing*, uma equipe multidisciplinar inicia os estudos do comportamento, das necessidades e características do público-alvo. O comportamento é observado acompanhando o dia a dia dessas pessoas, com documentação detalhada por fotos, vídeos, relatórios ou depoimentos, gerando hipóteses ou insights. O objetivo da fase inicial é gerar o maior número possível de insights.

Uma das premissas dessa técnica é o levantamento de impressões daqueles que são *heavy users* do produto em estudo, assim como dos que não costumam ter nenhum contato. O principal objetivo é agregar visões diversificadas, tanto de pessoas que possuem alto envolvimento com a marca como daquelas que não o tem.

A prototipagem

O design thinking trabalha intensamente a criação de oportunidades, ou melhor, hipóteses, que são resultado de sessões de criatividade que criam e reciclam o conhecimento gerado pela prototipagem. Os protótipos desenvolvidos têm como objetivo ir além dos pressupostos que bloqueiam soluções eficazes e realmente inovadoras.

Para isso, as hipóteses são trabalhadas e ganham forma sob o rápido desenvolvimento de protótipos, despendendo-se somente o tempo, investimento e esforços necessários para gerar informações úteis para evoluir o desenvolvimento da ideia. Esses protótipos podem ser desenvolvidos de diferentes formas, seja como modelos pouco sofisticados, como caixas de remédio com fita crepe, histórias em quadrinhos e interpretações ou sob formas mais elaboradas.

O principal resultado desse processo não é a minimização de riscos e o levantamento do potencial de lucratividade do protótipo em si, como nos modelos tradicionais, mas o aprendizado sobre os pontos fortes e fracos da ideia, além da identificação de novos rumos para esse protótipo. Todo o processo inicial está baseado na ideia de criar oportunidades e soluções (pensamento divergente) para somente depois começar a trabalhar na escolha das melhores soluções (pensamento convergente).

Lead users

Eric Von Hippel,[4] conhecido pesquisador do MIT (Massachussets Institute of Technology), há várias décadas lidera pesquisas no mundo para comprovar o papel de *lead users* na geração e implementação de inovações e mesmo na criação de mercados totalmente novos. *Lead users* são definidos como usuários que agregam valor aos produtos por modificá-los para usos específicos. Eles tendem a ser *early adopters* e também *heavy users* ou usuários com necessidades especiais no uso dos produtos. As pesquisas de Von Hippel envolvem vários setores da economia, tanto B2B como B2C, como serviços.

Entre alguns dos produtos e mercados mais populares em que os *lead users* tiveram papel fundamental na criação de novos produtos e categorias de produtos encontram-se isotônicos (o Gatorade foi criado por uma equipe de futebol americano, os Gators), a mountain-bike (inventada por ciclistas da Califórnia que adaptaram bicicletas tradicionais para poderem descer as montanhas) e vários outros. Mas o caso que realmente chama muito a atenção e talvez seja o exemplo de inovação mais disruptiva dos últimos tempos é o da World Wide Web, que foi inventada e colocada em funcionamento por Berners-Lee quando ainda funcionário do instituto de pesquisa CERN na Suíça. O protocolo da internet para trocar arquivos e enviar mensagens já existia muito antes de Lee se envolver com a mesma e era usado pela comunidade acadêmica e científica desde a década de 1970. Antes de Lee se envolver, no entanto, não existia a abordagem de hipertexto e o conceito de World Wide Web, que de fato popularizam a internet.

Caixa de ferramenta para a geração de ideias

Na sequência, são apresentadas algumas ferramentas, rotinas e práticas adotadas por diversas organizações inovadoras. A aplicação efetiva delas em uma ou outra das etapas descritas neste capítulo depende muito do contexto de cada organização (tamanho, desafios, tipo de trabalho, perfil das pessoas etc.). O aspecto fundamental que deve ser compreendido é que as etapas possuem

---

[4] Muito da pesquisa e publicações de Eric Von Hippel está disponibilizada em sua página no site do MIT: http://mit.edu/evhippel/www/index.html.

objetivos claros de divergência ou convergência. O ferramental listado aqui pode ser utilizado em ambas as etapas.

A depender de cada contexto, é possível utilizar a mesma ferramenta para a convergência ou divergência, contanto que os objetivos primordiais de cada etapa sejam respeitados. Por exemplo: a ferramenta *focus group* (ver *Focus group*) pode ser utilizada tanto para auxiliar na obtenção do máximo de informações disponíveis a respeito de determinado conceito, durante a etapa Descobrir, quanto para avaliar a "desejabilidade" de uma proposta na etapa Enriquecer. Sendo assim, a lista apresentada a seguir deve ser utilizada como um *toolbox*, um conjunto de ferramentas que deverá ser utilizado de acordo com os objetivos de cada uma das duas etapas do processo de geração de ideias. Para utilização mais assertiva, propomos um quadro que relaciona as diversas ferramentas e métodos listados com as duas fases da etapa de geração de ideias.

A definição precisa sobre a qual etapa determinado ferramental deve pertencer é complexa. O Quadro 7 deve ser entendido como uma sugestão de emprego, não como uma classificação definitiva de cada ferramental. Inclusive, em alguns casos (reticulados), fica explícita a possibilidade de aplicação de determinado ferramental em ambas as etapas. Notar também que logo a seguir apresentamos uma definição sucinta de cada uma das "ferramentas".

QUADRO 7 Comparativo dos métodos e ferramentas sugeridos

Métodos e ferramentas	Descobrir	Enriquecer
Análise de impacto	X	
Análise morfológica	X	X
Análise multicritérios		X
AHP	X	
Avaliação heurística		X
Benchmarking	X	
Blue ocean	X	
Bodystorming		X
Brainstorming		X
Brainwriting		X

Métodos e ferramentas	Descobrir	Enriquecer
Caos criativo		
Casos de uso		X
Cientometria	X	
Collaborative Creativity Jamming	X	
Creative Problem Solving	X	
Creativity Abrason	X	
Cross-pollination	X	
Data mining	X	
Delphi, método	X	X
Delphi, Web	X	X
Design de serviços		X
Design thinking*	X	X
Diagrama de afinidades		X
Diagrama Ishikawa (Diagrama Espinha de Peixe)		X
Divergência, fase de		
Encenação		X
Engenharia reversa	X	
Ferramentas de simulação e avaliação de impacto		X
Ferramentas para mapas mentais	X	X
Focus group	X	X
Geração espontânea de ideias	X	
Geração induzida de ideias	X	
Galeria, método	X	X
Inovação induzida	X	X
Inteligência coletiva	X	X
Inteligência competitiva	X	X
Interação construtiva	X	X
Jornada do cliente, mapa da	X	X
Lead users	X	X

Geração de ideias e insights (*fuzzy front-end*)

Métodos e ferramentas	Descobrir	Enriquecer
Manchetes de amanhã		X
Matriz de impactos cruzados – MIC	X	
Mind mapping	X	X
Monitoramento tecnológico	X	
Motivation matrix		X
Multi-Criteria Decision Analysis		X
Painel de especialistas		X
Panorama contextual	X	
Patentes, análise de	X	
Personas		X
Pesquisa centrada no usuário	X	
Pesquisa etnográfica	X	
Programa de ideias	X	
Programa de ideias espontâneo	X	
Programa de ideias induzido	X	
Psychic Creation Model		
Rascunho em grupo	X	X
Restrições, teoria das	X	
SCAMPER	X	
Seis chapéus, técnica dos	X	
Sensemaking		X
Sistemas dinâmicos	X	X
Sticky information	X	
Storyboard		X
Tecnologias críticas	X	
TRIZ	X	X
Walkthrough cognitivo	X	
War room	X	

Softwares para gestão de programas de ideias

Na última década houve uma grande evolução nos softwares relacionados à gestão de programas de ideias. Em muitos casos são verdadeiros portais de inovação. De maneira geral, eles procuram organizar todo o fluxo de ideias e até mesmo projetos complexos de inovação de uma organização. As típicas características desses softwares são mostradas no Quadro 8.

QUADRO 8

Fase/aspecto	Características
Geração	• Mecanismos para registar rascunhos de ideias e projetos
	• Mecanismos de debate e cocriação
	• Modelos de *mind-mapping*
	• Acesso a banco de ideias antigas
	• Gestão de campanhas/desafios
Captura	• Formulários eletrônicos
	• Mecanismos de autoavaliação do potencial da ideia
	• Possibilidade da inclusão de anexos em vários formatos (texto, vídeo, desenhos etc.)
Enriquecimento	• Existência de mecanismos de debate
	• Fóruns on-line
	• Mecanismos de feedback por especialistas
Avaliação	• Mecanismos de votação – *ratings*
	• Mecanismos de apostas (*predictive markets*)
	• Possibilidade de direcionamentos distintos para avaliação – via *workflow* – dependendo do tipo de ideia
Gestão de portfólio	• Geração de gráficos e relatórios para visualização do conjunto de ideias segundo vários critérios definidos para gestão de portfólio
Implementação	• Gestão de projetos
	• Alocação de recursos
	• Documentação
	• Gestão de propriedade intelectual

Fase/aspecto	Características
Reconhecimento e recompensa	• Mecanismos de pontuação • Integração com *e-commerce*/sistemas de incentivo
Financeiro e mensuração	• Integração com sistemas de folha de pagamentos • Integração com sistemas financeiros (ERPs)
Gestão do conhecimento	• Integração com sistemas de "páginas amarelas" (perfis de especialistas)
Geral/administrativo	• Personalização: monitoramento das próprias ideias e projetos • Alertas e monitoramento do tempo de fluxo • Geração de vários tipos de relatório para avaliação de participação, velocidade, grau de implementação etc. segundo segmentações específicas (departamentos, áreas, regiões etc.)

Inovação e confiança

A inteligência e a expertise coletadas durante os processos de geração de ideias precisam se tornar disponíveis para o resto da organização por meio de sistemas com as devidas preocupações relativas à proteção de informações sensíveis de modo que os insights coletivos gerados sejam devidamente protegidos. O fator confiança é importante por duas razões principais: a) a organização precisa confiar na origem das informações; b) a organização precisa confiar no destino delas.

De um lado, geração, coleta e interpretação de ideias devem ser feitas de modo que a organização possa confiar nesse processo. Confiar no fato de que as ideias foram geradas e coletadas de forma ética, competente e profissional, que elas são pertinentes e apresentam o devido grau de desafio para o contexto atual da organização.

Por outro lado, nenhum sistema ou programa de ideias vai funcionar se os funcionários não confiarem que suas ideias serão consideradas, respeitadas e devidamente avaliadas. Inovação e confiança precisam caminhar de mãos dadas: os inovadores precisam acordar todos os dias dispostos a observar mais, tentar novamente e se submeter a alguns riscos pessoais em termos de tempo investido, imagem e autoestima. Confiança em si mesmo e em seu ambiente de trabalho são, dessa maneira, críticos para que fluxos de ideias se multipliquem. Bons programas de ideias carregam um sinal de que uma organização confia em seus colaboradores, pois naqueles programas de maior sucesso engendra-se um círculo virtuoso: as ideias são avaliadas e implementadas em seus níveis hierárquicos mais baixos, gerando, na prática, maior volume e impacto das ideias, o que, por sua vez, aumenta a autoconfiança dos funcionários em sugerir e implementar novas ideias.

Pessoas altamente criativas, assim como organizações altamente inovadoras sabem que grandes ideias, insights e inovações resultam de um espírito observador apurado desenvolvido ao longo de anos de atenção aos detalhes. Na busca constante da excelência pessoal, profissional e organizacional por meio da implementação de pequenas melhorias, atenção às mínimas necessidades e desejos dos clientes, desenvolve-se um sentido apurado do entorno, de outras pessoas e de relações sistêmicas. No final das contas, grandes inovações requerem não apenas um grande insight, mas a implementação de uma série de ações concatenadas, que garantam vantagens sustentáveis e de difícil compreensão pelos concorrentes.

Programas de gestão de ideias e competitividade

É fundamental compreender que são as milhares de decisões e ações distribuídas por toda a organização que geram a sustentabilidade da competitividade organizacional. É essa operação invisível que torna a empresa única e que pode ser captada pelos programas de ideias. Dessa forma, os colaboradores contribuem não apenas com os resultados específicos resultantes das inovações que deles surgem, mas também para a formação de uma cultura de melhoria contínua, valorização da capacidade criativa de cada indivíduo e respeito e abertura para proposições e ideias.

Visão, objetivos e metas resultantes associados à inovação tendem a ter mais sucesso em empresas com o tipo de cultura que valoriza as ideias de seus funcionários e que investem, de forma sistemática, em metodologias para geração e captura de ideias. Nas empresas reconhecidamente inovadoras é bastante comum a adoção de uma série de metodologias e programas para ideação e seleção de ideias e projetos de inovação. Já nas empresas mais conservadoras e pouco inovadoras, a inovação parece ser um processo altamente reativo, baseada em cópia de concorrentes e onde impera um modelo mental de que as ideias deveriam surgir naturalmente no dia a dia do trabalho sem necessidade de um esforço específico.

É importante também destacar que, em empresas nas quais os desafios da geração de ideias estão sendo constantemente facilitados por várias metodologias e imbricados na maneira de ser e agir de todos os funcionários, a alta gestão pode se dedicar de maneira mais aprofundada às análises de mercado, estratégicas e sistêmicas e ao direcionamento das inovações de grande impacto para a competitividade da empresa.

DIMENSÃO 7

Processos e estruturas para a implementação

O que todo mundo sabe, até mesmo popularmente, é que boas duplas nos negócios ocorrem quando se combina um criativo com alguém que faz acontecer. No processo de inovação, a lógica é semelhante, ainda que em contextos empresariais o número de pessoas envolvidas, assim como etapas e metodologias, sejam muito mais complexas e numerosas.

As fases iniciais das atividades do processo de inovação chamadas de *fuzzy front-end* foram tratadas no capítulo anterior. Sabemos que não adianta ter excelentes ideias; elas só geram valor se forem implementadas (*back-end*). Esse é o foco deste capítulo: métodos, técnicas e formas de organização dos processos de implementação das ideias criativas geradas durante a fase do *fuzzy front-end*.

Quando uma ideia avança em definição e clareza a ponto de ser possível ser avaliada, abre-se um espaço significativo de atuação para aplicação de ferramentas de gestão voltadas para tornar uma ideia uma inovação com resultados mensuráveis.

Stage-gates

Do ponto de vista de implementação, o processo de inovação tem uma espinha dorsal que estabelece o fluxo de como uma ideia se transforma em inovação, e recebe o nome de processo *stage-gate*. O papel do processo *stage-gate*, cunhado e popularizado pelo Dr. Robert Cooper, renomado pesquisador canadense, procura ordenar como as ideias evoluem a partir de estágios e marcos decisórios bem estabelecidos que funcionam como filtros, descartando ideias e aprovando outras para continuidade e alocação de mais recursos. Devido a esse caráter de diminuição criteriosa de iniciativas, o processo também recebe o nome de funil de inovação.

Pesquisadores que se dedicaram a fundo a entender as características de empresas inovadoras notaram que as empresas de maior destaque têm sido aquelas que têm um processo *stage-gate* bem definido para a fase de implementação. Empresas sem um processo desse tipo até conseguem inovar, porém com efetividade bem mais baixa.

Segundo o Dr. Cooper,[1] empresas que inovam sem um processo claro e progressivo de avaliação e seleção de ideias alcançam uma taxa de sucesso de mercado em aproximadamente 20% dos projetos. Por outro lado, empresas que possuem uma definição clara de etapas e decisões em série para selecionar e financiar as melhores ideias alcançam taxas de sucesso de mercado da ordem de 50%.

A inovação é por natureza uma atividade de risco, e o processo *stage-gate* na sua essência é um recurso administrativo para gerir esse risco e fazer "apostas" cada vez mais calibradas e focadas.

Quantidade de *gates*

A quantidade de estágios do processo *stage-gate* é fortemente influenciada pela dinâmica de sua indústria, intensidade da rivalidade, complexidade dos projetos etc. Por exemplo, um fabricante de canetas tem a oportunidade de organizar um processo *stage-gate* com poucos estágios e potencialmente mais rápido do que uma fabricante de produtos eletrônicos de alta tecnologia ou,

---

[1] COOPER, Robert; EDGETT, Scott, KLEINSCHMIDT, Elko. *Portfolio Management for New Products*. Nova York: Perseus Books, 2001. 2ª ed.

ainda, uma fabricante de aviões. De outro lado, não é incomum que uma empresa tenha mais de um processo de *stage-gate*, cada um para determinado tipo de projeto da empresa em termos de complexidade e velocidade.

Algumas empresas em mercados ultracompetitivos e dinâmicos, como o de software, redes sociais, apresentam modelos de seleção de ideias e *gates* baseados em *fast-prototyping* que, na prática, reduzem drasticamente os *gates* e os intervalos de tempo entre os mesmos. No caso do Facebook, parte do processo de inovação ocorre no que a empresa denomina *hackathons*, ou maratonas de *hacking*. Visando manter o espírito empreendedor inicial da empresa, ela estimula os funcionários a participarem de maratonas de desenvolvimento de soluções propostas pelos próprios funcionários, nas quais o processo de seleção das melhores soluções, *features* e/ou produtos são feitas pelos próprios programadores. Todo o processo, da seleção ao desenvolvimento das soluções/protótipos, não demora mais que poucas semanas. Segundo Rodrigo Schmidt, primeiro brasileiro contratado pelo Facebook: "O *hack* faz parte da cultura da empresa, a ideia de rapidamente construir um protótipo, identificar o potencial e trabalhar nele até criar o produto que você quer."[2]

O fato é que não existe uma receita de bolo que possa ser aplicada para construir um processo *stage-gate*. Cada empresa encontra uma solução *ad-hoc* coerente com sua cultura, com sua indústria, com seu contexto competitivo, enfim uma diversidade de fatores internos e externos.

Etapas genéricas de *stage-gates*

Há inúmeras publicações de administração e engenharia que preconizam diversas alternativas e ferramentas para aprimorar a implementação. Sem a pretensão de esgotar o tema, são descritos neste capítulo alguns elementos e práticas essenciais a serem consideradas nas várias etapas de um *stage-gate* genérico.

De forma geral, podemos destacar cinco etapas genéricas relacionadas a processos e estruturas para a implementação (*back-end*), cada uma delas trazendo desafios particulares que têm sido confrontados com diversos instrumentos e ferramentas de gestão. O Quadro 9 apresenta as cinco etapas.

---

[2] "Facebook celebra cultura hacker", matéria e entrevista publicados no jornal *O Estado de São Paulo*, páginas B14 e B15, em 11 de setembro de 2011.

QUADRO 9 Processos de implementação: desafios e ferramentas de gestão

Etapas	Desafios	Instrumentos e ferramentas de gestão
Conceito	• Foco nas necessidades dos clientes e não nas características do produto • Clara definição da proposta de valor • Definição dos atributos que diferenciarão o conceito com relação à possível concorrência	• Definição de *personas* • Análise de valor • *Storyboards* • *Storytelling* • Mas comparativo de características e atributos com relação à concorrência (técnica do oceano azul)
Business case	• Foco em *market potential* • Definição de hipóteses e premissas a serem testadas, riscos associados e metodologias para diminuir incertezas	• Elevator speech • Venture boards • *Roadmaps* • *Marketing plan* • *Speed dating* • Sugestão de um *champion* e *sponsor*
Desenvolvimento técnico e prototipação	• Escolha de ferramentas e parcerias tecnológicas que permitam maior eficiência no uso dos recursos de projeto • Critérios bem estabelecidos para realização de *test-batchs* no ambiente de produção • Políticas de teste de protótipos com a participação de clientes	• Ferramentas computacionais de simulação CAD/CAE, realidade aumentada e outros • Ferramentas de construção de protótipos, como impressoras 3-D • Projeto de experimentação laboratorial • Ferramentas de comunicação entre marketing e engenharia como QFD (*quality function deployment*), DFM (*design for manfacturability*) e outros • Busca de laboratórios externos • Time multifuncional; não somente P&D • Processo de aperfeiçoamento do produto ou serviço com o *Lead customer* e fornecedores • Planta-piloto • Laboratório de teste real com o consumidor (por exemplo, casa do futuro) • Implementação de *Networked Incubators* e de *Skunk Works* • *Outsourcing* de P&D ou cooperação em desenvolvimento e redes de inovação • Investimento em parceiros

Etapas	Desafios	Instrumentos e ferramentas de gestão
Comercialização	• Detalhamento adicional e bastante numérico do *business case* inicial • Decisões-chaves sobre metas, distribuição, preço, *roll-out* do produto e marca • Previsão de vendas acurada • Previsão de resposta do concorrente	• Ferramentas de estimativa de mercado como *predictive markets* • Lançamentos em mercado-teste • Utilização de marcas de guerrilha ou submarcas • Incentivos específicos para a equipe de venda • Estratégia *go-to-market* específica para inovação
Scaling up e estratégia de saída	• Decisões-chave sobre produção interna ou terceirizada, estoques e distribuição • Construção de sistema de indicadores para suportar decisões de prosseguir ou abandonar um lançamento	• Utilização de parceiros especializados em trabalhar com baixos volumes • Lançamento em escala reduzida para não prejudicar a imagem da marca • Licenciamento agressivo • Facilitar *Spin-offs* • Doação para multiplicadores – ONGs

Desafios, riscos e boas práticas para implementação de *stage-gates*

Numa primeira reflexão, a tarefa de construir um processo *stage-gate* pode parecer simples. Não é! O processo de inovação tem a característica de permear praticamente todas as áreas funcionais de uma empresa, envolve grande quantidade de pessoas, implica tomar decisões de risco, importantes para a estratégia da empresa. Esse conjunto de características faz com que construir um processo *stage-gate* eficaz seja uma tarefa das mais difíceis para qualquer empresa.

Uma primeira dificuldade é encontrar o ponto ótimo entre rigor do processo e velocidade dos projetos. Por exemplo, em uma empresa farmacêutica ou aeroespacial, o processo *stage-gate* geralmente possui muitas etapas, são necessárias muitas análises para poder tomar decisões e continuar apostando nas melhores ideias porque seus projetos em geral são muito complexos, intensos em conhecimento aplicado e de alto risco. Num outro extremo, uma empresa dedicada a produtos de consumo rápido (por exemplo, confeitos, goma de mascar, canetas etc.) não pode ter um processo *stage-gate* muito extenso, pois isso a faria por demais lenta em seus lançamentos de produtos. A questão central é encontrar o equilíbrio entre minimizar os riscos e o custo das falhas.

Um *gate*, a rigor, é um momento em que algumas pessoas da organização são chamadas a opinar sobre a iniciativa de inovação em dado momento. O que muitos esquecem é exatamente do fator "pessoas". Isso significa que as pessoas – e todos os imponderáveis associados às pessoas – são um elemento fundamental do processo de *stage-gate*s. Assim, processos relativamente semelhantes podem funcionar muito bem ou de forma muito contrária à inovação, dependendo da composição, atitudes e competências dos membros que atuam em determinado *gate*.

Por exemplo, um dos desafios típicos dessa metodologia é "blindá-la" das influências políticas da organização. Executivos de alto escalão, devido à grande experiência e visão, frequentemente geram boas ideias, que por sua vez tendem a ser avaliadas com um viés político. A ideia passa a ser chamada informalmente ("... esse é o projeto do VP fulano..."), influenciando o rigor aplicado nas avaliações necessárias para aprovação ou para "matar" o projeto.

Essas distorções são comuns, e mesmo empresas inovadoras enfrentam esses problemas de forma recorrente. O fato é que para poder lidar com essas distorções é preciso de uma liderança, um executivo que seja o guardião do processo, com o objetivo de definir e acompanhar métricas que permitam manter o processo em funcionamento correto e que ajudem a empresa a fazer apostas erradas e que acelerem, quando possível com mais apoio e mais investimento, projetos de inovação com grande impacto potencial.

Stage-gates: Críticas e cuidados

Embora o uso de *stage-gates* seja considerado um método universalmente aceito, principalmente no caso de inovação tecnológica e de produtos, há um conjunto de críticas e cuidados a serem considerados durante sua implementação:

- As empresas focam muito a fase do *back-end* da inovação, que é algo mais confortável, e esquecem do *fuzzy front-end*, que é menos linear e mais imprevisível e mesmo caótico. Nesse caso, as empresas ficam ótimas em implementar, no prazo e dentro do orçamento, projetos pouco inovadores.
- Os *gates* passam a ser preponderantemente pontos de veto aos projetos em vez de pontos de agregação de conhecimento, pontos de vista e desenvolvimento de alternativas. O inovador parece ficar na frente de um tribunal e não em uma reunião com pares.
- O modelo de *stage-gates* tem foco na eficiência, não necessariamente na eficácia.
- Muitas implementações de *stage-gates* acabam tratando as atividades de inovação como sequenciais, levando à propagação de erros e não considerando os *inputs* de vários atores importantes para o sucesso da inovação.
- Como há um intervalo de tempo formal entre os *gates*, em muitas organizações a interação entre diversos atores importantes não ocorre no momento adequado. Ou seja, o caráter formal do *gate* pode, em alguns casos, eliminar interações informais e ágeis muito importantes para o sucesso do produto.
- O processo é muito lento e não condizente com mercados muito dinâmicos e com ciclos de desenvolvimento de produtos muito curtos.
- Prazos para os *gates* são estipulados segundo alguma perspectiva gerencial, dinâmica organizacional ou mesmo conveniência logística, que têm muito pouco a ver com o processo de inovação.
- As falhas e erros têm pouco espaço no contexto dos *gates*. Inovações que requerem muitas iterações, prototipação e testes rápidos de mercado parecem não caber dentro da lógica de como a maior parte dos *stage-gates* estão estruturados.
- Projetos de inovação com níveis de investimento e graus de risco e incerteza totalmente distintos acabam seguindo o mesmo caminho e competindo pelos mesmos recursos.
- A metodologia de *stage-gates* não favorece o desenvolvimento de *breakthroughs*.

Três desafios gerenciais para a implementação de inovações

Ter boas ideias é sempre o começo de tudo para inovar, porém a sabedoria dos negócios traz o seguinte ensinamento: *"Nenhuma ideia, por mais brilhante que seja, resiste à inabilidade de execução."*

Consideremos uma empresa que tenha proficiência em aplicar o pensamento divergente e convergente, e seja capaz de gerar centenas de boas ideias e depois conseguir identificar e priorizar uma dezena de melhores ideias. Um enorme passo já foi dado. Porém, mesmo nessas situações, é muito comum encontrar falhas relativas à quantidade de projetos em execução em paralelo.

Desafio 1: A escolha

O desafio gerencial que se apresenta é definir o conjunto de ideias que poderão competir e compartilhar coerentemente os recursos limitados da empresa, sejam eles financeiros, humanos ou ferramentais. As empresas frequentemente caem na armadilha de gerar sobrecarga em atividades específicas, o que acaba por limitar ou até mesmo paralisar projetos.

Usando uma metáfora, é como se um colecionador de pássaros empolgado colocasse muitos pássaros na mesma gaiola. Sendo o espaço e a comida limitados, ocorre que alguns vão morrer de fome ou sede e outros vão se agredir na competição pelos recursos, gerando lesões importantes.

Essa armadilha é potencialmente letal em situações em que a empresa vem de um histórico de sucesso e possui recursos financeiros em abundância para conduzir muitos projetos em paralelo. Ocorre que os recursos humanos e ferramentais não se constroem tão rapidamente como os financeiros.

A saída gerencial para evitar essa situação é realizar o planejamento agregado de projetos, ou seja, conhecer e monitorar o nível de utilização no tempo dos principais recursos para a condução de projetos. Esse planejamento permite avaliar se em algum momento haverá competição por recursos comuns entre projetos e, com isso, encontrar opções de escalonamento entre os projetos ao longo do tempo. Permite também identificar gargalos e estabelecer planos de emergência para eventuais indisponibilidades, seja de profissionais especialistas ou de equipamentos-chave (como simuladores computacionais, plantas-piloto e outros).

Como resultado, uma boa prática de gestão de portfólio e de planejamento agregado de projetos garantirá uma alocação eficiente e sem conflitos de recursos-chave. Adicionalmente, esse planejamento permitirá que a empresa adapte e aperfeiçoe seus recursos de forma dinâmica tendo em vista as necessidades futuras.

Desafio 2: A gestão dos projetos

Outro desafio gerencial diz respeito ao modelo de gestão de projetos como um todo. O fato é que, por melhor que uma empresa se planeje em cada projeto individual, como no próprio portfólio de projetos, sempre haverá surpresas, pois há inúmeras variáveis fora do controle que afetarão a eficiência dos esforços de inovação. Para que a empresa possa reagir bem aos contratempos inevitáveis que se apresentam, é necessário atribuir papéis claros a lideranças favorecendo o processo decisório. A alta administração possui o papel inexorável de decidir quais projetos financiar de forma a cumprir a estratégia corporativa (gestão de portfólio), mas também envolve a delicada tarefa de "decidir quem decide" sobre os ajustes necessários a cada projeto.

Na prática estamos falando em delegação de poder para gerentes de projeto e outros profissionais responsáveis pela gestão do conjunto de projetos em execução paralela, estrutura frequentemente chamada de PMO (Project Management Office). A definição formal de poderes e alçadas decisórias permite maior velocidade e fluidez de execução, sem a necessidade de acionar frequentemente a alta administração para decisões de projeto.

A estrutura de poder decisório envolve duas componentes centrais, a conhecer: tipo de times de projeto e o nível de integração entre funções dentro do projeto. A formação de um time de projeto deve manter coerência com as disciplinas envolvidas, o nível de complexidade das tarefas, a duração de cada atividade e o tempo total do projeto. Existem, tipicamente, quatro tipos de time de projeto, descritos a seguir.

Tipos de estruturas para implementação de projetos de inovação[3]

Estrutura funcional. O time é formado por pessoas (pontos de contato) que representam uma área funcional em particular. As atividades do projeto são executadas dentro das atividades funcionais rotineiras de cada área (engenharia, marketing, manufatura e outras). A liderança do projeto fica sob responsabilidade de algum gerente funcional que acumula a função de gerente de projeto pelo tempo necessário.

Estrutura *light weight*. As atividades de projeto continuam sendo feitas dentro da rotina das áreas funcionais, porém agora com uma pessoa responsável em cada área e que estabelece um ponto de contato da função com o projeto (ponto focal ou *single point of contact* para a finalidade). O gerente de projetos em geral é um gerente funcional que foi deslocado para ter dedicação total ao projeto e naturalmente acaba tendo influência maior na sua área funcional de origem. Geralmente, a área funcional mais envolvida é a que assume a gerência do projeto em tempo integral.

Estrutura *heavy weight*. As atividades de projeto são executadas sob responsabilidade de pessoas-chave nas áreas funcionais e que possuem um nível de dedicação parcial ao projeto por volta de 50% de seu tempo. O gerente de projetos, além de ter dedicação exclusiva ao projeto, possui alto nível de autonomia, podendo requisitar recursos das áreas funcionais conforme necessário. Em geral, o gerente de projetos possui um *sponsor* forte para lhe outorgar maior autonomia, pode ser um diretor VP ou até mesmo o presidente da empresa, quando necessário. Empresas japonesas foram precursoras nesse tipo de time de projeto e alcançaram grandes resultados, especialmente na indústria automotiva.

Estrutura autônoma. Esse time de projeto é praticamente uma empresa dentro da empresa em termos de importância e autonomia. São times 100% dedicados a projetos, muitas vezes complexos e de alto risco. Os

---

[3] CLARK, K.; WHEELWHRIGHT, S. *Managing New Product and Process Develeopment*. Harvard Business School, Free Press, 1993.

participantes em geral são pessoas de alta senioridade na sua área de conhecimento, e o gerente de projeto tem autonomia no projeto como se fosse um presidente do mesmo. Tipicamente, as indústrias de aviação, aeroespacial e outras de alta complexidade usam esse tipo de time de projeto.

Como se vê, a escolha da estrutura de time e quais pessoas vão integrá-lo são decisões importantes e devem ser coerentes com a natureza e o contexto de cada projeto e de cada empresa. Numa mesma empresa pode haver projetos paralelos sendo executados com diferentes estruturas de times.

Desafio 3: A integração de funções[4]

O terceiro desafio gerencial diz respeito ao nível de integração entre funções (ou departamentos), o que determinará a intensidade da comunicação entre elas. É um corolário o fato de que, quanto mais integradas são as atividades de um projeto, maiores são as chances de mais velocidade e produtividade, porém isso exige um perfil de profissional habilidoso e maduro com relação à comunicação e negociação de recursos.

O momento mais sensível para a integração funcional é o momento em que um departamento conclui uma atividade (pedaço do projeto) e deve entregar o trabalho para o departamento responsável pela atividade subsequente. Essa "passada de bastão" pode ser feita com maior ou menor integração e, consequentemente, distintos níveis de eficiência e eficácia.

Existem quatro tipos de integração funcional com distintas capacidades de execução:

Modo *serial/batch*. Uma função só começa a se movimentar a partir do momento em que a atividade anterior é entregue completamente pronta para a atividade seguinte. Esse tipo de integração busca a máxima eficiência ao tentar garantir que cada atividade executada esteja 100% correta antes que seja passada à frente. Essa busca de eficiência, no entanto,

---

[4] CLARK, K.; WHEELWHRIGHT, S. *Managing New Product and Process Develeopment*. Harvard Business School, Free Press, 1993.

pode comprometer a eficácia e tende a tornar o projeto mais longo e mais sujeito a erros.

Modo "início no escuro". Mesmo quando uma atividade anterior não está 100% concluída, a próxima atividade já está sendo preparada de forma a acelerar sua execução. As pessoas da atividade subsequente tentam antecipar o resultado da atividade precedente e se engajam no planejamento de recursos e atividades na tentativa de acelerar a execução e encurtar a duração do projeto. Porém, essa proatividade sem comunicação efetiva com a atividade precedente pode gerar surpresas e comprometer o potencial ganho de prazo no projeto. Se não houver flexibilidade operacional pode haver até mesmo aumento do prazo do projeto. Em termos de integração funcional, o modo "início no escuro" é essencialmente igual ao modo *serial/batch*. O comportamento de buscar antecipar a atividade precedente ocorre geralmente quando um projeto já sofre com pressões de prazo significativas, seja por atrasos reais de etapas precedentes, seja por pressão do contexto de mercado.

Modo envolvimento prévio. Nesse modo existe de fato uma integração funcional, pois há uma comunicação de mão dupla entre os times de atividades precedente e subsequente. Os membros da atividade subsequente de fato se envolvem na avaliação e solução de problemas da atividade precedente. A execução de fato não tem início antes da entrega total da atividade precedente, porém houve intenso compartilhamento de conhecimentos e ideias entre os times. Há dois grandes benefícios de se trabalhar assim: (1) o planejamento da atividade subsequente parte de informações reais e não mais pressupostos; (2) a atividade subsequente tem consciência muito maior dos desafios que enfrentará construindo comprometimento e dimensionando recursos. Esse modo de integração exige uma intensidade de comunicação bilateral significativamente maior que os dois modos anteriores. Em resumo, há mais chances de se encurtar o tempo do projeto e reduzir erros de design e execução.

Modo solução integrada de problemas. Nesse modo, além da comunicação prévia com a equipe precedente, de fato as atividades são executadas com sobreposição. Os profissionais da atividade subsequente observam e participam ativamente da atividade anterior, ajustando em *real-time* eventuais decisões com implicações na atividade subsequente. Trabalhar nesse modo de integração significa na prática participar ativamente das decisões administrando as inter-relações entre as atividades ou, em outras palavras, buscando uma solução integrada de problemas. A intensidade de riqueza de comunicação bilateral entre os times deve ser máxima. Trabalhar nesse modo de integração interfuncional exige pessoas talentosas e experientes, capazes de gerir riscos, que conferem clareza e honestidade a suas argumentações e têm coragem e iniciativa de assumir a liderança situacional em momentos em que sua especialidade é envolvida.

Como vemos nos quatro modos descritos, quanto maior é o nível de integração funcional, maior é o potencial de aceleração do projeto, encurtando seu tempo total. Além disso, há uma tendência a se desenhar e lançar produtos e serviços mais adequados, tanto do ponto de vista do mercado como do ponto de vista de execução ou fabricação.

Embora essa seja uma situação muito desejada por qualquer empresa, executar um projeto com intensa integração exige muita maturidade e experiência dos profissionais envolvidos. A integração funcional dependerá fortemente da habilidade das pessoas envolvidas em ponderar o que é bom para a atividade e o que é bom para o projeto, enxergar além de sua responsabilidade específica.

Os riscos de confusão e conflitos nos últimos dois modos do diagrama aumentam significativamente se comparados aos dois modos anteriores. O compartilhamento prévio de informações exige profissionais com habilidades avançadas de negociação e solução de problemas, algo que se conquista com tempo, em geral é fruto de experiência acumulada em projetos anteriores; em outras palavras: conhecimento tácito.

Em resumo, é papel do líder avaliar as características de cada projeto para definir a estrutura de time mais adequada e quais etapas e profissionais estão habilitados para trabalhar num nível mais intenso de integração interfuncional.

Comportamento: aprovar e abandonar ideias e projetos

Conforme descrito nas seções anteriores deste capítulo, é a implementação que transforma uma ideia em inovação de fato com resultados. Do ponto de vista lógico significa aplicar pensamento convergente para poder tomar decisões de alocação de recursos, adaptação do projeto e correção de rotas. E, do ponto de vista de gestão de pessoas, o momento de fazer a inflexão do pensamento divergente para o pensamento convergente significa estabelecer uma visão comum entre dois tipos muito diferentes de profissionais: os visionários geradores de ideias (divergentes) com os implementadores (convergentes). Construir uma visão comum entre esses dois tipos de profissionais não é tarefa simples. Convergir significa tomar decisões realistas, muitas vezes duras e frias, o que exige boa dose de inteligência emocional dos envolvidos.

Dois desafios são particularmente interessantes do ponto de vista comportamental:

1. Ter desapego emocional para abandonar uma boa ideia

Talvez uma das decisões mais difíceis, porém necessária, pelo simples motivo de que os recursos da empresa são limitados. Do ponto de vista comportamental, os visionários são exigidos na sua capacidade de lidar com a desilusão de não ver sua ideia ser aprovada e, ao mesmo tempo, construir nova energia criativa para voltar à prancheta e gerar novas ideias. A habilidade de desapego é particularmente mais difícil para executivos da alta administração. Por possuírem grande experiência, muitas vezes geram os conhecidos *pet projects*, ou seja, projetos que ganham nomes informais: "Esse é o projeto do presidente ... !" Esses projetos, muitas vezes, são aprovados de forma mais política do que sob critérios-padrão e acabam consumindo recursos valiosos de outros projetos paralelos. Ou seja, o alto executivo deve ter a habilidade de identificar o momento de desistir de seus *pet projects* em tempo de não prejudicar outras iniciativas.

2. Ter coragem e transparência de tomar decisões de aprovação

Por outro lado, os decisores são exigidos na sua coragem e transparência de critérios (mesmo que por vezes façam uso da sua intuição) para poder estabelecer "meritocraria" na aprovação de ideias e projetos em cada uma das fases dos *gates*. Quando a empresa não tem a coragem de decidir o que ocorre, muitas vezes é a estagnação ou, pior ainda, a aprovação desmedida de projetos que nunca são concluídos por falta de recursos. A coragem de decidir e com transparência é um fator crítico para manter a motivação e a dedicação das pessoas em gerar inovações de forma contínua, e não tenha de viver de "campanhas internas" para poder energizar a inovação na empresa.

Dada a importância desses dois desafios comportamentais, a questão natural que se apresenta é como encarar esses desafios. A resposta é: liderança!

A inovação precisa de liderança habilidosa e atuante para que as inflexões de pensamento divergente-convergente possam acontecer de forma fluida e sem interrupções.

Segundo David Kelley, da IDEO, "para inovar, você precisa contratar e ouvir pessoas que não vão necessariamente concordar com você". E o papel do líder nesse cenário é achar caminhos e tomar decisões que gerem ação dentro de um universo de diferentes perspectivas.

DIMENSÃO 8

Mensuração e recompensas

Neste capítulo, discutiremos dois assuntos correlatos, mas não necessariamente atrelados diretamente na prática: mensuração da inovação e avaliação de desempenho, reconhecimento e mesmo recompensa de funcionários associados às iniciativas de inovação da empresa. No paradigma mais operacional, as relações de causa e efeito, embora também sujeitas a várias interferências, são bem mais precisas do que no caso do mundo das inovações. Além disso, os riscos e horizontes de tempo também são bem distintos entre os dois contextos, o que dificulta, em particular no caso da inovação, definir resultados e contribuições individuais e coletivas.

No contexto da inovação temos alguns detalhes que são cruciais – principalmente no caso de inovações que não sejam incrementais ou triviais: a incerteza, o risco e o envolvimento emocional dos participantes do projeto. A história das inovações de grande impacto mostra, invariavelmente, indivíduos e grupos genuinamente e, em alguns casos, visceralmente comprometidos com um desafio ou projeto.

Risco *versus* Incerteza

> Risco e incerteza são conceitos fundamentais que possuem um rico histórico nos campos da economia e gestão, e que, no entanto, ainda são confundidos.
>
> Em economia, uma distinção clássica entre risco e incerteza é a proposta por Frank Knight, em sua obra *Risk, Uncertainty, and Profit* (Risco, incerteza e lucro), de 1921. Segundo ele, risco é uma incerteza mensurável – uma "falsa incerteza". Assim, o risco de que um evento ocorra é dado por uma distribuição de probabilidades.
>
> Sendo assim, incerteza é a falta de conhecimento *a priori* do resultado de uma ação ou do efeito de uma condição, enquanto o risco pode ser definido como "uma estimativa do grau de incerteza que se tem com respeito à realização de resultados futuros desejados".

Os resultados de inovação são fortemente influenciados tanto por indicadores definidos e acompanhados pela alta administração como pelos mecanismos de recompensa e reconhecimento que, dependendo da implementação, podem estimular ou bloquear certos tipos de comportamentos, ideias e inovações.

Com exceção de unidades de pesquisa ou de desenvolvimento de novos negócios totalmente distintas ou separadas das unidades operacionais – algo raro no Brasil –, as pessoas envolvidas com inovação estão embrenhadas no contexto da organização. Nesse caso, parte substancial da complexidade reside no fato de a grande maioria das pessoas não ser avaliada por indicadores associados à inovação. Pelo contrário, o foco geral tende a ser o curtíssimo prazo – o resultado mensal, semanal e muitas vezes diário. É nesse contexto que aqueles que puxam a inovação na empresa precisam dar significado e real impacto aos indicadores de inovação.

Feitas essas ressalvas, destacamos neste capítulo o que acreditamos ser a essência do estado da arte, tanto nas discussões acadêmicas como na prática das organizações com gestão mais profissionalizada e moderna de gestão de inovação.

Métricas de (gestão de) inovação

A busca por indicadores de inovação adequados passou por evoluções ao longo dos anos, com fortes mudanças de foco[1] (Quadro 10).

---

[1] *Fonte*: Fronzaglia, G. C. *Indicadores de gestão de inovação para a área de pesquisa tecnológica de processamento mineral da diretoria de desenvolvimento de projetos minerais da Vale*. Campinas, 2008.

QUADRO 10

Indicadores de entrada anos 1950-1960	Indicadores de saída anos 1970-1980	Indicadores de inovação anos 1990	Indicadores de processo 2000 + focos emergentes
• Gastos com P&D	• Patentes	• Pesquisas de inovação	• Conhecimentos Intangíveis
• Pessoal em C&T	• Publicações	• Indexação	• Redes
• Capital	• Produtos	• Capacidade de *benchmarking* de inovação	• Demandas
• Intensidade Tecnológica	• Mudança na qualidade		• *Clusters*
			• Técnicas de gerenciamento
			• Risco e retorno
			• Dinâmicas de Sistemas

Nos últimos anos, tem havido uma tendência crescente para um consenso de que são necessárias medidas efetivas do desempenho dos esforços e, principalmente, dos resultados envolvidos na gestão de inovação. Afinal, investir em inovação é, em boa medida, fazer um investimento como qualquer outro, no qual recursos econômicos sejam alocados com a expectativa de possíveis retornos futuros. Muito similar ao que já é mais comumente sabido e dito em prosa e verso no mercado financeiro: quanto maior o risco, maior o potencial de retorno (e perda).

Assim, a primeira coisa que um modelo de métricas de gestão de inovação deve considerar é que diferentes tipos de inovação demandam diferentes tipos de métricas. Outro aspecto a considerar é que, embora haja grande expectativa de mensuração do retorno econômico (criação de valor para o acionista em última instância), na prática isso nem sempre é facilmente calculável e outras métricas mais associadas ao ciclo de vida da inovação (da ideia até a sua implementação) também precisam ser analisadas visando um aprimoramento contínuo de todo o modelo de gestão de inovação da organização. Finalmente, é amplamente sabido que empresas que se engajam em inovação conseguem auferir vários resultados intangíveis nem sempre quantificáveis, mas de grande impacto na organização e nos negócios.

Com base nessas considerações, apresentamos a seguir um modelo de métricas de inovação que leva em consideração quatro grandes grupos de métricas:

1. *Inputs* (entradas). Estão incluídas aqui métricas associadas aos recursos essenciais para se iniciar todo o ciclo de inovação, ou seja, ideias, conceitos e, evidentemente, o investimento organizacional (medido em cifras e no tempo das pessoas, que também tem custos associados).

2. *Process* (processo). Do ponto de vista gerencial, muitas vezes é importante saber a eficiência dos processos corporativos de gestão de inovação que podem determinar, por exemplo, a velocidade com a qual os projetos são conduzidos, assim como em que medida o portfólio e o *pipeline* da empresa está saudável e equilibrado em termos de número de ideias, conceitos, projetos em desenvolvimento, projetos prontos para serem lançados etc.

3. *Outputs* (saídas). Tanto os projetos lançados ou implementados como os projetos apenas validados e aqueles interrompidos geram uma série de resultados tangíveis e intangíveis para a organização, que precisam ser avaliados de forma regular.

4. *Outcomes* (impacto). Os acionistas e investidores, ao final de todo o processo de inovação, têm a expectativa de entender em que medida todo o investimento e esforço gerencial foram convertidos em resultados de mercado ou financeiros que podem ser claramente valorados pela empresa e pela comunidade de investidores.

Métricas da equipe de inovação ou da empresa

À medida que a inovação se torna cada vez mais um ativo estratégico da organização e não apenas o resultado de uma área isolada, a questão de *accountability*, ou seja, de quem é responsável pelos resultados da inovação, fica mais complexa. Isso é mais evidente ao analisarmos o modelo anterior:

- Quanto mais à direita do quadro (na Figura 23), maior é a necessidade de envolvimento da empresa como um todo para a consecução dos resultados das métricas destacadas na inovação.

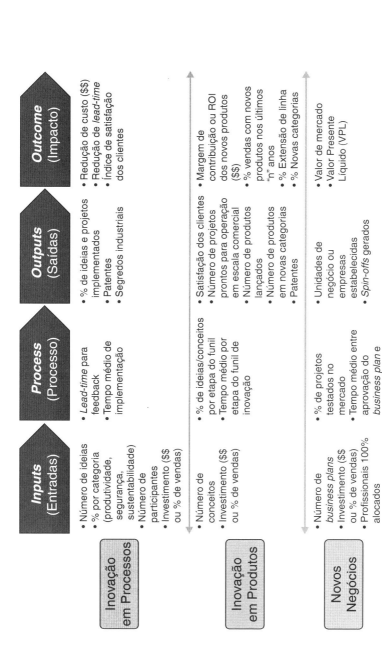

FIGURA 23 Métricas de inovação – Modelo conceitual.

- Já a entrada do número de ideias, conceitos e propostas de novos negócios é tipicamente mais vibrante quando a organização como um todo se sente parte do processo de inovação.

- No caso da existência de áreas focadas estritamente em melhoria de processos, P&D, desenvolvimento de produtos ou inovação, a avaliação de resultados das mesmas deve ser enfatizada até a geração dos *outputs* de inovação e, em certa medida, no caso dos *outcomes* (impacto).

- Já na geração de impacto efetivo nos negócios (última coluna do quadro, na Figura 23), os indicadores e resultados devem ser compartilhados com a alta administração e/ou áreas operacionais e unidades de negócio, pois estes só ocorrem a partir do engajamento efetivo da empresa em suas várias instâncias.

Resultados intangíveis da inovação

Além das metas e dos resultados específicos discutidos, é crescente a valorização de um conjunto de resultados intangíveis que aumentam as competências e o valor da empresa. Entre esses resultados típicos, podemos citar:

- Satisfação dos clientes.

- Percepção da empresa como inovadora pelos clientes e mercados.

- Aumento do capital intelectual da empresa.

- Desenvolvimento de novas competências organizacionais.

- Desenvolvimento de competência de segunda ordem, ou seja, aprender a desenvolver novas competências.

- Pessoas mais capacitadas, inclusive para atender as necessidades do *core business*.

- Aumento da rede de relacionamento e cooperação interna e externa.

- Atração e retenção de talentos que buscam ambientes corporativos inovadores.

- Construção de imagem corporativa inovadora, facilitando a busca e a atração de outras empresas para formar parcerias de negócios e inovação.

Equilíbrio entre resultados de curto e longo prazo

Qualquer um que tenha filhos sabe que não é fácil explicar por que é melhor fazer lição de casa do que ir brincar, jogar bola ou algum jogo eletrônico. A recompensa pela lição de casa parece algo muito distante, enquanto os prazeres e as recompensas das alternativas são muito imediatos. Tornar a própria lição de casa algo que seja gostoso, que mexa com o orgulho e a vontade de fazer algo benfeito são caminhos a serem seguidos. Nem sempre, é verdade, com sucesso absoluto.

Essa pequena história e desafio do dia a dia de qualquer família que preza o futuro dos filhos também se aplica rotineiramente no contexto das empresas. A variável "tempo" e a relação das pessoas com a mesma estão no seio de muitos importantes desafios do processo de gestão de inovação. Vejamos:

- Por que investir em atividades de pesquisa e desenvolvimento com resultados incertos em futuro não imediato?

- Por que investir tempo com temas e oportunidades ainda emergentes?

- Por que investir em um processo estruturado de inteligência competitiva?

- Por que se envolver em coisas como redes sociais?

- Por que assumir riscos financeiros se o ganho imediato parece tão atraente?

- Por que desenvolver competência profunda quando podemos aprender um pouco de cada coisa?

- Por que investir tempo em entender relações sistêmicas quando posso simplesmente otimizar minha área?

- Por que se preocupar com minha cadeia produtiva quando minha empresa está tão bem?

A resposta a quase todas essas perguntas envolve, em boa medida, expectativas ou apostas sobre retornos futuros incertos.

Diferentes culturas têm diferentes formas de se relacionar com a variável tempo. No Brasil, em todos os estudos a respeito de tal dimensão revela-se o imediatismo como característica marcante. As consequências dessa nossa característica cultural podem ser nefastas para a gestão de inovação e criação de valor. Somem-se a isso taxas de juros elevadas e modelos de gestão, recompensa e gratificação ditados por ritmos cada vez mais intensos e períodos muito curtos, e temos uma situação bem estabelecida.

Podemos dizer que as pessoas estão mais aceleradas, que tudo é muito mais rápido e acessível, que as oportunidades são maiores e com muito menos restrições geográficas do que em passado recente. Sem dúvida, novos comportamentos e usos da tecnologia de informação oferecem um dinamismo muitíssimo interessante. Os efeitos "borboleta" das teorias do caos são muito mais evidentes também. Está tudo hiperconectado. Estamos hiperconectados. As decisões e os resultados precisam ser rápidos etc.

Parece que vivemos um novo mal de século: no afã de não ficar para trás no presente esquece-se do futuro. Indivíduos, gestores e organizações se influenciam de forma sistêmica, em um círculo vicioso, como crianças que preferem a recompensa imediata *versus* as recompensas incertas do futuro.

A variável tempo é extremamente importante para o aprendizado, inovação e conhecimento de maneira geral. Organizações cujo horizonte gerencial é muito focado no curto prazo não estão, em geral, criando as condições para a geração, organização e compartilhamento de conhecimento. Em organizações líderes há um equilíbrio entre o necessário investimento no longo prazo e atenção às demandas imediatas de médio e curto prazos. Nessas organizações, os gerentes, principalmente, compreendem os objetivos de longo prazo da organização e são avaliados por uma série de indicadores que mostram que suas ações estão contribuindo para o futuro da organização. Com isso evitam-se ações que possam gerar rápidos resultados no curto prazo, mas que podem vir a prejudicar resultados futuros.

Reconhecimento e recompensa

As teorias sobre motivação e recompensa estão sempre apontando para o fato de que há patamares mínimos de remuneração que devem ser pagos para não gerar insatisfação e que a satisfação não é o oposto de insatisfação. Satisfação tem a ver, sobretudo, com a própria natureza do trabalho, do ambiente de trabalho, dos desafios específicos e do reconhecimento pelos pares, superiores e, em alguns casos, empresa e sociedade como um todo.

Alguns autores de psicologia organizacional afirmam que uma das maneiras mais eficazes de estimular a criatividade é a tarefa aparentemente simples de atribuir as tarefas às pessoas "corretas". Isso deriva do conceito de motivação, que é uma combinação de:

- **Motivação extrínseca:** produzida pelo ambiente, pode ser diferenciada entre incentivo/obrigação. A expressão *carrot or a stick* ilustra a política de oferecer uma combinação de recompensas e punições para induzir um comportamento desejado.

- **Motivação intrínseca:** paixão e interesse pelo trabalho desenvolvido. As pessoas serão mais criativas quando se sentirem motivadas principalmente pelo interesse, satisfação e desafio do trabalho em si, e não por pressões externas.

Assim, embora uma visão mais cartesiana e baseada em conceitos simples que atrelam diretamente resultados e recompensa seja mais facilmente "vendida" para a comunidade e gestores financeiros, no caso das inovações de maior impacto e que necessitam de *breakthroughs* a lógica da ação e recompensa é fortemente questionada tanto pelas pesquisas acadêmicas mais recentes sobre motivação no trabalho como por aquelas que estudam a história de grandes inovações na história das organizações e da sociedade.

Iniciativa ou resultados: O que deve ser reconhecido?

Iniciativa é um dos comportamentos mais valorizados em organizações que baseiam sua competitividade na capacidade de inovação. Para que esse comportamento seja, no entanto, realmente incorporado pelas pessoas é preciso que a organização ofereça condições adequadas. A principal delas é que elas não sejam punidas por projetos inovadores que não apresentem os resultados esperados. O processo de inovação requer que uma série de ideias seja testada continuamente. De outro lado, de forma a minimizar os riscos para a organização, espera-se que as pessoas sigam processos de inovação bem estabelecidos (com *gate*s e oportunidades para compartilhar resultados parciais e colher opiniões). Quando isso ocorre, as decisões são compartilhadas e evita-se o famoso *finger-pointing*, quando um projeto de inovação não tem o sucesso esperado.

Em outras palavras: embora o mundo das organizações seja altamente competitivo e as pessoas sejam pressionadas cada vez mais, de maneira mais intensa, para trazer resultados mensuráveis, no contexto da inovação há que se saber separar coisas como apostas improdutivas, caminhos não ótimos, erros, erros calculados, displicência, descaso, descuido etc.

Celebração dos resultados da inovação

Celebrações são partes importantes da formação da cultura organizacional. Durante esses eventos os gestores em vários níveis e a alta administração em particular reconhecem ações e resultados que estão alinhados com seus valores, metas e objetivos. Nesse sentido, em organizações que colocaram a inovação como eixo central de gestão celebram-se com frequência os resultados inovadores. As celebrações são vistas como instrumento gerencial importante para atingir o alinhamento organizacional e para sinalizar para a organização direcionamentos em termos de ações, aprendizado, visão de mercado e oportunidades existentes.

"*Success breeds success.*" Os sucessos, principalmente em termos de inovação, precisam ser bastante celebrados. As profissões que são tradicionalmente vistas como aquelas que mais dependem do processo criativo (cinema, publicidade, P&D, jornalismo etc.) têm tradicionalmente celebrado publicamente os resultados de trabalhos excepcionais. Essa prática tem a ver com a ideia, já bem aceita, de que profissionais que trabalham com criatividade e inovação são particularmente motivados pelo reconhecimento de seus pares. No contexto das organizações em geral, no entanto, essa prática é mais recente, mas tem se tornado cada vez mais relevante à medida que aumenta nas organizações a proporção de pessoas contribuindo essencialmente com sua capacidade intelectual e criativa.

Orgulho, confiança e tomada de risco

Na medida em que as empresas conseguem criar um alto grau de identificação dos funcionários com a empresa, expresso por um sentimento de orgulho, isso estimula a inovação, pois aumenta a confiança dos funcionários e sua propensão a assumir riscos, além de criar um ambiente mais cooperativo. Inúmeras pesquisas têm mostrado, ademais, que as pessoas tendem mais a testar novas ideias e compartilhar mais suas experiências e conhecimento quando mantêm uma relação de confiança com a organização.

Esse fato também é evidente à medida que se leva em consideração que, sendo o conhecimento algo extremamente valioso, as pessoas não irão compartilhá-lo se pensarem que a organização não é ética e não recompensa aqueles que saem da zona de conforto ou expõem suas ideias e compartilham o que sabem.

Reconhecimento ou recompensa

Uma das discussões mais usuais no contexto de organizações que decidem adotar um ambiente e políticas de gestão de recursos humanos mais voltados para a inovação é a questão do reconhecimento ou recompensa. O que se busca, em geral, são formas de incentivar a participação mais engajada dos funcionários nos esforços e iniciativas de inovação ou, de maneira mais ampla e ambiciosa, em como fortalecer os valores de inovação da empresa. Quando esses objetivos são estabelecidos, há normalmente uma necessidade de rever os modelos e práticas de reconhecimento e recompensa existentes na organização.

Levando-se em consideração as discussões anteriores neste capítulo sobre métricas de inovação e sobre os riscos e ressalvas a modelos estritamente analíticos e matemáticos de avaliação, reconhecimento e recompensa, é praticamente impossível determinar um modelo uniforme de avaliação de desempenho, assim como de determinação do peso que deve ser dado ao reconhecimento ou à recompensa em termos de carreira ou mesmo financeira.

No contexto de iniciativas de inovação de toda ordem, da incremental à radical, da muito restrita à sistêmica, envolvendo todo o modelo de negócio da empresa, o peso do reconhecimento e da recompensa pode variar significativamente. Também é evidente que as pessoas tendem a valorizar em maior ou menor grau o reconhecimento ou a recompensa financeira, dependendo do seu nível e estágio de vida, espírito empreendedor e grau de risco pessoal e financeiro a que se submetem quando envolvidas em iniciativas de inovação da empresa.

Outro ponto a considerar é que, em muitos casos, a melhor solução pode passar por uma combinação de mecanismos de reconhecimento e de recompensa financeira, assim como de mecanismos específicos e atrelados a alguma métrica do processo de inovação (*inputs – process – outputs – outcome*).

Relação com a maturidade do processo de inovação

Outro aspecto importante a ser considerado nos mecanismos de reconhecimento e recompensa é que as empresas têm diferentes históricos e graus de evolução e ambição em seus programas de inovação. Em empresas, por exemplo, com pouca tradição em inovação, um dos primeiros desafios é estimular a participação dos funcionários. Já em empresas com alguma tradição e resultados com inovação, o desafio pode ser de estimular e reconhecer aqueles funcionários capazes de liderar projetos complexos de inovação ou que ajudem a empresa a criar novos mercados.

Quando o reconhecimento ou a recompensa envolve a ambição de ter boa parte da empresa participando dos processos de inovação, as questões mais prementes têm a ver com regras claras, bem comunicadas, assim como com a agilidade na avaliação das ideias e frequência na celebração dos resultados. Já quando se pede aos funcionários que não apenas enviem suas ideias, mas tragam resultados realmente inovadores e de alto impacto e, mais ainda, que conduzam projetos de maior ambição e risco, um tapinha nas costas ou uma foto com a diretoria tipicamente não é visto como um reconhecimento adequado. Intraempreendedores que saem da zona de conforto do *core business* para, às vezes, ajudar a empresa a criar o futuro esperam uma relação riscoretorno condizente, inclusive com participação financeira e/ou acionária nos empreendimentos.

Diferentes empresas vão adotar diferentes pesos para o reconhecimento ou recompensa financeira associada à inovação e grau de maturidade e objetivos da gestão de inovação da empresa. Isso é certo. Não se deve, portanto, copiar modelos. Além disso, a inovação, principalmente a de maior impacto, não ocorre sem um esforço genuíno e envolvimento emocional dos envolvidos. Inovação e indiferença não são palavras que possam coexistir.

Dito isto, recompensa financeira, desde um pequeno prêmio fixo em dinheiro ou algo equivalente até participação financeira nos resultados ou nos negócios, nunca pode vir desacompanhada de reconhecimento. Mesmo para casos em que a recompensa financeira é alta, sabe-se que o dinheiro desassociado de reconhecimento pode não gerar o círculo virtuoso e recorrente de inovação que se espera disseminado na organização. Há, inclusive, alguns estudos e correntes de pensamento que mostram que, em determinadas circunstâncias, a introdução de recompensa financeira diminui a criatividade. Em suma: recompensa financeira, sim, em casos selecionados; ausência de bons mecanismos de reconhecimento, nunca.

Indivíduo ou grupo

A outra questão recorrente é se devem ser reconhecidos indivíduos ou grupos. Aqui também pesa o histórico e o modelo geral de avaliação de desempenho e recompensa da empresa. A questão da inovação, em geral, não pode estar muito desatrelada do contexto específico da organização.

Apesar disso, é importante compreender que o processo de inovação há muito tempo deixou de ser resultado de esforços individuais. A história, quase romântica, de inovadores do passado, trabalhando por anos a fio, de forma isolada, é algo que não faz mais sentido no contexto corporativo. Mesmo examinando o passado, vários mitos sobre o gênio que evolui suas ideias e insights de maneira desconectada de seus pares têm caído por terra em inúmeros estudos de história da inovação.

Isso não quer dizer que diferentes indivíduos possam ter tido ou ainda têm papel preponderante na inovação, seja como responsável principal por uma ideia, conceito ou tecnologia. A questão é que, no mundo das organizações, as inovações, em geral, só se tornam inovações geradoras de valor a partir de esforços coletivos muito bem concatenados e direcionados – em alguns casos – ao longo de anos e com muitas equipes com composições e habilidades muito distintas.

Conclusão: é crescente a tendência do reconhecimento e recompensa de diferentes equipes que se envolvem no processo de inovação – da ideia à implementação final, mas, como sempre, reconhecendo de várias maneiras também até com promoção e mesmo recompensa financeira indivíduos que assumem papel de liderança significativa ao longo do ciclo de vida da inovação.

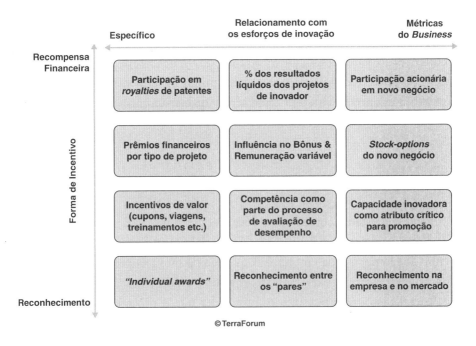

FIGURA 24 Tipologia de mecanismos de reconhecimento e recompensa para a inovação.

DIMENSÃO 9

Cultura organizacional

Criatividade e inovação não são fenômenos que dependam puramente do esforço, processo mental ou personalidade individual. O ambiente social influencia – e muito – na frequência e na expressão do comportamento inovador. É nos relacionamentos interpessoais e nas dinâmicas existentes entre os diversos atores dentro da organização que a inovação vai surgir.

O espaço social para a inovação surge de duas formas: através da cultura organizacional e de mecanismos, ferramentas e processos que favoreçam a colaboração, o trabalho em equipe e o fluxo de informação e de conhecimentos. Neste capítulo, o foco está nos valores, normas e incentivos incutidos na empresa, capazes de favorecer a inovação, enquanto o próximo capítulo se concentrará nos meios que podem ser utilizados para melhorar a colaboração interna e externa da empresa.

A cultura organizacional representada, em parte, por sua missão e valores deve ser ancorada e construída por meio de atos simbólicos e ações da alta administração que valorizam e destacam fatos, notícias e pessoas que exemplificam os valores perseguidos. Vários estudos têm mostrado que o papel fundamental da alta administração em empresas líderes é o de fomentar a missão e o conjunto de valores da organização e como eles se alinham à estratégia e sistemas gerenciais.

Verifica-se, em particular, que em organizações líderes é gasto um tempo considerável na transmissão dos valores organizacionais para pessoas recém-contratadas. Em ambientes de rápidas mudanças e nos quais milhares de decisões são tomadas no dia a dia por cada um dos colaboradores da organização, valores sólidos funcionam como importantes balizadores da interpretação dos fatos e informações e da ação individual e, ao mesmo tempo, coordenadas dos colaboradores da organização.

Culturas muito fortes devem, por sua vez, ser contrabalançadas por fortes incentivos à diversidade de personalidades, formações e oportunidades para experimentação. Isto é, organizações com cultura muito forte não podem sucumbir a uma visão tão dominante do ambiente que impeça a emergência de ideias e modelos inovadores e adaptados à realidade cambiante.

Culturas são normas que ajudam a interpretar eventos e avaliar o que é apropriado e inapropriado. Podem, portanto, ser vistas como sistemas de controle capazes de atingir grande eficácia, na medida em que levam a um alto grau de conformação, ao mesmo tempo em que conferem elevada sensação de autonomia, ao contrário de sistemas formais de controle que criam uma permanente sensação de restrição externa.

No contexto da gestão da inovação, a cultura organizacional é sempre lembrada como um facilitador ou bloqueador dos esforços para conseguir resultados empresariais por meio de esforços de inovação. Na prática é sempre difícil mudar uma cultura porque ela está enraizada na visão de mundo das pessoas, nos seus comportamentos e nos seus raciocínios sobre as relações de causa e efeito no contexto do trabalho e dos mercados.

Stephen Wunker[1] coloca esse desafio de mudança de maneira contundente: "A cultura é uma variável que segue outras mudanças (*lagging variable*)." Ou seja, não se deve imaginar que a competência inovadora da empresa vá sofrer grandes alterações se o primeiro foco de transformação for a cultura organizacional. A cultura é, sobretudo, reflexo dos processos, políticas, sistemas e comportamentos valorizados pela liderança. Apesar disso, mudanças são possíveis desde que bem orquestradas e gerenciadas de maneira vigorosa, contínua e atenta a possíveis retrocessos.

A seguir discutimos algumas características de ambientes organizacionais com cultura, valores e comportamentos favoráveis à inovação e terminamos este capítulo com alguns conceitos sobre gestão da mudança para a inovação.

---

[1] Wunker, Stephen. *Capturing New Markets*, McGrawHill, 2011.

Estímulo à criatividade

Incentivar as ações criativas dos indivíduos parece ser uma das panaceias nos dias atuais, contudo muitas ações como workshops de criatividade, reuniões *ad-hoc* de *brainstorms* e retiros para hotéis acabam tendo um efeito prático muito limitado.

Para facilitar, pois, o desenvolvimento da motivação intrínseca dos indivíduos é muito mais importante que uma série de características gerenciais esteja presente nas organizações:

- As pessoas devem sempre ter desafios estimulantes compatíveis com suas habilidades e competências.

- Autonomia: as pessoas devem ter grande liberdade para perseguir as metas estabelecidas pela empresa. As metas, porém, precisam ser relativamente estáveis e claras.

- Trabalho em equipe: diversidade de *backgrounds* deve ser o ponto de partida. Além disso, deve ser encorajado um espírito de cooperação para alcançar objetivos compartilhados.

- Papéis das gerências e alta administração: incentivo e encorajamento à geração de novas ideias e reconhecimento especial por contribuições inovadoras; estímulo ao compartilhamento de informações e conhecimento.

- Os projetos inovadores precisam de recursos adequados, principalmente tempo e dinheiro.

- Reforço positivo é mais efetivo do que punições para motivar "pesquisadores" e pessoas envolvidas com inovação.

- Uma clara distinção deve ser feita entre necessidade de treinamento e necessidade de motivação (elas são frequentemente confundidas, o que faz com que, por exemplo, tentativas de se prover mais treinamento falhem em função da falta de motivação).

- Desempenho desejado deve ser claramente definido, explícito e concreto.

- Os principais sistemas motivadores para profissionais de P&D e inovação estão relacionados à tarefa: o potencial motivacional desses profissionais tende a crescer à medida que lhe são oferecidas tarefas desafiadoras e que exigem criatividade, imaginação e flexibilidade.

- Um dos principais motivadores é o fornecimento de recursos para a realização de atividades criativas. Tempo é um dos recursos mais importantes para atividades criativas.

Humor no ambiente de trabalho

Vários estudos têm demonstrado que ambientes mais informais favorecem o processo criativo e inovador (principalmente no caso de inovações radicais). A tolerância para piadas e humor é um dos sinais de que o ambiente organizacional é mais informal. Aqueles que estudam o processo criativo têm analisado o humor como uma fusão momentânea entre dois planos lógicos que normalmente não se encontram ou são mesmo contraditórios. É esse efeito surpresa original que leva ao sorriso espontâneo.

A história das descobertas, inovações e das ciências, por sua vez, está cheia de momentos "eureca" que, em boa medida, produzem sensações semelhantes àquelas encontradas em situações de humor: alívio de tensão, gargalhadas e aceitação de um novo plano lógico, não convencional e surpreendente. É importante destacar, ademais, que o humor é um ato criativo que requer participação tanto daqueles que contam uma piada ou fazem um comentário irônico como daqueles que são estimulados por estes.

No contexto organizacional, a tolerância para piadas e humor (desde que não agressivos e exagerados) pode levar à criação de um ambiente no qual as pessoas têm a possibilidade de derrotar o pensamento rotineiro pela originalidade. Embora na maior parte dos casos o humor não esteja diretamente associado ao negócio da organização, é de se esperar que ambientes que tolerem o humor criem condições semelhantes para o questionamento criativo de maneiras de analisar o mundo, os concorrentes, o processo produtivo e as necessidades e desejos dos clientes.

Espaços de trabalho

Por que ambientes físicos com aparência criativa devem ser reservados para agências de propaganda e grupos semelhantes? Do que as pessoas têm medo? Os tipos criativos são menos profissionais? Eles trabalham menos? Por que as ideias de ordem, perfeição e linhas retas dominam a maioria dos espaços de escritório? Isso tem de ser assim? As empresas do Vale do Silício em geral prestam atenção na criação de ambientes de trabalho que encorajem a inovação. Na França, muitas empresas de conhecimento intensivo se mudaram para locais esplêndidos próximos aos Alpes. No Japão, empresas líderes nas indústrias automotivas, farmacêuticas e eletrônicas estão seguindo a receita do Dr. Nonaka e investindo dinheiro na construção de administrações empresariais criativas, isto é, contextos para a criação de conhecimento.

Cada vez mais, os conceitos de espaços fechados e símbolos de *status* relacionados à hierarquia perdem lugar para conceitos abertos, humanísticos, ecológicos e não hierárquicos, que facilitam os contatos informais e a comunicação em todos os sentidos. Outra abordagem bastante conhecida no contexto da inovação é a de *skunk works* (espaços propositalmente informais e desconectados do ambiente corporativo) para emular o ambiente inovador das empresas. Mesmo nas fábricas já se veem, com mais e mais frequência, salas ou espaços para relaxamento, descontração ou cafezinho. Em escritórios ou ambientes mais *high-tech*, é comum observar espaços absolutamente desconectados com a realidade de trabalho, como salas de ginástica, quadra de esportes, salas de jogos e salas de meditação.

Enfim, há um consenso crescente sobre a estrita relação entre o desenho do espaço de trabalho e a produtividade, e a capacidade de inovação dos trabalhadores do conhecimento. A necessidade de ser competitivo demanda um grande suporte às novas formas de trabalho para atrair, manter e motivar equipes diferenciadas, com especial atenção às demandas e necessidades de mobilidade e interação dos trabalhadores do conhecimento.

Os espaços de trabalho do amanhã não serão os espaços tradicionais de hoje. A necessidade de ser competitivo, dar suporte às novas formas de trabalho e de atrair e manter uma equipe talentosa requer flexibilidade. Requer também atenção às novas tecnologias que surgem diariamente e às demandas e necessidades dos trabalhadores do conhecimento em termos de mobilidade, interação, fricção e reflexão ao longo de um mesmo dia. O desafio agora é criar uma estratégia coerente para a criação de espaços públicos, semipúblicos, privados e particulares que faça todas as variáveis do sistema funcionarem em harmonia e complementarem umas às outras.

Isso requer uma confluência maior de inteligências e reflexões: *the meeting of minds*. Não estamos falando aqui simplesmente de serviços tradicionais de consultoria para a criação do layout. É preciso abordagens mais multidisciplinares, que olhem para além de móveis e espaços físicos. Tais abordagens permitem combinar as boas práticas de design aos processos de trabalho e às necessidades de cada indivíduo. Ou seja, possibilitam a personalização das soluções de espaços em vez da adoção de soluções massificadas a que todos devem aderir.

Em tempos de rápidas mudanças tecnológicas e de mercado, as empresas só se manterão competitivas se puderem se reinventar continuamente. E, nessa batalha, a criação de espaços de trabalho integrados é uma arma estratégica para se atingir o sucesso.

Pressão de tempo: da resolução de problemas para desafios

Todos sabem que o mundo ficou mais acelerado, que as pessoas não têm mais tempo, que gerenciar a agenda e e-mails é um desafio brutal para as pessoas no contexto organizacional típico, principalmente no caso de executivos da média e alta gerência. Nesse contexto, o recurso tempo passa a ser um dos mais valiosos (alguns adicionam também o silêncio...) para as pessoas e a sociedade de maneira geral. Todos sabem, por outro lado, que as inovações precisam de tempo para serem ideadas, concebidas e implementadas. Assim, como as diferentes culturas organizacionais e mesmo as sociedades lidam com a variável tempo deve ter impacto na capacidade de inovação das empresas.

De fato, Teresa Amabile, professora titular da Harvard Business School, uma das pessoas que há mais tempo pesquisa e com maior profundidade a criatividade no mundo, principalmente no contexto organizacional, chegou a interessantes conclusões sobre a questão do impacto da pressão do tempo para inovar.[2] A pergunta de pesquisa que ela procurou desvendar era: A pressão de tempo aumenta ou diminui a capacidade das pessoas para inovar?

---

[2] Pesquisa com 177 funcionários de sete empresas americanas envolvendo 9.000 diários. Amabile, T et al. "Creativity Under the Gun", *Harvard Business Review*, August 2002, p. 56.

As conclusões foram contundentes: o tempo é uma variável muito relevante para o processo de inovação, mas a questão não é tão binária como se pode imaginar, pois a inovação pode se manifestar tanto em contextos de baixa pressão de tempo como de alta pressão. Muda-se, em geral, o tipo de resultado criativo:

- *Ambientes com baixa pressão de tempo*

A falta de pressão de tempo em ambientes que pouco incentivam a criatividade e em que poucos desafios são colocados aos funcionários tende a gerar baixo nível de criatividade. É o típico cenário das grandes burocracias.

Contudo, empresas e pessoas que buscam resolver grandes desafios e gerar inovação de grande impacto precisam de tempo e não podem viver "com a espada do resultado trimestral sobre a cabeça". Dito isto, buscar grandes inovações demanda que as pessoas tenham um sentido de expedição muito mais profundo. Demanda também forte apoio organizacional e uma motivação intrínseca muito forte para viver e sobreviver aos altos e baixos de projetos de grande porte com incertezas e riscos não totalmente conhecidos. Marcos e oportunidades para reavaliar o curso do projeto, obter *inputs* de outros funcionários evidentemente também são necessários. Ausência de pressão de tempo não quer dizer ausência de gestão.

- *Ambientes com alta pressão de tempo*

A pressão de tempo por si, no entanto, não leva necessariamente à geração de produtos e resultados criativos. A pressão de tempo, quando associada ao acúmulo de muitas atividades, dias fragmentados por inúmeras interrupções e um sentimento generalizado de que o trabalho é pouco significativo tende a colocar as pessoas no que Teresa Amabile chamou de "esteira rolante".

A pressão de tempo, no entanto, também pode funcionar para a geração de soluções criativas, principalmente para a resolução de obstáculos e problemas bem identificados. Para isso, no entanto, a questão do foco também é necessária, assim como a motivação dos indivíduos envolvidos que precisam acreditar fortemente na importância do desafio colocado.

A variável "tempo" é, portanto, uma variável de grande importância no contexto organizacional e no seu relacionamento com os objetivos e produtos inovadores que as organizações se colocam. Diferentes países, culturas, setores econômicos e empresas lidam com essa variável tempo de maneira bem distinta. Não é possível determinar regras, porém, como muito do que já dissemos neste livro: o importante é contextualizar e tomar decisões conscientes sobre a relação da organização e das pessoas com a variável tempo como *input* para a inovação.

Pensamento sistêmico: do incremental para o radical

O pensamento sistêmico é fundamental para a criação de conhecimento organizacional e para inovar nos ambientes de negócios cada vez mais complexos, interdependentes e globalizados. Pensar sistemicamente requer uma análise simultânea do impacto das ações em vários processos organizacionais e/ou facetas do mercado. Isso só ocorrerá à medida que as pessoas forem estimuladas, induzidas e mesmo incentivadas a pensar além de sua própria área de trabalho. Esse tipo de preocupação pode ser incrementado se as pessoas, antes de mais nada, conhecerem pessoas de outras áreas e outros processos organizacionais. Organizações líderes em criação de conhecimento e inovação percebem a importância disso e promovem sistematicamente apresentações internas e fomentam um ambiente de transparência e exposição.

O pensamento sistêmico, ademais, parece ser muito mais necessário em empresas que buscam explicitamente a inovação de alto impacto ou mesmo radical porque, tipicamente, a inovação incremental tende a evoluir dentro do âmbito de uma única disciplina, departamento ou área de conhecimento. Inovar de maneira consistente combinando diferentes perspectivas não é trivial para boa parte das pessoas em grandes organizações que se acomodaram na rotina dos seus processos ou no "cercado" de suas descrições formais de cargo. A inovação incremental tende a funcionar bem quando é contínua e sistemática, enquanto a inovação radical tende a ser descontínua e sistêmica. Conciliar essas duas noções é algo muito difícil mesmo para os estudiosos do tema, quanto mais para executivos que lideram grandes organizações.

BMW: Ideias do mundo para o mundo dos carros[3]

> "De onde vem a inspiração de designers de carros? É um mistério mesmo para os próprios designers. Quando eles estavam olhando o protótipo final do novo BMW 7 Series, Chris Bangle virou-se para Adrian van Hooydonk, o designer desse carro, e perguntou: "De onde veio a inspiração para isso?" Van Hooydonk deu de ombros; ele realmente não sabia dizer.
>
> Em termos gerais, os designers de BMWs **obtêm suas ideias do mundo ao redor deles** – e não do mundo dos carros. "Se eu tivesse que listar minhas influências para desenho de carros, tenho a impressão de que você teria que ser supersintético para tentar dar algum sentido", diz Bangle. "Arquitetura, aviões, barcos, botânica, catedrais... pode ir percorrendo o alfabeto."

Gestão da mudança para inovação

Existe alguma fórmula para engajar os funcionários a inovar mais ou de maneira mais ampla e ajudar a empresa a transformar sua cultura para se tornar mais inovadora?

Evidentemente, quase toda empresa minimamente moderna tem alguns processos de inovação já estabelecidos. Em sua maioria esmagadora, porém, esses processos e o *mindset* por trás dos mesmos tratam muito mais de mecanismos de melhoria contínua do que qualquer outra coisa.

Engajar funcionários em uma visão mais ambiciosa de inovação e relevante para os acionistas da empresa, no entanto, não é normalmente uma tarefa fácil. Entender que isso é muito difícil e que demanda alto grau de energia, engajamento visível e genuíno da liderança da empresa deve ser o primeiro passo no processo de mudança rumo a uma cultura inovadora de alto impacto.

Gestão de mudança nunca é fácil, e as forças para manter o *status quo* sempre são algo a ser enfrentado. No caso de mudança de uma cultura para inovação de alto impacto, vemos comumente os seguintes desafios:

---

[3] American Way, BMW: Driven by Design, p. 70, 15/10/2002.

- Baixa consciência da energia interna e mesmo inteligência emocional necessária de pessoas-chave para lidar com ambiguidade, incerteza e risco pessoal.

- Relutância em abrir mão de controles e *micromanagement* de projetos e pessoas.

- Liderança que cobra, mas não inspira.

- Demora em entender que algumas pessoas jamais conseguirão fazer a transição para uma cultura de alto impacto.

- Apoio muito limitado ao fomento de conversas internas e externas.

- Confusão sobre o papel do capital social: homogeneidade excessiva e dificuldade para lidar com pessoas que têm pontos de vista muito distintos.

Finalmente, o que muitos confundem é o caráter sistêmico de um ambiente altamente inovador. É necessário modificar, muitas vezes, o cerne do modelo de gestão da empresa. É aí que as revistas de negócio – quase todas – fazem um desserviço para a inovação corporativa. Uma vez que têm espaços muito limitados, elas fazem pequenos recortes, tipicamente de forma apologética, de programas, iniciativas e ferramentas que fomentam a inovação nas organizações. Esquecem propositalmente ou por não conhecer a fundo o tema, que todos os programas de inovação só vicejam e trazem resultados continuados a partir de modelos de inovação totalmente imbricados no modelo de gestão da empresa. Com isso ajudam a passar a falsa visão de que transformar uma organização rumo à inovação de alto impacto é algo relativamente simples e facilmente copiado de outras empresas.

Resultados, histórias e mensagens

A cultura de inovação de uma empresa é sustentada por heróis, histórias e mitos – muitas vezes sem sustentação – que narram e exemplificam os valores e crenças da organização.

Personagens que inspiram e demonstram a força inovadora da organização criam um senso de identificação que une os colaboradores em prol desse valor. É só observar a importância icônica de Steve Jobs para a Apple ou dos "*Google guys*" Larry Page e Sergey Brin.

A celebração e a mitificação de feitos e sucessos passados também possuem alto poder multiplicador da cultura. Quem não conhece o "histórico de inovações de sucesso" da 3M ou da DuPont? Essas histórias, passadas de "geração em geração", fortalecem o comprometimento de seus colaboradores com a inovação.

Por outro lado, as histórias podem se tornar obstáculos à inovação. Tabus não escritos, com ênfase naquilo que não é permitido ou desejado na organização, como o sentimento de "manda quem pode, obedece quem tem juízo", "há 20 anos as coisas são assim", "aqui nada muda", "o que é dito aqui não se escreve", são exemplos típicos de *mindsets* que podem sufocar os esforços para inovar.

Há uma série de pistas que mostram como uma organização valoriza a inovação e que nem sempre aparecem nas metas específicas de inovação, tais como:

- Quem são as pessoas reverenciadas na organização? O que elas fizeram?

- Os resultados trimestrais dominam fortemente a agenda?

- As histórias de sucesso e os promovidos são aqueles que desbravaram novo território ou aqueles que jogaram o jogo do *status quo* e dos resultados de curto prazo?

- Quais são os elementos da imagem e marca da empresa que são cultuados externa e internamente? O que eles têm a ver com inovação?

- Que tipo de pessoa se sente atraída para a organização? Aquelas que apreciam segurança ou aquelas que apreciam desafios e mudanças contínuas?

As respostas a essas questões já poderão dar uma boa ideia sobre o tipo de avaliações, indicadores e cultura existentes na empresa e o quanto ela mobiliza inovadores em potencial. Culturas organizacionais estão, por sua vez, intrinsecamente ligadas aos processos e estruturas organizacionais em uma clara relação de simbiose. No contexto de culturas inovadoras, é crítico que os elementos do discurso e artefatos simbólicos sejam sustentados por processos e estruturas dedicadas ao fomento contínuo de novas ideias e ao fortalecimento da colaboração.

Papel da alta administração

"Aquilo que você faz fala tão alto, que não consigo ouvir o que você me diz." A célebre frase de Ralph Waldo Emerson exemplifica bem como funciona a cultura de uma empresa. Se inovação é importante, mas não é claramente comunicada, não consta nos objetivos e metas das áreas, se não há tempo ou recursos para inovar, como os colaboradores vão compreender que esse é realmente um valor para a organização?

Uma cultura de inovação obrigatoriamente começa no topo. É praticamente impossível encontrar empresas inovadoras quando o topo da organização é formado por pessoas conservadoras e não apaixonadas pela inovação. E a alta administração cumpre ainda o papel de ser o modelo de sucesso a ser seguido e apoiar características de comportamento que realmente apoiem a inovação. O comportamento das pessoas ocupando níveis mais altos na organização afeta sobremaneira os comportamentos das demais pessoais da organização.

Líderes que fazem esforços visíveis no sentido de comunicar sua visão de futuro, de questionar o *status quo* e compartilhar suas informações e conhecimentos mostram para a organização atitudes que favorecem a criação de um ambiente inovador. O mesmo se aplica a altos executivos que possuem uma política de "portas abertas" e se comunicam frequente e efetivamente com suas organizações. Líderes inovadores, ademais, são pessoas que sabem escutar e que encorajam suas equipes a expor suas ideias, testar seus conceitos e compartilhar conhecimento. Por outro lado, desafiam e definem metas ambiciosas para a inovação, instigando suas equipes a persegui-las.

No contexto da criação de ambientes inovadores, os líderes mantêm a organização alerta e não a deixam criar visões de futuro que são meras extrapolações lineares do passado. Eles, ao mesmo tempo em que criam um permanente senso de urgência, sabem dosar a tensão criada para não se criar um grau de ansiedade generalizado e sem foco. Líderes para a inovação energizam as pessoas à sua volta!

Outras atitudes típicas de uma liderança inovadora incluem:

- Os resultados e iniciativas não ortodoxas são fortemente buscados e premiados.

- Orientação para resultados de mais longo prazo.

- Participação ativa e frequente em atos simbólicos que representem os valores pretendidos e de fato valorizados pela organização no que tange à inovação,

- Estímulo ao trabalho em equipe, ao fluxo livre de informações e à socialização entre os funcionários.

- Implementação de sistemas de recompensa rápidos, abrangentes e coletivos, envolvendo aspectos monetários e não monetários, que valorizem quem caminha em direção à inovação, mesmo que isso signifique apenas um reconhecimento e aprovação do chefe e/ou colegas.

- Forte envolvimento no recrutamento de pessoas com diferentes *backgrounds* que tragam maior diversidade organizacional e comportamentos inovadores para a empresa.

- Fomento à criação de um ambiente seguro para a geração de novas ideias, mantendo as mentes abertas e garantindo um ambiente pouco crítico e com tolerância a falhas.

Discurso e DNA inovador

Conselhos e CEOs de todos os setores da economia parecem ser os novos *champions* da inovação. Isso é bom. E qual a primeira coisa que eles tipicamente fazem? Alocam orçamento e colocam alguém, uma área existente ou nova como responsável pela inovação na empresa. E agora? Agora é só esperar, cobrar de tempos em tempos os resultados: novos processos, produtos, *breakthroughs* e novos negócios.

Imagens como Apple, Google, 3M e BMW permeiam o ideal imaginário da alta administração que apostou na inovação. A implementação também é óbvia: contrate alguns profissionais bem espertos, criativos e com bom *track record* e, além disso, lhes dê um bom orçamento, alto grau de liberdade e acesso aos enormes ativos de produção, laboratorial e distribuição da empresa. O que pode dar errado? Cedo ou tarde, ideias maravilhosas vão começar a encher o *pipeline* de projetos inovadores da empresa.

Os tempos são de vacas gordas, muitas ideias surgem, nada ainda muito aplicável, mas não importa, o importante é que o grupo criativo está preparando o futuro da empresa. Algum tempo passa, rumores começam a surgir na empresa de que o grupo de inovação está torrando dinheiro sem produzir nada de concreto. Até mesmo o CEO, o grande *sponsor* do grupo inovador, começa a se preocupar. Daí ele ouve também do grupo inovador que eles se sentem isolados, que não conseguem atenção das demais áreas da empresa, do quanto é difícil seguir as normas de *compliance* e orçamento, que a empresa é muito burocrática, que todos só se preocupam com o curto prazo etc.

Mas o apoio vem lá de cima, e o grupo inovador segue sua caminhada. Aos primeiros sinais de recessão, o apoio continua, mas os sinais de mercado pioram, não são nada animadores. Finalmente, a decisão difícil ocorre: terminar com o grupo de inovação. O foco é o curto prazo, fluxo de caixa e segurar os clientes atuais.

O que aconteceu de errado? Como o conselho e o CEO falharam? Deram o máximo de apoio até que realmente nada mais podia ser feito. Era, no final, uma questão de sobrevivência. Alguém já ouviu alguma história parecida? Estamos em momento de abundância, no entanto, é bom saber que vacas magras esperam na virada da esquina.

No fim das contas, o que temos é um problema de expectativas exageradas e DNA. O problema de expectativas tem a ver com uma missão quase impossível quando se imagina que um pequeno grupo, por mais capacitado que esteja, seja capaz de gerar toda a inovação e, consequentemente, altas margens e *cash flow* que uma grande empresa precisa. O segundo é não entender que a questão não é criar um time, um grupo, um departamento ou uma diretoria de inovação. O que realmente se faz necessário é ter a inovação como parte do

DNA da empresa. Isso é outra história. Um desafio de monta completamente diferente de apontar ou criar responsáveis pela inovação.

Quando a inovação está inserida no DNA da empresa e a inovação, tendo ou não uma área responsável, é uma estratégia competitiva central, não há recessão que "acabe" com a inovação da empresa. Todos sabem que podem contribuir para que os resultados sejam de curto ou longo prazo a partir de ideias, ações e projetos inovadores. Na verdade, mais que contribuir, todos sabem que não inovar não é uma condição possível, seja no contexto individual, seja no organizacional.

O contrário desse ambiente são aqueles em que a inovação é vista quase como uma campanha, na qual:

- Os funcionários não têm um ambiente ou mecanismos para contribuir com suas ideias e raramente pedem opinião a clientes e fornecedores.

- As pessoas não se dão conta do que a Web 2.0 significa em termos de modelos colaborativos de negócios.

- Impera a desconfiança quanto a ideias e pessoas de fora da empresa.

- Acredita-se que todos os melhores talentos de seu setor trabalham necessariamente dentro da empresa.

- Chefes que só avaliam; não apoiam.

Uma das coisas típicas de organizações onde a inovação nasce e morre rapidamente é quando os chefes, de maneira geral, são bons para colocar a inovação como prioridade, mas péssimos para ajudar os funcionários que decidem ser inovadores a percorrer os típicos desafios e caminhos tortuosos e incertos da inovação, enfrentando barreiras de culturas e de processos típicos de organizações que se tornaram enormes burocracias.

Inovação requer que hipóteses sejam testadas, erros corrigidos rapidamente e que o aprendizado profundo entre pares ocorra continuamente. Onde, porém, imperam os segredos, as dissimulações e a desconfiança, a inovação carece do questionamento e aprendizado coletivo e construtivo profundo.

Finalmente, empresas que decidem colocar a inovação na pauta do dia enfrentam um enorme desafio de ajudar seus colaboradores e parceiros a incorporarem a inovação no seu dia a dia, no seu DNA. O trabalho criativo, diferentemente do trabalho repetitivo que progride essencialmente com gerência focada no controle, viceja quando os gestores lideram direta ou indiretamente as iniciativas de inovação. Isso requer conviver com graus elevados de autonomia (evidentemente com alguns marcos de avaliação de progresso – *stage-gates*) e um foco primordial em inspirar e manter o senso de urgência quanto à inovação.

Caso Serasa Experian[4]

Sistematizando a inovação: Do planejamento à execução de um programa de inovação corporativo com base no Modelo das 10 Dimensões

Em 2007, a Experian, líder mundial em informações, ferramentas analíticas e serviços de marketing a organizações e consumidores, aumentou sua presença na América Latina com a aquisição da Serasa, maior bureau de crédito do Brasil. O que atraiu a empresa para a sua maior aquisição foi o acelerado crescimento e grande potencial do mercado brasileiro de crédito e marketing, somado a um negócio sólido e estruturado.

Essa aquisição, no entanto, desencadeou uma série de mudanças no mercado. Concorrentes tornaram-se mais organizados e agressivos. Players menores avançaram no mercado oferecendo soluções inovadoras. Ao mesmo tempo, o mercado também sofria alterações significativas. O crescimento intenso do crédito e do consumo movimentava os concorrentes tradicionais e atraía novos competidores. Clientes fundiam-se e ampliavam a pressão sobre preços e por diversificação de soluções. Novas legislações reconfiguravam o setor.

Além do mercado mais dinâmico, a própria Serasa Experian, então responsável pelas operações no Brasil, na Argentina e no México, contando com cerca de 3.000 funcionários, tornava-se uma companhia diferente. Ser parte de um grupo global de capital aberto trouxe benefícios de escala e acelerou a ida a mercado

---

[4] Caso escrito por Maria Paula Oliveira, gerente de inovação da Serasa Experian.

com novas soluções e produtos, mas também aumentou a pressão e a priorização de ações com foco em resultados rápidos e margens mais interessantes.

Esse era o cenário em 2010. Foi quando percebemos que precisávamos resolver o paradoxo do inovador: não só teríamos que manter a liderança no mercado atual, sendo uma empresa grande, rápida e eficiente, mas também teríamos que ser capazes de liderar a inovação com a desenvoltura de um empreendedor com capacidade de gerar novos negócios e entrar em novos mercados de maneira cada vez mais rápida e eficaz.

Era preciso mobilizar! Que inovar era necessário para manter a competitividade dos negócios, todos concordavam. Porém, não havia clareza sobre quais engrenagens deveriam ser acionadas para passar do discurso à execução.

Para desenvolver a capacidade inovadora com a mesma qualidade com que gerenciávamos os negócios da rotina e as inovações incrementais, foi necessário obter **alinhamento organizacional**. Primeiro buscamos entender a ambição de negócios e o papel da inovação na estratégia da companhia. Partindo da visão de que o negócio da Serasa Experian no futuro deveria ser significativamente maior do que no presente e que as inovações incrementais não seriam capazes de garantir tal ambição, compreendemos que a inovação deveria ter função primordial na obtenção de crescimento. Assim, entendemos que precisaríamos ajustar cultura, processo e ferramentas para obter a competência para inovar no grau necessário. Foi desenhado um plano considerando as principais áreas de atuação, com o objetivo de:

- Inserir o valor inovação na cultura corporativa
- Aprimorar os processos e ferramentas existentes
- Buscar inovações de alto impacto

Com esse plano em mãos, o próximo passo foi iniciar o estabelecimento do **suporte e recursos organizacionais** para promover e manter a inovação. Para isso, foram definidos recursos dedicados à gestão da inovação corporativa, com o objetivo de coordenar e apoiar esforços de inovação em várias frentes e unidades de negócio. Além disso, foi estabelecida uma equipe multidisciplinar, formada por representantes das funções de estratégia, marketing, remuneração, comunicação interna, gestão do conhecimento, gestão de processos, gerenciamento de projetos e tecnologia da informação. A empresa também dedicou orçamento específico para as ações desse projeto de sistematização da inovação.

A convicção da empresa é que a inovação pode vir de qualquer nível hierárquico e também tanto de dentro como de fora. O desafio nunca foi a falta de ideias, mas como essas ideias podem ser combinadas, refinadas e implementadas com a qualidade e a velocidade necessárias para manter a empresa competitiva. Assim, o grupo multidisciplinar formado seria o responsável por fortalecer o ambiente inovador e promover as práticas propícias ao surgimento, enriquecimento e implementação de ideias inovadoras.

Definidos os recursos necessários, a empresa partiu para o alinhamento dos **processos de inovação**, de forma a garantir não só a geração de ideias, mas sua execução de forma planejada e organizada. Como é característico nas empresas de grande porte, foi necessário um amplo esforço para criar um modelo integrado, que permitisse a convergência das diversas fontes e dos múltiplos canais pelos quais a inovação fluía, ainda que de forma menos ordenada e nem sempre com toda a atenção e recursos financeiros necessários para fazê-las decolar.

Duas ações foram muito importantes nessa fase: promovemos o "Dia da Inovação", uma ação de comunicação maciça para todos os colaboradores, incluindo-os e motivando-os a exercerem seu papel nesse novo esforço da companhia; lançamos o "Mercado de Ideias", um sistema para captar ideias dos funcionários, que simula uma bolsa de valores. Essa ferramenta, baseada nos princípios do *crowdsourcing*, exerce tripla função: é um canal para as pessoas expressarem e compartilharem ideias; proporciona ambiente organizado para que as ideias fluam através do modelo integrado de inovação; e, finalmente, funciona como painel de gestão do processo de inovação.

Para nortear as ações de inovação, foram definidos tanto um conjunto de conhecimentos críticos para essa atividade como uma abordagem estratégica para gestão de portfólio, visando a equilibrar diversas demandas concorrentes, como presente e futuro, negócios correntes e emergentes, e projetos com diversos graus de risco e retorno.

Um dos aspectos mais importantes para sistematizar a inovação e que permeia todos os demais esforços é a definição de **comportamentos e modelos mentais** que favoreçam essa competência. Na Serasa Experian, a inovação passou a ser entendida e tratada como um valor em sua cultura. Não existe cultura de inovação, existe inovação na cultura, no sangue, no DNA da companhia. E para mantê-la como um valor operante, a empresa precisou rever (e ainda o faz) questões como tolerância ao risco e ao erro, criatividade, empreendedorismo e gestão do conhecimento – para extrair valor até do que não deu certo. Foram definidas também as políticas de reconhecimento e recompensa, de forma a promover atitudes inovadoras por meio de ações de colaboração.

A Serasa Experian entende o trabalho de inovação como um processo sistemático e gerenciado que possibilita a transformação de ideias em valor. A inovação não pode ser uma histeria, um modismo. Deve ser desenvolvida como uma capacidade empresarial, alinhada à estratégia e em total sintonia com as partes internas (funcionários, parceiros) e externas da empresa (fornecedores, mercado, clientes, sociedade, academia). Por fim, vale lembrar que inovação não é panaceia – é um processo organizado, estimulado, *top-down* e nutrido por um ambiente propício de engajamento e felicidade no trabalho.

DIMENSÃO 10

Colaboração interna e externa

Falar em redes, colaboração e parcerias quase virou lugar comum. A questão da colaboração para a inovação é, de fato, tão essencial e, em alguns casos, tão central para a estratégia de inovação de algumas empresas que o tema poderia ser tratado totalmente integrado na primeira dimensão do Modelo das 10 Dimensões. Preferimos, no entanto, destacar como uma dimensão específica em função de seu caráter emergente e características especiais em termos de processos de gestão.

É evidente que a estratégia de inovação e competição de algumas das mais admiradas empresas do Brasil e do mundo se apoia crescentemente em mecanismos que facilitem a colaboração tanto interna como externa. Mesmo empresas líderes e gigantescas como Petrobras, Procter & Gamble, Embraer, Natura, Tecnisa, General Mills, Whirlpool, Embraco, DuPont, Siemens e tantas outras empresas excelentes sabem que já não conseguem ser competitivas e inovadoras se contarem apenas com seus excelentes talentos internos trabalhando isoladamente.

Algumas empresas gigantescas fizeram levantamentos detalhados sobre o quanto do conhecimento mundial era produzido internamente *versus* o que era produzido externamente. Por exemplo, a Kraft Foods, gigante americana do setor de alimentos, estimou que a empresa detinha apenas 2% das patentes mundiais em áreas de conhecimento relacionadas a alimentos. A P&G fez cálculos semelhantes. Ou seja, apesar de seu tamanho e posição de liderança mundial, quando visto no agregado, é fácil perceber o quanto de conhecimento de ponta se encontra fora da empresa. Da mesma forma, algumas das ideias que inicialmente impulsionaram a Eli Lilly (uma companhia de US$ 11 bilhões, com um orçamento anual de US$ 2 bilhões em P&D) para investir numa iniciativa de *open innovation* chamada Innocentive (e apresentada mais adiante) foram bem resumidas por seu CEO W. Roy Dunbar:[1]

> Nós estamos muito bem dentro da Lilly, no centro de operações de Indianápolis, mas também reconhecemos que há muitos outros bons parceiros em outros lugares. Há comunidades de químicos de nível internacional nos estados da antiga União Soviética, na Índia e na China. InnoCentive é uma tentativa para explorar como acessar aquelas comunidades por um site que posta problemas específicos em química e uma premiação financeira para a primeira solução viável.

Os líderes dessas empresas refutam a posição cética de alguns que, ao citar a competição desenfreada e o crescente papel da propriedade intelectual, limitam fortemente seus contatos externos. Eles sabem que o aumento da complexidade científica e tecnológica no desenvolvimento de novos produtos e serviços, o aumento das incertezas e dos custos dos projetos e a diminuição cada vez maior dos ciclos de inovação não permitem mais modelos isolacionistas. Existem riscos na colaboração, principalmente externa? Sem dúvida. Estes precisam ser gerenciados. Contudo, há uma percepção crescente de que o maior risco é tentar inovar sem fortes redes de inovação, pois isso significa ficar para trás rapidamente.

Por outro lado, muitas organizações ainda não perceberam que a "Nova Onda Competitiva" reside no que nos faz humanos: nossa contínua procura por diálogos colaborativos, desenvolvimento de confiança e experiências compartilhadas, tudo isso visando criar uma produção supereficiente, com inteligência em tempo real e em todas as esferas do negócio. Esse novo cenário

---

[1] Dunbar W. R. Thinking out loud. *CIO Insight*, 2 de outubro de 2002.

implica modelos de gestão, culturas e ambientes colaborativos, tanto interna como externamente.

Por sua vez, não basta querer ou ter um espírito colaborativo e aberto. Colaborar em larga escala requer muita coordenação, esforços deliberados, seletividade e, invariavelmente, a adoção de processos bem estabelecidos e ferramentas virtuais que permitam a pessoas em diferentes localidades diminuir relativamente os desafios da distância e falta de contato pessoal.

Nos últimos 10 anos, desde a virada do século, temos assistido à rápida expansão de grandes empresas brasileiras, que se tornaram verdadeiras multinacionais. Esse é um fenômeno novo para as típicas empresas nacionais que "de uma hora para outra" viram a necessidade de coordenar esforços, expertise e facilitar a troca de conhecimentos e o desenvolvimento de novas soluções e inovações em escala mundial. Estamos falando de empresas como Gerdau, Natura, Vale, Braskem, Marcopolo, Weg, entre muitas outras. Para essas empresas, o contexto da colaboração em grande escala não é mais uma opção, é uma questão essencial para a competitividade.

Colaboração interna: superando o feudalismo organizacional

A familiaridade e a similaridade de pensamento facilitam a cooperação, isso é certo. Infelizmente, a colaboração entre iguais é bem pouco eficiente para a inovação. Inovar exige conflito e o confronto de perspectivas e ideias diferentes. É preciso que diferentes áreas da empresa com diferentes *backgrounds* interajam entre si, embora essa não seja, na realidade, uma tendência natural.

Objetivos conflitantes, disputas internas de poder, competição velada entre áreas e reconhecimento baseado no desempenho individual de cada departamento são alguns dos problemas que afetam a capacidade de colaboração interna da empresa. Também motivos individuais, como o medo da exposição e do julgamento, levam a uma profunda resistência à colaboração.

Sendo assim, como fazer áreas tão diferentes como marketing e P&D ou finanças e vendas trabalharem em conjunto em prol da inovação?

- Defina um alvo e uma motivação comum. As primeiras perguntas a serem respondidas são: Onde queremos chegar? O que iremos ganhar?

- Garanta que as equipes multidisciplinares não sejam sufocadas pela hierarquia ou pelas lutas internas de poder. Deve haver espaço para o desafio de ideias e conceitos.

- Confiança é um valor fundamental. Liderança empática, comunicação clara, amplo acesso à informação e o reconhecimento de atitudes prestativas são formas pelas quais as organizações podem reforçar as relações de confiança entre colaboradores de diferentes áreas.

- Garanta tempo de reflexão e recursos suficientes de dedicação ao novo projeto. Organizações que focam no curto prazo não criam condições para a colaboração eficaz.

- Estruturas de recompensa coletivas que meçam a tentativa e não punam a falha. Lidar de forma tolerante com erros e fracassos é fator imperativo para a inovação.

- Espaços físicos abertos. As estruturas físicas e layouts criativos e arejados são essenciais para um ambiente de colaboração eficaz.

Características de ambientes que facilitam a colaboração interna

- Existem poucos símbolos de *status* na empresa (áreas ou salas fechadas para diretoria e chefia)

- Os layouts permitem não só a interação profissional, mas também a troca de informação, compartilhamento de ideias e a interação informal entre pessoas (uso de espaços abertos, cafés, salas de diversão etc.)

- O ambiente do trabalho disponibiliza vários objetos que estimulam o aprendizado, a criatividade e a inovação (livros, jornais, objetos, arte e outros)

- A liderança estimula a interação entre pessoas, áreas e unidades de negócio

- Para a solução de problemas existem vários mecanismos institucionalizados e eficientes para que as diversas áreas e geografias da empresa colaborem

- Existem comunidades/grupos de discussão e de aprendizagem, inclusive com participação de pessoas de áreas distintas

Os melhores talentos

Por trás dos novos modelos emergentes e mais colaborativos e de compartilhamento de negócios, propriedade intelectual, processos e recompensas, sites e Web 2.0 reside uma mudança fundamental nos modelos mentais. Há uma postura que se faz cada vez mais necessária: assumir, humildemente, que boa parte dos talentos e conhecimentos relevantes para sua empresa encontra-se fora da mesma. A partir dessa importante mudança de modelo mental, a empresa pode construir, não competição cega com talentos externos, mas pontes de colaboração e sinergia. Reduz-se o foco na origem das ideias, conhecimentos e soluções para se aumentar o foco na competitividade com base em novos modelos colaborativos, flexíveis e sustentáveis.

Quem não gosta de dizer que sua empresa tem os melhores talentos de sua indústria? Mas será que isso é verdade? Como saber de fato? A Procter & Gamble fez esse exercício e chegou à conclusão de que milhares de pesquisadores de seus centros de pesquisa tinham milhões de potenciais pares com conhecimento e experiência relevante espalhados pelo mundo em universidades, fornecedores e outras empresas que não têm nada a ver com seu mercado. A Roche Diagnostics começou a fazer testes para comparar o nível de resposta que conseguia de seus próprios pesquisadores e aqueles externos à empresa. Os resultados foram surpreendentes. Do ponto de vista de volume de respostas aos desafios colocados, a comunidade externa contribui muito mais. Já do ponto de vista de qualidade da resposta, ambos os experimentos foram muito úteis e trouxeram ideias e soluções realmente originais.[2]

---

[2] Birkinshaw, J. Bouquet, C. & Barsoux, J. The 5 Myths of Innovation, *MIT Sloan Management Review*, Winter 2011, vol. 52, n. 2.

Android: Rumo à liderança com os melhores talentos

- O número de aplicativos disponíveis é um ponto de grande importância para o consumidor na escolha de smartphhones e tablets.

- Embora a Apple App Store tenha saído na frente, e até outubro de 2011 possuísse cerca de 400 mil aplicativos, o Android Market está crescendo em uma taxa muito mais acelerada. Em seis meses passou de 100 mil para 250 mil aplicativos disponíveis, enquanto a líder adicionou às suas prateleiras apenas 65 mil no mesmo período.

- Qual a fórmula mágica? Enquanto a Apple optou pelo controle estrito do desenvolvimento e distribuição de aplicativos, o Google apostou no caminho do *open source*, incentivando qualquer empresa ou programador independente a desenvolver aplicativos para a sua plataforma.

- Para isso lançou o programa Android Developer Challenge. A primeira edição do programa já terminou, premiando os melhores aplicativos com um total de 3.750.000 dólares.

- A nova edição do programa iniciou em agosto de 2011, com resultados previstos para novembro. Será que a Apple conseguirá segurar a força dessa imensa e talentosa rede de colaboração?

Foco da colaboração

A colaboração precisa ser focada. Embora estejamos, tipicamente, falando de mudança de modelos mentais para a execução da inovação aberta, não é possível colaborar com todos, sobre tudo e com grande intensidade. O mundo é grande: isso é bom, mas também pode ser um desafio enorme ao gerar muita dissipação de energia, sem resultados efetivos. Uma organização que não tenha uma clara estratégia de inovação (Dimensão 1), que não saiba quais os temas, plataformas de crescimento, áreas de conhecimentos e adjacências aos seus negócios não deveria embarcar no contexto da inovação aberta. A frustração desse passo sem direção pode dar voz aos céticos e defensores da velha ordem e limitar o caminho para inserir de forma robusta e institucionalizada as redes externas como fundamentais para a estratégia de inovação da empresa.

Para alcançar a base da pirâmide, DuPont e Sigma Alimentos transformam frango em carne

- Ícone em inovação, desde a sua criação no fim do século XIX, a DuPont vem introduzindo inovações e se reinventando: de fabricante de pólvora a empresa química, da química às ciências da vida. Seu segredo atual? Uma rede de mais de 4.300 pesquisadores internos e externos trabalhando em conjunto para criar soluções verdadeiramente inovadoras em plataformas cuidadosamente definidas.

- Um dos focos da empresa é o desenvolvimento de produtos para a "base da pirâmide" visando atingir cerca de quatro bilhões de pessoas no planeta que vivem com uma renda *per capita* menor que dois dólares ao dia. Sob essa plataforma surgiu o "Guten", desenvolvido em parceria com a Sigma Alimentos, uma das maiores empresas alimentícias do México.

- Voltada a um segmento cuja renda mensal é menor que US$300, o novo produto visa atender a uma população que sofre, simultaneamente, com altos índices de obesidade e falta de proteína em sua dieta. Culturalmente, para uma mãe mexicana, é sinal de cuidado por sua família colocar sobre a mesa um prato à base de carne bovina. No entanto, para algumas famílias, esse é um prato caro demais para o dia a dia.

- A colaboração entre a DuPont e a Sigma resultou em um produto à base de proteína de soja e frango com o mesmo gosto e textura que a carne bovina, porém com um custo 40% menor e valor proteico muito mais elevado. Além da inclusão social gerada, o produto é uma excelente oportunidade de mercado. Expandido para os demais países emergentes, estima-se que o produto poderá adicionar 20 bilhões de dólares ao *bottom-line* anual da empresa.

O segredo é o relacionamento

Não é mais possível pensar seriamente em inovação nos dias de hoje sem falar de redes de relacionamento, colaboração e confiança. A vantagem competitiva está cada vez mais relacionada ao capital de relacionamento. Para atingir esse patamar se faz necessária a construção contínua da reputação e confiança, e de aptidões de colaboração com parceiros, intermediários, clientes, fornecedores e funcionários para gerar valor. O processo baseado em padrões pluralísticos e complexos de interações, trocas e relacionamentos entre esses vários atores é chamado de Rede de Inovação.[3]

Mais do que eventuais parcerias e pedidos de ajuda, verdadeiros inovadores sabem que o cultivo de redes ricas em conhecimento, inovação e recursos de toda ordem é um objetivo permanente. As redes de inovação permitem adquirir e alavancar capacidades tecnológicas em muito menos tempo, além do compartilhamento de custos de P&D e dos riscos associados à inovação. Esse modelo colaborativo de inovação foi denominado por Henry Chesbrough como "Inovação Aberta".

Modelos de inovação aberta são capazes não apenas de economizar tempo e dinheiro, como também de maximizar receitas através do licenciamento de tecnologias para outras empresas ou a criação de novos negócios ou marcos pelo licenciamento de tecnologias de terceiros. Além disso, através da inovação aberta, uma empresa pode se capacitar a explorar novos mercados através de participações em *joint ventures* e *spin-offs*, o que torna esse modelo ainda mais atrativo.

Os oportunistas da inovação imaginam que basta comprar os serviços de terceiros ou de tempos em tempos lançar um concurso aberto de ideias e/ou desafio para construir e manter suas redes e modelos abertos de inovação. No entanto, relacionamento para inovação não se compra, se constrói. Essa construção ocorre a partir da combinação de recursos e competências internas e externas. Não se trata de terceirizar cérebros, mas de interligar a estratégia de inovação às necessidades dos clientes e oportunidades de mercados com um universo de know-how e expertise muito mais amplo que qualquer empresa sozinha poderia ter dentro de seus muros.

---

[3] Jones, Conway & Steward. *Social Interaction and Organizational Change*. Imperial College Press, 2001.

Danone: Para ser a líder em alimentos funcionais, por que não colaborar com o concorrente?

- Com mais de 900 pesquisadores internos e colaborações científicas com diversos institutos de pesquisa na França, na Argentina e nos Estados Unidos, a Danone possui cerca de 80% dos seus projetos de pesquisa e desenvolvimento focados em alimentos funcionais.

- Entretanto, a parceria mais interessante talvez seja com a japonesa Yakult Honsha na área de probióticos. Em conjunto, as duas empresas pesquisam novos métodos de análise da composição da flora intestinal e mantêm o "Global Probiotics Council". Fundado em 2004, o GPC possui como objetivo construir relações com instituições líderes de pesquisa, governos e profissionais de saúde. Além disso, a cada ano, as duas empresas oferecem mais de 100 mil dólares em bolsas de pesquisas para jovens pesquisadores.

- O objetivo da colaboração entre as concorrentes? Garantir a liderança em um mercado mundial estimado em 14 bilhões de dólares e deixar para trás a arquirrival de ambas, a Nestlé.

O mundo fica logo aí

Conhecimento, know-how, mercados e tecnologias eram muito mais fáceis de ser protegidos há uma década. Atualmente, porém, até as menores organizações podem rapidamente ultrapassar as empresas líderes ao acumular habilidades, recursos, foco e conhecimento do mercado por meio de colaboração e uso de redes de fornecedores e parceiros em escala mundial. De fato, muitas empresas, em segmentos mais dinâmicos e intensivos em conhecimento, já nascem "com o pé no mundo".

Estamos todos interligados, de um jeito ou de outro, segundo a já velha teoria dos seis graus de separação. Cientistas e pesquisadores que não participam de redes globais de pesquisa e intercâmbios dificilmente podem ser considerados *tops* em suas áreas nos dias de hoje. Empresas, por sua vez, que não sabem quem são os especialistas mundiais em suas áreas de atuação, estejam os mesmos em concorrentes, fornecedores, clientes ou academias, também não podem ser consideradas altamente inovadoras e competitivas.

A relutância em utilizar diversos tipos de redes digitais e de comunicação também já não é mais aceitável nos dias de hoje. Colaborar em tempo real com pessoas de dentro e de fora da empresa, da mesma cidade ou do outro lado do mundo é a nova norma. As redes sociais no contexto das vidas privadas é uma onda avassaladora no mundo. No mundo corporativo, a realidade é díspar: coexistem organizações hiperconectadas com organizações ainda organizadas segundo os preceitos mais rigorosos da revolução weberiana e industrial.

Características de ambientes que facilitam a colaboração externa

- A empresa estimula ou cria oportunidades para que seus profissionais aprendam por meio de contatos e interações com pessoas de fora da organização.

- Existem fóruns e mecanismos regulares de interação com o ambiente externo da empresa.

- Há contato pessoal e ativo com clientes por parte dos vários níveis da organização.

- A empresa conta com alianças e parcerias formais com fornecedores e/ou canais de distribuição e comercialização.

- A empresa estabelece convênios e parcerias formais com universidades e/ou instituições de pesquisa, com finalidade de pesquisa, desenvolvimento e inovação.

- A empresa realiza projetos em parceria com outras organizações, do mesmo ou de outro setor, promovendo o intercâmbio de conhecimentos e a aprendizagem colaborativa.

- As alianças e parcerias não se restringem ao desenvolvimento de produtos, abrangendo várias áreas da organização.

Inovação 2.0[4]

Para suportar os processos de inovação aberta, um novo conceito tem sido explorado: a Inovação 2.0, ou uso das redes sociais visando o contexto da inovação. Alguns associam essa nova tendência ao *crowdsourcing*.[5] Este é um fenômeno bem recente na história dos modelos e práticas, e que só foi viabilizado depois de alguns anos do início deste século, quando as tecnologias Web de colaboração e participação em massa começaram a se tornar parte do dia a dia das pessoas. Essas novas tecnologias, que têm sido empregadas tanto dentro das empresas como no relacionamento delas com o seu entorno, têm sido empregadas com vários objetivos distintos. Entre os mais comuns, podemos citar:

- Observar **discussões, opiniões e interesses** de grupos de consumidores.

- Entender **tendências tecnológicas** por acesso a grupos de discussão com participantes de comunidades científicas espalhadas pelo mundo.

- Receber **ideias** de qualquer pessoa no mundo.

- **Desenvolver projetos com parceiros à distância** antes dificilmente acessíveis.

- **Colaborar e discutir** com pessoas e organizações a respeito de seus produtos e ideias.

- **Compartilhar** desafios tecnológicos ou de negócios bastante amplos visando soluções advindas de grupos especificamente selecionados ou da sociedade como um todo.

---

[4] Conteúdo bem mais aprofundado sobre as tendências em termos de inovação 2.0 pode ser encontrado em *Gestão 2.0* (2009) e *Varejo 2.0* (2011), ambos publicados pela Campus/Elsevier.
[5] O termo *crowdsourcing* foi cunhado inicialmente por Jeff Howe, em artigo seminal na revista *Wired*. O artigo original pode ser encontrado em http://www.wired.com/wired/archive/14.06/crowds.html.

- **Capacitar-se** em tecnologias à distância.
- **Formar/prospectar parcerias** em tecnologias específicas.
- **Comercializar tecnologias** sem proximidade física.

Com isso, observamos que as redes sociais estão sendo utilizadas para apoiar o processo de inovação das empresas em praticamente quase todas as suas fases – da inteligência competitiva e ideação até a fase de comercialização de produtos e serviços, conforme observamos na Figura 25, que destaca a cadeia de valor da inovação no contexto das redes sociais.

Qualquer empresa que almeje participar ou liderar iniciativas de inovação 2.0 precisa compreender que elas, embora parecidas em sua essência, trazem também algumas diferenças importantes em seu modelo de funcionamento. As principais características a serem observadas incluem:

1. **Formato/liderança:** As iniciativas relacionadas à inovação 2.0 têm sido lideradas tanto por empresas individualmente como por organizações

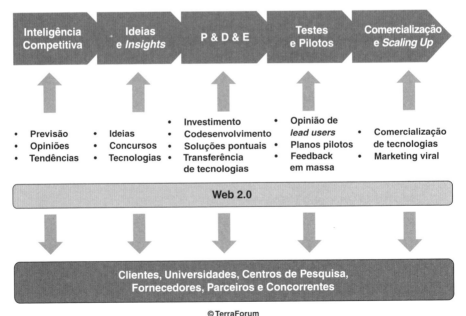

FIGURA 25 Cadeia de valor da inovação 2.0.

criadas especificamente para exercer o papel de *knowledge brokers* ou *marketplace*, visando aproximar aqueles que buscam e aqueles que detêm algum tipo de know-how, tecnologia ou conhecimento específico.

2. **Público-alvo:** Algumas iniciativas estão abertas a qualquer pessoa que se conecta à internet, enquanto outras iniciativas são restritas a públicos específicos (universidades, especialistas de mercado, clientes, fornecedores etc.).

3. **Direcionamento temático:** As redes de inovação 2.0 podem ser direcionadas por temas de inovação específicos definidos pelas empresas ou por gestores dos *marketplaces* ou, ainda, ser totalmente abertas, permitindo que ideias, projetos e temas surjam naturalmente em função da contribuição dos participantes.

4. **Colaboração:** As abordagens podem ser mais ou menos participativas e abertas. As mais participativas estimulam os participantes a colaborarem entre si, enquanto nas mais fechadas a relação é de um para muitos, e a empresa se relaciona com um grande número de usuários, mas não estimula a colaboração entre os mesmos.

Alguns exemplos emblemáticos, por fase do modelo apresentado na Figura 21, são apresentados no Quadro 11 e também categorizados segundo esses quatro critérios.[6]

---

[6] A pesquisa dos casos apresentados contou com o apoio de Isabela Moraes da Silva e Thiago Moriyuki Higa.

QUADRO 11 Fase 1 – Inteligência competitiva

Exemplo	Tipo	Descrição
Crowdcast.com	1. Mercado 2. Qualquer pessoa 3. Tema direcionado 4. Com colaboração	Líder em inteligência de negócio coletivo. Combinando a técnica de mercados preditivos com fóruns de discussão, permite utilizar ideias e experiências dos colaboradores de uma empresa para diminuir incertezas na tomada de decisão de negócios. Os colaboradores anonimamente compartilham insights e previsões utilizando um sistema de apostas. O sistema agrega esses recursos e apresenta uma análise das previsões mais prováveis.
Trendhunter.com	1. Mercado 2. Qualquer pessoa 3. Qualquer tema 4. Com colaboração	Maior comunidade de tendências do mundo. Sua rede de 65 mil membros já levantou mais de 118 mil microtendências e ideias radicais. Utilizando uma metodologia de *crowdsourcing*, a Trendhunter filtra as tendências mais significativas e as organiza em *clusters* e padrões que facilitam a inovação.
Ideaconnection	1. Mercado 2. Público específico 3. Temas direcionados 4. Sem colaboração	Organização global que possibilita o acesso de empresas a uma comunidade diversificada de especialistas liderada por facilitadores mundiais para a solução de problemas ou condução de projetos de P&D. O trabalho é realizado de maneira focada, colaborativa e confidencial para fornecer soluções criativas e inovadoras aos desafios.

QUADRO 12 Fase 2 – Ideias e insights

Exemplo	Tipo	Descrição
Mystarbucks Idea	1. Empresa 2. Qualquer pessoa 3. Qualquer tema 4. Com colaboração	Página da empresa que permite a qualquer pessoa sugerir ideias para a Starbucks. Uma equipe dedicada analisa os inputs, faz perguntas/comentários, responde cada proposta e compartilha o que está sendo feito com as ideias aceitas.
Dell Ideastorm	1. Empresa 2. Qualquer pessoa 3. Qualquer tema 4. Com colaboração	Site com mais de 5.000 ideias recebidas, que também permite aos visitantes comentar as ideias postadas e promover aquelas consideradas mais interessantes. Outra iniciativa presente são as *storm sessions*, sessões superfocadas de geração de ideias a respeito de um tema específico por período determinado. Utilizando o site para discutir conceitos inovadores com o consumidor, a Dell estuda como e quando implantar as ideias geradas.

Colaboração interna e externa

Exemplo	Tipo	Descrição
Fiat Mio	1. Empresa 2. Qualquer pessoa 3. Tema direcionado 4. Com colaboração	Projeto participativo lançado em agosto de 2009, em que qualquer pessoa poderia sugerir uma ideia para a criação de um carro para o futuro. Mais de 11 mil ideias foram geradas e interpretadas pela Fiat, que materializou o conteúdo produzido na construção do primeiro carro do mundo criado de maneira colaborativa.
Tecnisa Ideias	1. Empresa 2. Qualquer pessoa 3. Qualquer tema 4. Com colaboração	Portal para troca de ideias sobre como viver melhor dentro do contexto da construção civil. Nele, os usuários podem enviar ideias, fazer e responder perguntas, participar de desafios, votar e acompanhar as ideias. Além disso, a empresa fornece insights aos usuários por meio de um "radar", em que também compartilha ideias de produtos/tecnologias. Lançado em 2010, mais de mil ideias já foram geradas.
Battle of Concepts	1. Mercado/empresa 2. Público específico 3. Temas direcionados 4. Sem colaboração	Portal virtual que promove disputas de criatividade e inovação entre estudantes universitários e jovens profissionais a partir de demandas reais de empresas e governos. Trazida da Holanda, a iniciativa está no mercado nacional há dois anos. A participação pode ser individual ou em grupo. Os autores das melhores ideias/propostas ganham prêmios em dinheiro segundo seleção das próprias empresas.
Idea Bounty	1. Mercado/empresa 2. Qualquer pessoa 3. Qualquer tema 4. Sem colaboração	Plataforma de *crowdsourcing* para ideias criativas que atua como um *think tank* social oferecendo um canal seguro para pessoas/usuários criativos oferecerem soluções para empresas. Ambas as partes precisam estar cadastradas no site e uma recompensa ou *bounty* é oferecida para a ideia que melhor responde ao *briefing* proposto.
Cisco I-Prize	1. Empresa 2. Qualquer pessoa 3. Temas específicos 4. Sem colaboração	Concurso global de inovação aberto a pessoas de todo o mundo. Ele tem como objetivo identificar as próximas grandes oportunidades de negócio para a empresa. Com acesso a um portfólio de soluções de colaboração da empresa, a equipe vencedora busca ganhar US$250 mil. Em 2010, em sua segunda versão, contou com 2.900 participantes de mais de 156 países e 824 ideias geradas.
General Mills Worldwide Innovation Network (G-WIN)	1. Empresa 2. Qualquer pessoa 3. Temas específicos 4. Sem colaboração	Comunidade/rede de inovação que busca novas ideias de duas maneiras: propostas/soluções para oportunidades de inovação já identificadas pela empresa e disponibilizadas em formato de *briefing* ou novas ideias que possam ser interessantes para a empresa dentro dos temas/áreas por ela buscados (produtos, embalagens e tecnologias de processamento).

Exemplo	Tipo	Descrição
GE Ecomagination Challenge	1. Empresa 2. Público selecionado 3. Qualquer tema 4. Com colaboração	O programa da GE que desafia as pessoas a darem ideias para melhorar o futuro da energia. Em sua segunda edição, tem o lar como tema, já recebeu 70.000 visitas, 800 ideias e mais de 10.000 comentários. A empresa e seus parceiros anunciam um investimento de até 200 milhões de dólares em startups e ideias promissoras.

QUADRO 13 Fase 3 – P & D & E

Exemplo	Tipo	Descrição
Procter & Gamble Connect + Develop	1. Empresa 2. Qualquer pessoa 3. Temas específicos 4. Sem colaboração	Canal para recebimento de novas tecnologias e produtos. Possui um espaço destinado à apresentação de produtos que a empresa gostaria de desenvolver e também é utilizado para promover um network global de inovação. Atualmente, mais de 50% das iniciativas de produtos da P&G utilizam a colaboração externa.
Natura Campus	1. Empresa 2. Públicos direcionados 3. Temas específicos 4. Sem colaboração	Programa que visa estimular a geração colaborativa de inovação tecnológica, unindo a empresa a instituições acadêmicas e órgãos de apoio à pesquisa. O programa é aberto a pesquisadores e estudantes de instituições de ciência e tecnologia reconhecidas pelo governo brasileiro. Os projetos são enviados pelo site e concorrem ao Prêmio Natura de Inovação Tecnológica, que paga R$40 mil ao grupo vencedor.
Innocentive	1. Mercado/empresa 2. Público selecionado 3. Tema específico 4. Sem colaboração	Plataforma de inovação aberta em que as empresas publicam seus problemas de forma anônima para que pesquisadores e universitários, entre outros, busquem soluções em troca de prêmios de até US$1 milhão. Em 2011, o Innocentive registrou cerca de 250 mil solucionadores, 1.300 desafios e US$28 milhões de recompensa.
Petrobras Comunidade de Ciência & Tecnologia	1. Empresa 2. Público selecionado 3. Temas específicos 4. Sem colaboração	Modelo de parceria tecnológica junto a universidades e institutos de pesquisa. Ele propõe dois modelos de relacionamento: núcleos de competência em regiões de grande atividade operacional e redes temáticas, que contemplam aspectos tecnológicos de interesse estratégico.
SAP Community Network	1. Empresa 2. Qualquer pessoa 3. Qualquer tema 4. Com colaboração	Trata-se de uma rede distribuída de equipes e laboratórios para desenvolver projetos inovadores entre o SAP e seus parceiros. Tem como objetivos a criação de soluções inovadoras e projetos de infraestrutura, aceleração da adoção e viabilização de tecnologias baseados em metodologia na qual entregam projetos em, no máximo, seis meses.

Colaboração interna e externa

Exemplo	Tipo	Descrição
Psion	1. Empresa 2. Qualquer pessoa 3. Qualquer tema 4. Com colaboração	Foca o desenvolvimento de produtos e compartilhamento de ideias e experiências de hardware e software inovadores e boas práticas a eles relacionados. Os consumidores, desenvolvedores e parceiros participam da cocriação do futuro da computação industrial móvel.

QUADRO 14 Fase 4 – Testes e pilotos

Exemplo	Tipo	Descrição
Kraft First Taste	1. Empresa 2. Pessoas selecionadas 3. Temas específicos 4. Com colaboração	Comunidade para discussão de produtos ainda não lançados e canal de feedback para a rede de clientes afins de aperfeiçoamento de produtos por meio da experiência dos próprios consumidores. Usuários cadastrados discutem, votam e compartilham recomendações com a sua própria rede pessoal. Por sua vez, aqueles mais ativos são chamados para provar os lançamentos da empresa.
Bzzagent	1. Mercado/empresa 2. Públicos direcionados 3. Temas específicos 4. Com colaboração	Comunidade internacional formada por mais de 800 mil "BzzAgents" que recebem produtos exclusivos gratuitamente das marcas líderes de mercado, retornam e compartilham opiniões sobre eles e também influenciam suas redes de contatos por meio de mensagens, fotos e vídeos no Facebook e no Twitter, por exemplo.
Mountain Dew Dewmocracy	1. Empresa 2. Qualquer pessoa 3. Temas específicos 4. Com colaboração	Campanha elaborada pela marca de bebidas em que os consumidores elegiam novos sabores, cores, nomes, embalagens e propaganda para a linha de produtos. A segunda edição da campanha, em julho de 2009, incluiu as mídias sociais Facebook, Twitter e YouTube para fomentar novas formas de interação com o público por meio de promoções em que as pessoas pudessem provar os protótipos das novas bebidas.
Intuit Intuitlabs.com	1. Empresa 2. Produtos específicos 3. Qualquer pessoa 4. Com colaboração	Site no qual os indivíduos testam e dão feedback sobre aplicativos para pequenos negócios, finanças pessoais, impostos e *apps* móveis, chamados "experimentos", desenvolvidos por equipes especializadas. Por meio dele é possível decidir se os aplicativos estão prontos para utilização ou se devem ser retrabalhados.

QUADRO 15 Fase 5 – Comercialização e *scale-up*

Exemplo	Tipo	Descrição
Yet2.com	1. Mercado 2. Qualquer pessoa 3. Qualquer tema 4. Sem colaboração	Site que possui espaço para disponibilizar e pesquisar novas tecnologias, assim como o suporte de especialistas em avaliação, licenciamento e aquisição de novas tecnologias para empresar, comprar e vender licenças para o uso de patentes. Essa iniciativa de negociação de propriedade intelectual conta com parceria da DuPont, P&G e Honeywell.
Changemakers	1. Mercado 2. Qualquer pessoa 3. Temas específicos 4. Com colaboração	Iniciativa da Ashoka Empreendedores Sociais, é uma comunidade de ação e colaboração com o intuito de criar soluções para problemas mundiais por meio do compartilhamento de sugestões e histórias, orientações e encorajamento. Aos usuários, que podem criar grupos temáticos, são propostos desafios com premiações em dinheiro aos melhores colocados.
Threadless T-shirts	1. Empresa 2. Qualquer pessoa 3. Produto específico 4. Com colaboração	Comunidade que promove competições de design para camisetas cujas ideias são submetidas à avaliação dos usuários. A empresa consegue manter custos baixos e margens acima de 30%, principalmente pelo alinhamento dos produtos às necessidades e desejos dos clientes participantes.
Reckitt Benckiser Idealink	1. Empresa 2. Qualquer pessoa 3. Qualquer tema 4. Sem colaboração	Entre as líderes em produtos de limpeza e cuidados pessoais, a empresa alcançou cerca de 40% de vendas provenientes de lançamentos sucessivos de produtos inovadores nos últimos três anos. Recebe indicações de tecnologias relevantes desde grandes multinacionais e governo até inventores individuais e empreendedores, fornecendo feedback em até três meses.
iBridgeSM Network	1. Mercado 2. Qualquer pessoa 3. Qualquer tema 4. Com colaboração	Comunidade on-line que procura disponibilizar, de maneira transparente, inovações desenvolvidas em universidades, assim como especialistas, ideias e informações. Fornece ferramentas para facilitar a interação de seus membros, tais como mensagens e tópicos personalizados. Atualmente, mais de seis mil membros participam dessa iniciativa, com mais de 16 mil inovações e 130 organizações.

Gestão de redes de inovação: oportunidades e desafios

A inovação aberta não está limitada a colaborações individuais. As empresas têm criado e gerenciado Redes de Inovação com outras instituições com objetivos convergentes.

Uma coisa é certa: essas redes não são fáceis de ser gerenciadas. Pense em como administrar diferentes culturas e características organizacionais que interagem entre si através de relações não hierárquicas! Esses desafios vão exigir do gestor da rede habilidades como empreendedorismo, diplomacia e, principalmente, a capacidade de estabelecer confiança mútua.

São necessários processos e estruturas capazes de garantir não só a construção adequada da rede como também – e talvez o mais difícil de se obter – sua manutenção continuada e profícua ao longo do tempo. Isso porque a rede de inovação de uma empresa envolve a relação com vários parceiros envolvidos em diferentes alianças interdependentes que muitas vezes competem entre si, seja por recursos, seja por objetivos estratégicos diferentes que podem trazer riscos para os demais participantes da rede.

Compreender as implicações relacionadas à formação de redes de inovação que permitam encontrar a melhor configuração e os parceiros mais adequados é fator crítico para o sucesso do modelo de inovação aberta. É preciso ter uma visão de portfólio de parceiros de inovação e entender como os acordos individuais serão capazes de impactar a rede como um todo.

Algumas questões a serem pensadas na formação e manutenção de redes de inovação:

Quem
- Quais os parceiros mais adequados: concorrentes, universidades, fornecedores, consumidores, empresas de outros setores?

Dinâmica da rede
- Os participantes da rede são compatíveis entre si? Existem objetivos comuns entre eles? Esses objetivos são fortes o suficiente?

- Como é a dinâmica competitiva entre os diversos participantes da rede? Existe sinergia entre eles? Que mudanças no ambiente de negócio podem alterar essa dinâmica?

- Os termos da colaboração fazem sentido e são satisfatórios para todos os participantes? São necessárias estratégias diferentes para diferentes tipos de colaboração?

- Há incentivos apropriados para que todas as partes se mantenham atuantes de acordo com as expectativas?

- Como a entrada de novos participantes na rede vai afetar o desempenho da rede como um todo?

Governança
- Como as relações e acordos serão mediados? Contratos de longo prazo, acordos de colaboração, *joint ventures*? Qual o grau de formalização?

- Qual a duração dos acordos firmados? O tempo é suficiente para garantir resultados?

- Qual será a governança para a rede? Como será estabelecida? É satisfatória para todos os participantes?

Propriedade intelectual
- Como serão divididos os direitos de propriedade intelectual das inovações geradas pela rede? Quem irá administrá-los?

- Quais as garantias de sigilo e confidencialidade? Elas estão claras e contratualmente estabelecidas?

Tomando, ademais, como ponto de partida os objetivos estratégicos da rede de inovação, a gestão da rede de inovação envolve três diferentes processos que se relacionam entre si. Definição e redefinição do portfólio desejado de parceiros são os primeiros deles. O plano de ajustes para adequação do portfólio norteará a busca por novos parceiros, as ações para desenvolvimento daqueles já existentes ou ainda a decisão pelo término do relacionamento com determinados parceiros cujo desempenho individual afeta de forma negativa o desempenho da rede como um todo. Já a gestão individual de parceiros proporcionará a possibilidade de selecionar os parceiros mais adequados para projetos específicos, bem como definirá os critérios de avaliação do desempenho da parceria individual e como esse resultado altera o portfólio como um todo.

A Figura 26 mostra um modelo de gestão de redes de inovação e ilustra como os processos se inter-relacionam nos níveis individuais e coletivos.

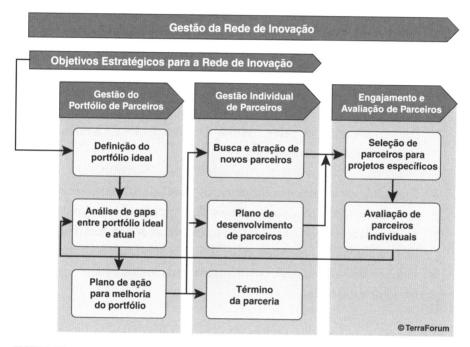

FIGURA 26

Arranjos de inovação: Dos parques de pesquisa às tecnópoles

As redes de inovação podem ganhar ambientes reais de colaboração. Arranjos de inovação podem ser definidos como *clusters* formados por empresas, universidades e/ou centros de pesquisa com objetivos de inovação convergentes que se organizam em locais próximos, compartilhando laboratórios, espaços de convivência, salas de reunião e pesquisadores especializados. Em um ambiente como esse, a criatividade e a fertilização cruzada de ideias têm condição de se expandir exponencialmente, de forma acelerada.

Outro motivo que favorece a inserção de empresas em arranjos de inovação são os diversos incentivos que têm sido oferecidos por governos locais, regionais ou nacionais, com o objetivo de reforçar a capacidade de inovação e o desenvolvimento econômico de sua região.

Os principais benefícios que levam as empresas a liderarem ou participarem de um arranjo de inovação são:

- Acesso compartilhado a laboratórios de ponta – os altos custos envolvidos na implantação e manutenção dessas instalações poderiam inviabilizar o seu uso por apenas uma empresa.

- Acesso a uma rede informal de especialistas – "os encontros de corredor" proporcionados pelos arranjos de inovação levam a um ambiente altamente propício à inovação.

- Facilidade de atrair e recrutar talentos. Profissionais especializados são naturalmente atraídos para arranjos de inovação. A proximidade com universidades e a alta concentração de empresas de base tecnológica facilitam a busca pelas melhores cabeças e trazem vantagens competitivas.
- Ganhos de imagem por participar de arranjos inovadores reputados como de excelência.

Os arranjos de inovação podem apresentar diferentes estruturas, dependendo do seu grau de sofisticação, complexidade e envolvimento governamental. O Quadro 16 apresenta uma classificação dos principais tipos de arranjos encontrados no mundo e, na sequência, ilustramos com alguns casos e descrevemos com maior profundidade os parques científicos, parques tecnológicos e tecnópoles.

Os *parques científicos* são geralmente instalados em universidades, com foco na promoção da pesquisa, desenvolvimento, design e desenvolvimento de protótipos, podendo ainda contemplar as atividades iniciais do processo de marketing e produção em baixa escala. Abrigam laboratórios compartilhados entre a universidade e unidades de P&D de empresas já estabelecidas. Além disso, mantêm centros empresariais que dão apoio gerencial para transferência de tecnologia e habilidades em negócios para pequenas e médias empresas

QUADRO 16 Tipos de arranjos e características específicas

Arranjo	Objetivos do arranjo	Características locacionais	Características de gestão	Estruturas oferecidas às empresas	Exemplos
Tecnópole	Promoção de sinergia entre os agentes de inovação na região	Espalha-se por toda uma cidade ou região	Planejamento e administração centralizados, geralmente, pelo poder público em parceria com outras entidades públicas e privadas, geralmente universidades	Pode contemplar polos tecnológicos, parques de pesquisa, de ciência ou tecnológicos. Estruturas da cidade/região planejadas para recebimento de empresas de alta tecnologia e das pessoas que nelas desenvolverão suas atividades	Sophia Antipolis (França) Tsukuba (Japão)
Polo tecnológico	Acelerar a criação de empresas, facilitar seu funcionamento e promover a integração entre os parceiros envolvidos no processo de inovação tecnológica	Espalha-se por setores de uma cidade	Pode existir ou não uma entidade para coordenação	As estruturas existentes são articuladas e constituídas pelo poder de atração da aglomeração produtiva e de pesquisa existente; podem possuir incubadora de empresas	Polo Tecnológico de São Carlos

Arranjo	Objetivos do arranjo	Características locacionais	Características de gestão	Estruturas oferecidas às empresas	Exemplos
Parque tecnológico	Promover e articular a pesquisa, o desenvolvimento, o design e o desenvolvimento de protótipos; apoiar a instalação de unidades produtivas e serviços de apoio, tanto técnicos quanto gerenciais	Próximos a institutos de pesquisa e/ou universidades	Possui gerência própria, que envolve tanto a parte imobiliária quanto a gestão tecnológica	Local para instalação de empresas já maduras; incubadoras de empresas; laboratórios de uso conjunto; áreas verdes	Taguspark (Portugal) Parque Tecnológico de Andalucia (Espanha)
Parque científico (*Science Park*)	Promover e articular a pesquisa, o desenvolvimento, o design e o desenvolvimento de protótipos, e atividade produtiva em pequena escala	*Campus* de universidade	Universidade	Instalações da universidade, incubadoras de empresas e laboratórios	Warwick Science Park (Inglaterra)
Parque de pesquisa (*Research Park*)	Promover e articular a pesquisa (exclui qualquer atividade relacionada à produção)	*Campus* de universidade	Universidade	Instalações da universidade e laboratórios	John Hopkins Science Park (Inglaterra)
PD&I	Coordenar/promover de forma centralizada as funções de P&D&I	Própria empresa ou de forma descentralizada	Própria empresa	–	–

Fonte: Adaptada de Figlioli (2007), Laffitte (1996), Spolidoro (1997), Lunardi (1997), Lahorgue et al. (2004), Scandizzo (2005).

de base tecnológica em startup, além de facilitar as relações com agências de fomento à inovação.

As empresas instaladas em parques científicos se beneficiam não apenas do uso das instalações e dos laboratórios das universidades como têm acesso aos melhores talentos, podendo trabalhar seus projetos em conjunto com professores e outras empresas parceiras.

Já um *parque tecnológico* é um empreendimento tecnológico e imobiliário planejado, com estrutura administrativa institucionalizada e própria, e, geralmente, localizado em uma área geográfica delimitada dentro ou próxima a universidades ou institutos de pesquisas, com os quais mantém relações formais de parceria no desenvolvimento de projetos colaborativos. Pode acomodar, além de incubadoras tecnológicas e empresas inovadoras e de base tecnológica, empresas produtoras, que visam à aplicação comercial de alta tecnologia.

Parques tecnológicos, para a inovação, por Devanildo Damião[7]

> Os parques tecnológicos são grandes ativos geradores de riquezas. Na essência, são ambientes favoráveis à transformação de conhecimentos em recursos econômicos. Para tal agregam um conjunto de instrumentos facilitadores para que a interação entre o local gerador de conhecimento (academia) e os locais de aplicação (empresas) seja harmônica.
>
> A origem do movimento ocorreu nos Estados Unidos, nos anos 1950, precisamente no Vale do Silício, sendo o berço de grandes corporações como HP, Apple e Oracle. O local responde por 20% das principais empresas de tecnologia de nível mundial e por 45% da indústria americana. Na Europa, o movimento se alastrou a partir dos anos 1970, envolvendo grandes experiências na França, Inglaterra, Alemanha e Espanha, tendo atingido posteriormente a parte oriental do continente. Na Ásia, as maiores empresas de alta tecnologia da China, do Japão e da Coreia do Sul estão instaladas e/ou mantêm relações com os parques tecnológicos.
>
> No Brasil, a Anprotec, organismo mais representativo do segmento, contabiliza 74 parques tecnológicos, sendo que 24 estão em operação, 17 em fase de

---

[7] Doutor em Gestão Tecnológica pela Universidade de São Paulo, especialista em ambientes de inovação e gestão do conhecimento.

implantação e 32 em fase de projetos; todavia, o número é crescente, e somente no estado de São Paulo existem 20 novas iniciativas.

No que se refere à composição dos ambientes inovadores, devem possuir estruturas de inteligência como centros de pesquisa, incubadoras, centros de desenvolvimento, organismos de financiamento e fomento, laboratórios, consórcios de pesquisa, serviços técnicos especializados, espaços para cursos e treinamentos. Esses ambientes permitem que as demandas das empresas sejam atendidas por especialistas de forma ágil e no tempo certo.

As demandas empresariais, tradicionalmente, são consideradas distantes pela academia e, em parte, negligenciadas. Elas envolvem a aplicação do conhecimento, o qual é propiciador do desenvolvimento de aspectos inovadores, tais como: melhoramentos e aprimoramentos, apropriação de tecnologias externas e quebras de paradigma em determinados mercados.

Todavia, nos parques tecnológicos, as mesmas são os combustíveis indispensáveis, amenizando a complexa relação entre os atores do conhecimento. Dessa forma, emerge o aspecto de indução da coordenação do espaço, privilegiando a proximidade, a qual promove processos de transbordamentos de conhecimentos, que se finaliza com um benefício econômico e/ou social.

Relacionando, então, o transbordamento do conhecimento presente nos parques tecnológicos com o conceito de inovação aberta, observa-se uma relação harmoniosa, dado que a inovação não se restringe a um único espaço ou área de conhecimento, necessitando de colaboração e articulação.

Decerto, observa-se a complementaridade dos objetivos e viabilidade de utilização pelas empresas, pois a essência da inovação aberta será facilitada pelo acesso às diferentes fontes de conhecimento colaborador, os esforços da empresa não ficarão limitados aos grupos de pesquisa e desenvolvimento e ela poderá mobilizar/articular outras fontes, que estão presentes, organizadas e disponíveis nos parques tecnológicos.

Assim, diferentes grupos e modalidades de pesquisa no parque tecnológico poderão atuar conjuntamente na solução de demandas específicas das empresas, colaborando e atuando no formato de redes de colaboração, com transferência de conhecimentos e tecnologia.

Imagine uma empresa que precise desenvolver ou aprimorar determinada tecnologia; no parque tecnológico, ela poderá articular uma rede de pesquisadores, mobilizar e empreender empresas iniciantes, pesquisar e testar a tecnologia, trazer

> pesquisadores internacionais em condições especiais, participar de eventos sobre a temática, patrocinar pesquisas, utilizar laboratórios especializados e participar de fóruns e eventos de comunidades de prática. Tudo isso sem interromper as suas atividades, atuando de forma colaborativa e conseguindo acesso rápido aos pesquisadores, permitindo, então, que os conhecimentos sejam compartilhados e validados por pessoas e grupos. No tocante à captação de recursos, o processo será incentivado, inclusive, com a assessoria de especialistas.

As *tecnópoles* oferecem o mais alto grau de sofisticação dos arranjos de inovação. Elas são cidades planejadas para o desenvolvimento de conhecimento científico e tecnológico, cujo produto interno bruto advém principalmente das atividades ligadas à inovação. Um dos melhores exemplos de tecnópoles do mundo vem da Holanda e tem como grande organizador e patrocinador a Philips. No Campus de Alta Tecnologia de Eidhoven, fundado pela Philips, a empresa possui parceiros em todos os estágios de inovação – da pesquisa básica à comercialização.

Com mais de 500 milhões de euros de investimento, é uma das principais tecnópoles mundiais. Integrando em um mesmo espaço universidades, centros de pesquisa, corporações, pequenas e médias empresas e startups, oferece, além dos laboratórios do parque tecnológico MiPlaza, diversas outras estruturas de serviço a seus parceiros: escritórios para aluguel, incubadoras tecnológicas, além de garantir acesso a fornecedores, consultores, escritório de marcas e patentes, empresas de *venture capital*, acesso a organizações de pesquisa organizacionais e especialistas em pesquisa.

Construindo arranjos de inovação aberta

Com base em sua experiência na implementação de gestão de inovação aberta e em uma pesquisa de *benchmark* internacional realizada com 24 empresas líderes em inovação, a TerraForum Consultores desenvolveu uma metodologia de diagnóstico, estruturação e implementação de arranjos de inovação: o Modelo de Arranjos de Inovação Aberta©. O *framework* na Figura 27 mostra as quatro dimensões que orientam o estabelecimento de arranjos alinhados às melhores práticas.

FIGURA 27

- **Dimensão estratégica.** Consiste na definição dos objetivos estratégicos para o arranjo de inovação, das decisões sobre a localização e o tipo de competências e capacidades de inovação necessárias para o alcance dos objetivos traçados e a decisão de quão estratégicas são essas competências e capacidades e suas implicações na construção da rede de parceiros do arranjo.

- **Dimensão relacional.** Consiste na construção da rede de parceiros, através da definição dos tipos de parcerias necessárias, do grau de formalização da interação e relação comercial entre os parceiros que minimize riscos estratégicos e a necessidade de proximidade física entre eles.

- **Dimensão de suporte e serviços.** Consiste na definição do tipo de infraestrutura e serviços necessários para atrair e complementar as competências e capacidades de possíveis parceiros, bem como para criar condições facilitadoras para aprendizagem, criatividade e compartilhamento de informações e conhecimentos. Incluem-se nessa dimensão a oferta de prédios e instalações para abrigar parceiros, infraestrutura laboratorial, disponibilização de equipamentos, sistemas de comunicação, entre outros, serviços técnicos, financeiros, de gestão e tecnológicos. Insere-se nessa dimensão a preocupação de que as estruturas físicas e virtuais possuam design que favoreça o fluxo de conhecimento e a criatividade.

- **Dimensão organizacional.** Essa dimensão relaciona-se com o formato institucional – formas de gestão, normas e valores, governança e estruturação jurídica, tipo e tamanho do *funding* que sejam mais adequados aos objetivos estratégicos, às características da rede de parceiros e à infraestrutura e serviços a serem oferecidos pelo arranjo.

Governança, propriedade intelectual e posição nas redes de inovação

A governança da colaboração deve ser sempre baseada em reciprocidade e destino compartilhado, em vez de diretivas. Organizações que escolhem o caminho da colaboração com terceiros precisam de habilidades fortes em termos de manter comunicação aberta e manuseio de conflitos tão publicamente quanto possível. Em muitas indústrias com movimentação rápida, as companhias precisarão se mover adiante sem todo o aparato formal legal com o qual estavam acostumadas no passado. Cada vez mais, coligações importantes são estabelecidas com base em princípios amplos decididos por dirigentes seniores. Isso não significa que o planejamento legal e formal não seja requerido. Inovação colaborativa é progressivamente complexa e cheia de armadilhas em termos de propriedade intelectual, condições de confidencialidade e questões de não concorrência.

Todos esses problemas necessitam de gerenciamento cauteloso. Não obstante, sem a vontade forte de dirigentes que entendem o imperativo da colaboração e desenvolvem uma visão comum e excitante, as pessoas podem ser completamente envolvidas em infinitas disputas sobre detalhes legais e acabar perdendo a visão do grande quadro e a necessidade de avançar.

Gerenciamento de risco e confiança são dois lados da mesma moeda no contexto da inovação colaborativa. Confiança é uma moeda importante nos agitados mercados atuais. Porém, projetos de inovação são por natureza arriscados, e colaborar com terceiros pode aumentar o risco. Assim, compreender em quem e em que confiar é uma habilidade para que as pessoas que trabalham em projetos de inovação complexos precisarão dominar para tomar decisões rápidas sobre entrar e deixar parcerias e novos mercados.

As organizações podem manter interfaces de conhecimento múltiplo e conexões entre inovação e P&D; aquisição, fabricação e entrega; e marketing, vendas e serviço pós-venda. Cruzar as fronteiras da inovação requer um compromisso a um esforço abrangente para abrir e melhorar esses canais de forma que as ideias possam fluir em todos os sentidos.

Finalmente, não se pode enfatizar suficientemente quão importante é entender o lugar de cada organização nas redes de inovação. Algumas empresas são excelentes para integrar tecnologias, outras para desenvolver componentes inovadores ou fornecer processo superior ou produzir capacidades. Normalmente, apenas poucas empresas, normalmente as maiores, podem dirigir o processo de inovação em cadeias de fornecimento complexas monitorando de perto e entregando as necessidades de clientes finais. As empresas podem, no entanto, participar de muitas redes diferentes conforme ampliam suas competências em diferentes mercados. Porém, o mais indicado é desenvolver uma forte posição focada em uma rede vibrante ou cadeia de fornecimento integrada.

Caso Tecnisa: Experiência com inovação aberta[8]

A inovação na TECNISA faz parte de uma estratégia consistente e bem definida de negócios e está presente na cultura e essência da empresa através da sua assinatura da marca: "Mais construtora por m²." Essa assinatura não é apenas mais uma frase criativa sem nexo ou propósito. Ela move toda a companhia, trazendo um espírito de inovação que é lembrado a todo momento por todos os colaboradores da Tecnisa, que norteiam suas atividades diárias nessa direção. Ser "Mais construtora por m²" é ir além e buscar incansavelmente o novo. A empresa está sempre em beta, nunca em versão definitiva. Esse é o motor que impulsiona a empresa desde 2000, ano em que passou a incorporar de forma estratégica e definitiva a filosofia da inovação. Esse pensamento se tornou uma convicção e obstinação diária nos corredores da empresa. Nos últimos 10 anos, a TECNISA esteve à frente dos grandes feitos que não só marcaram a história do setor imobiliário, mas sobretudo contribuíram para o desenvolvimento das boas práticas de inovação no mercado brasileiro.

A TECNISA iniciou sua estratégia de vendas de imóveis através da internet em 2000, quando no Brasil havia apenas 3 milhões de usuários que acessavam a rede, através de acesso discado. Nesses anos todos, fez história com grandes inovações e contribuiu para o desenvolvimento da internet no Brasil. Já em 2002 criou a primeira equipe de corretores digitais do país, que atendiam os clientes usando o *chat on-line*; em 2003 já usava os links patrocinados como estratégia de comunicação, obtendo o reconhecimento do Google como a melhor empresa do mundo no segmento de *Real Estate* no uso de links; desde 2006 usa de forma estratégica as redes sociais; foi uma das primeiras empresas do mundo a ter um blog corporativo sem censura e moderação, o Blog Tecnisa

---

[8] Caso escrito por Romeo Busarello, Diretor de Marketing da Tecnisa.

(www.blogtecnisa.com.br), que trouxe grandes avanços na frente interna de processos em virtude dos inúmeros comentários que recebe mensalmente com sugestões, críticas e apontamentos.

Em 2008, foi a primeira empresa a contratar um gerente de redes sociais, cargo inédito no Brasil, o que em 2009 culminou com a primeira venda do mundo de um apartamento originada no Twitter. No mesmo ano lançou o primeiro serviço de videoatendimento e o primeiro aplicativo de iPhone do Brasil para vendas de imóveis e experimentou a rede social Orkut para desenvolver o seu primeiro trabalho de *open innovation*, no qual lançou um desafio nas comunidades de gerontologia para o desenvolvimento de produtos com arquitetura inclusiva, para atender à mudança da demografia brasileira que acontecerá a partir de 2015 (www.tecnisa.com.br/gerontologia). Na área de produtos, a empresa se destacou em inúmeras frentes de inovação através da segmentação de mercado: assumiu uma posição de empresa *gay friendly* em 2005, desenvolveu os primeiros empreendimentos com *pet care*, clube de experiência e *wellness center* nas áreas comuns e começou a desenvolver produtos com consciência gerontológica. Foi a primeira empresa da construção civil a ter laboratórios em obras e também a primeira a possuir programas de alfabetização digital para operários.

A recompensa por todas essas inovações pode ser demonstrada através das inúmeras premiações e reconhecimentos que a empresa conquistou nos últimos anos. Esse reconhecimento é fruto de árduo, meticuloso e organizado trabalho de inovação em várias frentes espalhadas pelos ambientes internos e externos da empresa. *A TECNISA não inova seguindo as regras do jogo, ela inova criando as regras do jogo.* A síndrome do grupo musical Titãs, *"só quero saber o que pode dar certo, não tenho tempo a perder"*, não impera na empresa. O ambiente informal que orbita entre a alta diretoria e todos os níveis funcionais da empresa, aliado a um alto nível de empresabilidade fazem da TECNISA uma empresa desejada pelos talentos de diversas áreas do mercado. O índice de *turnover* na empresa é inferior a 5% ao ano.

A empresa possui uma estratégia de inovação bastante diversificada (Figura 1). Além de ferramentas tradicionais e consagradas, como manter uma área de pesquisa e desenvolvimento, *benchmarking* e consultorias, a TECNISA está sempre à procura de novas metodologias e já utiliza nesse processo outras ferramentas bem recentes e ainda muito pouco utilizadas pelo mercado. Em 2010, lançou o seu portal de inovação aberta, o Tecnisa Ideias (www.tecnisaideias.com.br)

que em um ano recebeu mais de 1.300 ideias, das quais mais de 30 foram implantadas pela empresa. Esse portal tem começo, não tem meio e não tem fim, é uma fonte inesgotável de inovação colaborativa. Ainda em 2010, a TECNISA fez parceria com dois *innovation brokers*: o Battle of Concepts (www.battleofconcepts.com.br) e o Zooppa (www.zooppa.com.br), ambos com intenções diametralmente opostas. O primeiro é orientado para inovações nas áreas técnicas, e o segundo, nas áreas de marketing e ambientes digitais. No entanto, a grande inovação da empresa se deu em 2011 com o lançamento do programa de inovação junto a parceiros e fornecedores criativos, o Fast Dating Tecnisa (www.tecnisa.com.br/fastdating).

Todas essas frentes de inovação estão condicionadas a um excelente programa de mecanismos de recompensas salariais concedidas aos seus principais executivos e áreas com forte vocação para inovação, como marketing, engenharia, recursos humanos, internet e relacionamento com clientes.

Fontes de inovação da TECNISA

O processo de inovação da TECNISA está estruturado e se alimenta de seis fontes distintas, que envolvem tanto o ambiente interno quanto o externo (Figura 1).

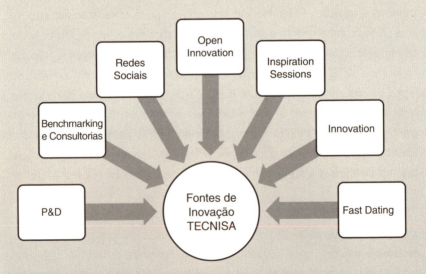

FIGURA 1 Fontes de inovação TECNISA.
Fonte: Departamentos de Marketing e P&D da TECNISA

P&D (Pesquisa e desenvolvimento)

A TECNISA conta, desde 1994, com um departamento de P&D cujo objetivo inicial era sistematizar o processo de melhoria contínua na produção e fazer frente aos desafios do setor. Com o tempo, esse departamento foi ganhando importância e passou a assumir novos papéis, dentre os quais se destaca a busca obstinada pela implantação de inovações tecnológicas que auxiliem a empresa a manter sua marca como referência no mercado e, ao mesmo tempo, fortaleçam "o jeito TECNISA de construir" com processos cada vez mais eficientes e de qualidade.

O departamento de P&D liderou a criação de um portal interno para gestão do conhecimento, o TecnisaWiki, com o objetivo de facilitar a troca, o registro e a organização de conhecimento dos colaboradores de todas as áreas da companhia. Além disso, organiza mensalmente um *brainstorm* multidisciplinar com os principais profissionais da empresa, reunindo áreas técnicas e outros departamentos para o desenvolvimento de projetos, produtos e métodos inovadores, identificando necessidades e oportunidades em inovações técnicas, processos e negócios. Com essa área, a TECNISA já desenvolveu e implantou muitas inovações interessantes, como a adaptação das garagens, para recarga de veículos híbridos e elétricos, e melhorias na eficiência energética no sistema de aquecimento de água dos apartamentos, que geraram significativos ganhos para os clientes e para a empresa.

Benchmarking e consultorias

Acompanhar o mercado e apropriar-se de boas ideias de utilização livre é uma boa prática da qual se valem todas as companhias de sucesso. Interessada em obter insights disruptivos, a empresa não se restringe a observar o próprio setor por acreditar que isso seria limitante, buscando, em vez disso, inspiração nos mais diversos setores da economia, principalmente nos mais ligados em inovação, como, por exemplo, as indústrias automobilística, financeira, de telecomunicações, cosméticos e varejo.

Ao dedicar atenção a outras áreas de negócios, a TECNISA consegue abstrair e aproveitar conceitos que, embora já tenham sido utilizados por outras empresas, são absolutamente inéditos em seu próprio setor, a construção civil.

Innovation brokers

A TECNISA também busca inovação fora de seus escritórios, salas de projetos e canteiros de obras. São projetos especiais de inovação, como o Battle of Concepts (www.battleofconcepts.com.br) – plataforma colaborativa formatada para as empresas lançarem desafios a estudantes de engenharia. A TECNISA usou essa plataforma para realizar desafios técnicos de engenharia, processos fabris e métodos construtivos. Como resultado, recebeu mais de 50 ideias sob a forma de projetos técnicos completos nas frentes de sustentabilidade, bem-estar e racionalização de recursos.

Outra plataforma utilizada pela TECNISA para a realização desses desafios é o portal Zooppa (www.zooppa.com.br). Esse portal de talentos criativos permite que empresas interessadas recebam inúmeras propostas de anúncios e campanhas de marketing, em vários formatos, através de competições remuneradas. Na primeira ação, a empresa recebeu mais de 150 peças entre vídeos e peças gráficas para comunicação, premiando financeiramente os autores das melhores ideias.

Open innovation

A TECNISA acredita na sabedoria das multidões e que uma boa ideia pode vir de qualquer lugar. É por isso que desde 2009 vem realizando ações que buscam extrair do conhecimento coletivo essas ideias. Experiências em redes sociais e portais de *crowdsourcing* obtiveram resultados surpreendentes, tanto em engajamento quanto em qualidade.

Como evolução dessa experiência, a empresa decidiu lançar seu próprio portal de *open innovation* baseado em *crowdsourcing*, o Tecnisa Ideias (www.tecnisaideias.com.br). É um canal aberto, com o objetivo de gerar inovação a partir de qualquer pessoa que tenha uma boa ideia e esteja disposta a compartilhá-la. Essa iniciativa tem sido um sucesso e, em quase um ano de atividade, já conta com mais de dois mil participantes, tendo recebido mais de 1.300 ideias, das quais 32 já foram selecionadas e estão sendo colocadas em prática. Os principais assuntos são tecnologia, segurança, conforto e bem-estar, sustentabilidade, design e infraestrutura. Assim, o Tecnisa Ideias se transformou numa eficaz fonte de inovação para a empresa como um todo.

Inspiration sessions

Muitas vezes, simples conversas com pessoas interessantes já produzem excelentes insights. As *inspiration sessions* são bate-papos com profissionais gabaritados que possuem alto nível de conhecimento em temas de interesse da TECNISA. Esses profissionais são identificados no mercado e convidados a um encontro informal com as lideranças da empresa para conversar sobre suas especialidades e percepções.

Esses encontros têm grande valor, já que trazem visões de fora, isentas e diferenciadas, para dentro da empresa, possibilitando novos pontos de vista e novas formas de pensar, favorecendo um ambiente inovador e oxigenado.

Redes sociais

A TECNISA iniciou sua estratégia nas redes sociais em 2006, quando inaugurou o primeiro blog corporativo aberto e sem mediação do mercado brasileiro, o Blog Tecnisa (www.blogtecnisa.com.br). Em seus cinco anos, o blog, que nasceu para ser um canal de comunicação, se transformou, com a participação dos usuários, em um veículo para alerta de deficiências, melhoria de processos, transparência e, também, comunicação. Ainda em 2006, a empresa criou seu canal no Youtube e passou a utilizar o Flickr, ambos como plataforma de conteúdo. Com o passar do tempo, novas plataformas surgiram e, hoje, a TECNISA soma 13 redes sociais em sua grade de relacionamento, com destaque para o Twitter e o Facebook.

É importante perceber que a TECNISA não está presente nas redes sociais apenas por modismo, isso é parte da sua estratégia em várias frentes, entre elas as de monitoramento e inteligência competitiva, relações públicas, relacionamento, colaboração e vendas.

Fast dating

A certeza de que existem centenas de empresas com soluções, projetos e ideias inovadoras que podem se encaixar no modelo de negócio da companhia foi o que levou à criação do Fast Dating Tecnisa, uma solução inovadora que gera oportunidades, criando um canal de encontro entre a TECNISA e empresas com ideias criativas.

O Fast Dating Tecnisa é a adaptação para o mundo corporativo dos encontros rápidos de solteiros realizados nos Estados Unidos. É um dia dedicado a uma série de reuniões rápidas entre a TECNISA e empresas inovadoras, em que estas têm 20 minutos cronometrados para apresentar um serviço, produto ou ideia para qualquer área da TECNISA, sendo as únicas exigências a inovação e o respeito ao tempo de apresentação. Realizados mensalmente, os encontros são extremamente estimulantes à inovação, ao desenvolvimento de parcerias e à oxigenação de ideias, além de serem uma importante fonte de inspirações e novos negócios.

Essas ferramentas ilustram o que a TECNISA utiliza hoje, mas, mais do que isso, mostram que a inovação e a busca constante por melhorias em todos os aspectos de seus negócios fazem parte da cultura e do DNA da empresa, que é considerada uma das mais inovadoras do país pela consultoria A.T. Kearney e pela revista *Época Negócios*. Isso é reflexo de uma estratégia integrada de inovação e, claro, do empenho de seus profissionais, que são frequentemente estimulados a buscar o novo, o diferencial, para fazer a TECNISA continuar a ser a cada dia mais construtora por metro quadrado.

Referências

Tecnisa

Site da Tecnisa:	http://www.tecnisa.com.br
Blog corporativo:	http://www.blogtecnisa.com.br
Ações em gerontologia:	http://www.tecnisa.com.br/gerontologia
Site de Open Innovation:	http://www.tecnisaideias.com.br
Fast Dating Tecnisa:	http://www.tecnisa.com.br/fastdating

Parceiros na Inovação

Battle of Concepts:	http://www.battleofconcepts.com.br
Zooppa:	http://www.zooppa.com.br

Considerações finais

Ao longo do livro destacamos uma série de métodos, ferramentas e técnicas que tipicamente acabam sendo utilizadas no contexto de iniciativas voltadas para a inovação de maior impacto, mesmo radical. Estamos falando de coisas como *design thinking*, *technology roadmap*, método Delphi, técnicas de ideação, modelos de reconhecimento e recompensa, comunidades de prática, *storytelling*, redes sociais, *crowdsourcing*, entre muitas outras. Todas essas técnicas e perspectivas podem ser muito úteis, mas o uso das mesmas não significa que uma empresa seja inovadora.

O que gostaríamos de ressaltar neste ponto é que a decisão de transformar uma empresa para que a mesma seja mais inovadora ou líder em inovação em seu setor, região etc. requer grande comprometimento da alta administração da empresa para atuar em várias dimensões ao mesmo tempo. Ela precisa estar atenta, de forma contínua, à maneira como diversos aspectos do modelo amplo de gestão da empresa facilitam ou emperram o surgimento e a implementação de ideias inovadoras. Manter-se inovadora ao longo de sua história, sempre se antecipando às necessidades da sociedade e do mercado, é um espaço reservado para muito poucas organizações.

Embora várias boas ideias e projetos possam surgir da base da organização e, como vimos, cada vez mais de fora da organização também, nenhuma organização considerada altamente inovadora pode inovar de maneira consistente sem estratégia e direcionamento. Os vários aspectos da gestão empresarial que tornam uma organização inovadora precisam apontar para uma mesma direção, mesmo que com um bom grau de liberdade criativa. Uma organização que não sabe quais grandes tendências, temas e que grupo de potenciais clientes quer atingir provavelmente não vai criar massa crítica de expertise, redes de relacionamento e mecanismos apropriados para gerar insights e produzir inovações de valor.

Este livro talvez seja útil para empreendedores, no entanto, nosso foco ao longo deste trabalho foram as médias e grandes organizações já muito bem estabelecidas e que, em algum momento, apesar de muitos recursos disponíveis, perderam a capacidade de inovar e criar o novo, seja em termos de tecnologias de ponta, novos produtos ou novos mercados. Esse tipo de empresas geralmente vive focada em melhorar as imperfeições observadas no passado e copiar concorrentes mais inovadores e ágeis, mas não se prepara efetivamente para criar o futuro.

Algumas organizações já nascem muito inovadoras. Elas são resultado da capacidade de seus fundadores em descobrir um novo mercado ou criar um nicho novo em mercados antes dominados por empresas de vários portes. Em alguns casos baseiam-se em uma nova tecnologia, um novo produto ou serviço que, combinados e comunicados ao mercado, criaram algo efetivamente novo aos olhos dos consumidores e clientes. Em países como o Brasil, é muito comum a adaptação de produtos e serviços desenvolvidos em mercados mais avançados e que geram aqui, durante algum tempo, uma janela de tempo de vantagem competitiva para os empreendedores e empresas que saíram na frente.

O Brasil, ademais, tende a ter projeção no mercado mundial principalmente por conta das *commmodities* – minerais e agrícolas, principalmente –, e por conta de algumas poucas empresas em setores industriais que competem em mercados nos quais a inovação contínua é a única alternativa de crescimento – Embraer, Natura, Weg, Bematech, Braskem, Marcopolo etc. O nosso setor de serviços, que compõe o restante e a maior parte do PIB nacional, também não é conhecido como líder mundial.

Assim, escrever e, mais ainda, praticar gestão de inovação no Brasil é sempre um desafio porque as principais referências de inovação e modelos de gestão de inovação – principalmente radicais e *breakthroughs* – são encontradas, tipicamente, fora do Brasil.

Nesse sentido, vale refletir sobre a história inicialmente do Japão, depois da Coreia do Sul, Taiwan e, eventualmente, da própria China. No início de seu processo de rápida industrialização e competição nos mercados globais, as empresas desses países eram conhecidas por produzirem produtos de qualidade inferior, *copycats* etc. Paulatinamente, mas não abruptamente, as ambições de inovação das empresas desses países foram aumentando e, nesta primeira década do século XXI, muitas empresas asiáticas já são líderes globais, disputando mercados sofisticados com empresas americanas e europeias.

Dizem que algumas das principais virtudes do modelo asiático é a paciência e uma relação milenar com a variável "tempo". Pensar no longo prazo não significa, no entanto, não agir no presente visando um futuro diferente. A história e a nossa observação nos ensinam que a inovação e a transformação organizacional são partes de um processo de aprendizagem organizacional que, em alguns casos, pode demorar bastante e que precisa, portanto, de estratégias e metodologias de transformação.

O Modelo das 10 Dimensões apresentado neste livro tem sido muito útil para algumas empresas que, embora muito fortes e mesmo dominantes em seus mercados atuais, sabem que precisam, de tempos em tempos, passar por transformações organizacionais profundas visando se adaptar a novos contextos econômicos, sociais, regulatórios, ambientais, tecnológicos e concorrenciais.

Mas por qual dimensão começar? Essa não é uma resposta fácil porque, como muitas outras coisas ditas neste livro, tal decisão depende do contexto. Sabemos, por experiência, no entanto, que as dimensões apresentadas são um esforço de ajudar líderes empresariais a terem uma visão sistêmica do processo corporativo de inovação. O que podemos dizer, portanto, de antemão, é que se deve evitar a inconsistência e buscar um modelo de inovação equilibrado. Na prática isso significa não ter discrepâncias muito evidentes como, por exemplo, uma estratégia de inovação muito arrojada com uma cultura e sistemas de reconhecimento muito conservadores ou, ainda, metas ambiciosas de inovação aberta, sem uma boa governança interna de gestão de inovação.

Trata-se, portanto, de um livro sobre transformação organizacional. Trabalhamos nesse modelo com 10 dimensões, mas poderiam ser 9 ou 12, dependendo do agrupamento de aspectos abordados em cada dimensão.

O número em si parece menos relevante do que o fato de que a experiência mostra que mudar o patamar da capacidade inovadora de uma empresa bem estabelecida é realmente um esforço multidimensional, multidisciplinar e que pode levar alguns anos de muito trabalho, liderado por uma equipe de *top management* engajada e coesa no propósito de mudança. Líderes experientes em inovação sabem, ademais, que percalços vão surgir no meio do caminho – fracassos e tentativas frustradas – e que é papel da alta administração manter a organização "energizada" e voltada para a inovação mesmo quando tais situações inesperadas e não desejadas venham a ocorrer.

Uau! 10 dimensões! Mas não é muito complexo? Sim, por isso mesmo existem muito poucas empresas que são sempre citadas como as mais inovadoras do país ou do mundo. Se fosse fácil replicar a capacidade inovadora de uma grande organização, isso seria feito de maneira mais recorrente. Sabemos, no entanto, que inovar de maneira consistente ao longo de muitos anos requer mexer fortemente no DNA organizacional, no cerne do modelo de gestão da organização. Acreditamos que este livro seja uma contribuição significativa nesse sentido.

Glossário

A

AHP (Analytical Hierarchy Process)

Esse método dá uma perspectiva de causalidade dos processos que fazem parte da construção de cenários. É baseado no fato de que tudo ocorre devido a posições, comportamentos ou decisões de múltiplos atores – convergindo assim para a visualização do futuro.
Foi criado fundamentalmente para auxiliar no processo decisório e estrutura a decisão em basicamente quatro estágios:

- Sistematizar o julgamento em hierarquia ou árvore
- Fazer comparações elementares de pares
- Sintetizar esses julgamentos de pares para chegar a julgamentos gerais
- Checar se os julgamentos combinados são razoavelmente consistentes entre si

Análise de tendências

Trata-se de uma técnica de previsão baseada na hipótese de que os padrões do passado serão mantidos no futuro. Em geral, utiliza técnicas matemáticas e estatísticas para extrapolar séries temporais para o futuro. Coleta-se informação sobre uma variável ao longo do tempo e, em seguida, essa informação é extrapolada para um ponto no futuro a fim de que os impactos possam ser avaliados.

Análise morfológica

O objetivo da análise morfológica é explorar de forma sistemática os futuros possíveis a partir do estudo de todas as combinações resultantes da decomposição de um sistema.
Trata-se do desenvolvimento e da aplicação prática de métodos básicos que permitam descobrir e analisar as inter-relações estruturais ou morfológicas entre objetos, fenômenos ou conceitos e explorar os resultados obtidos na constituição de realidades plausíveis. O procedimento consiste em cinco passos:

- Formulação e definição do problema.
- Identificação e caracterização dos parâmetros influenciadores.
- Construção de uma matriz quadrada com todos os parâmetros do segundo passo.
- As soluções são examinadas quanto à praticabilidade técnica e avaliadas em relação aos propósitos a serem atingidos.
- A melhor solução identificada no passo anterior é analisada quanto à sua implementação, levando em conta os fatores não técnicos (econômicos, sociais, ambientais etc.).

Anjo (investidor anjo)

Um investidor anjo é um indivíduo que faz aporte de capital próprio em empresas em fase de desenvolvimento (startup), geralmente perante participação societária. Dessa forma, o *Angel* complementa o grupo usual de investidores iniciais de uma empresa, comumente chamados de três "efes": *Family, Friends, Fools* (família, amigos, tolos). Porém, diferentemente deles, o investidor anjo oferece, além do capital, conhecimento, experiência e sua própria rede de relacionamento, criando assim um potencializador do crescimento de empresas nascentes.

Árvore de conhecimento

O objetivo da árvore de conhecimento é fornecer a representação cartográfica do conhecimento, considerado como um elemento do capital humano para a organização. As árvores de conhecimento são a expressão e a consequência de treinamentos e experiências relativos a todos os membros de determinada comunidade, envolvendo tempo real. A criação dessas áreas de conhecimento pode guiar e sustentar a transferência de conhecimento.

Ativos intangíveis

São todos os aspectos do conhecimento tácito e explícito, assim como o capital estrutural, seja ele explícito ou incorporado em diferentes formas, reconhecidos pelas partes interessadas como "patrimônio" da organização e considerados relevantes para determinar o seu valor. Dada a dificuldade de determinar o valor monetário dos ativos intangíveis, por muito tempo a sua importância foi diminuída. Porém, com a economia baseada cada vez mais em conhecimento, as organizações estão mais conscientes da necessidade de avaliá-los.
Alguns ativos intangíveis são facilmente transformados em valor monetário, como marcas, direitos autorais, patentes, franquias, domínios de internet, copyrights e softwares. Outros não são facilmente monetarizados, mas são igualmente importantes, como competências, capital humano, capital de relacionamento e criatividade dos colaboradores.

Auditoria tecnológica

Processo de registro e avaliação sistemática e periódica do potencial tecnológico da organização, contribuindo para que a tecnologia seja utilizada de forma mais eficaz.

B

Balanced scorecard

Também conhecido como BSC, o *balanced scorecard* é uma metodologia de medição e gestão de desempenho desenvolvida pelos professores da Harvard Business School, Robert Kaplan e David Norton, em 1992. Inicialmente foi apresentado como um modelo de avaliação e performance empresarial, porém a aplicação em empresas proporcionou seu desenvolvimento para uma metodologia de gestão estratégica. Seu principal objetivo é o alinhamento do planejamento estratégico com as ações operacionais da empresa. Busca a maximização dos resultados baseados em quatro perspectivas que refletem a visão e a estratégia empresarial:

- Financeira
- Clientes
- Processos internos
- Aprendizado e crescimento

Dessa maneira, na construção do Mapa Estratégico, para cada uma das perspectivas são formulados objetivos estratégicos, indicadores, metas específicas e planos de ação. O BSC também é classificado como um sistema de suporte à decisão, pois pretende reunir os elementos-chave para poder acompanhar o cumprimento da estratégia.

Benchmarking

Processo pelo qual uma empresa examina como outra realiza uma função específica a fim de melhorar a realização da mesma ou de uma função semelhante – é a busca por melhores práticas no mercado. Diz respeito à comparação do desempenho entre dois ou mais sistemas, produtos, serviços ou processos com o objetivo final de atingir um desempenho superior. Existem basicamente dois tipos: *benchmark* de performance baseado na comparação de KPIs (Key Performance Indicators) e *benchmark* de processos.

Blind Variation and Selective Retention (BVSR)

Segundo essa teoria, defendida por Simonton (1999) com base nos trabalhos do naturalista britânico Charles Robert Darwin (1809-1882) e do psicólogo social americano Donald Thomas Campbell (1916-1996), entende-se que a produção criativa resulta de um processo de variação cega e retenção seletiva (Campbell, 1960; Simonton, 2010). Ou seja, a partir de uma série alternada de passos divergentes (variação cega) seguidos por passos convergentes (retenção seletiva) produz-se a coevolução dos espaços problema e solução.

Blue Ocean Strategy (Estratégia do Oceano Azul)

Blue Ocean Strategy é o resultado de um longo estudo de 150 movimentos estratégicos que englobam mais de 30 indústrias ao longo de 100 anos (1880-2000). A Estratégia do Oceano Azul foi traduzida em um livro que ensina como investir em mercados inexplorados, através da criação de novos espaços de mercado (também chamados de oceano azul), tornando a concorrência irrelevante. Publicado em 2005 e escrito por W. Chan Kim e Renée Mauborgne, o livro sugere matrizes que podem ser aplicadas em modelos de negócio e analisa *cases* de grande sucesso em todo o mundo.

Bodystorming

Técnica de criatividade que propõe a encenação (atores, papéis, utensílios e cenários) das propostas como uma forma de cobrir ao máximo todas as oportunidades de geração de ideias.

Brainstorming

É uma técnica de trabalho em grupo na qual a intenção é produzir o máximo de soluções possíveis para determinado problema. Os membros de um grupo são convidados a opinar sobre um problema ou tema. Serve para estimular a imaginação e o surgimento de ideias. Pode ser feito utilizando a metodologiapadrão de um processo criativo, havendo uma fase de divergência ("tempestade de ideias") e uma fase de convergência, quando as ideias são agrupadas para posterior priorização. A ênfase do processo está na geração de grande número de ideias (fluência), e críticas ao longo do processo são proibidas. *Ver Brainwriting*.

Brainwriting

Similar ao *brainstorming*, trata-se de colocar ideias no papel em vez de falar em público, o que facilita em caso de timidez ou baixa qualificação do público. *Ver Brainstorming*.

Business case

Uma proposta estruturada de melhoria no negócio que funciona como um pacote de decisão para tomadores de decisões organizacionais. Inclui uma análise dos processos empresariais e de desempenho associando necessidades ou problemas, propondo soluções alternativas, hipóteses, limitações e uma análise de custo-benefício. A lógica do *business case* é que a todo momento, quando recursos como dinheiro ou esforços são consumidos, estes devem ser a favor do negócio. O caso, nesse sentido, é a comunicação de uma melhoria compartilhada e seu respectivo impacto nos resultados da empresa.

C

Caos criativo

Estimula a interação entre a organização e o ambiente externo. Trata-se de um caos intencional introduzido na organização para criar um sentimento de crise ao propor metas desafiadoras e visões ambíguas.

Capital de risco para inovação

Investimento para iniciar ou ampliar um negócio, proveniente de capital público ou privado, de pessoa física ou jurídica e dentro de diferentes modelos, sendo os principais o capital anjo, o *venture capital* e o *private equity*, classificações feitas de acordo com o tamanho da empresa-alvo, de sua maturidade de mercado e do próprio valor a ser investido.

Cenários

Cenários representam uma descrição de uma situação futura e do conjunto de eventos que permitirão que se passe da situação original para a situação futura. A descrição de um futuro potencial e a progressão em direção a ele, destacando as tendências dominantes e as possibilidades de ruptura no ambiente, representam um cenário. Existem duas grandes categorias de cenários: exploratórios e antecipatórios. Os cenários exploratórios indicam as tendências passadas e presentes e o desdobramento em tendências futuras; os cenários antecipatórios, também chamados de normativos, são construídos com base em visões alternativas de futuros, indicando cenários desejáveis e cenários a serem evitados. Esses cenários podem também indicar tendências ao contrapor desenvolvimentos extremos e acontecimentos desejáveis. Outra abordagem classifica os cenários em possíveis, realizáveis e desejáveis.

Ciclo de vida

O modelo de ciclo de vida do produto pode auxiliar na análise do estágio de maturidade de um produto (ou de uma indústria). O ciclo de vida de um produto visa olhar além das fronteiras da empresa, não se preocupando, necessariamente, com as competências da empresa avaliada. *Ver* Tecnológica, maturidade Curva S.

Cientometria

Trata-se de encontrar ferramentas que identifiquem quais áreas da ciência podem ser exploradas comercialmente. Isso, normalmente, é feito através da opinião de especialistas, havendo poucos métodos objetivos ou quantitativos para complementar. Modelos da estrutura da ciência vêm sendo usados pelas empresas para prospectar quando a ciência pode ser explorada, mas ainda há muito a ser feito.

Cluster de inovação

Conjunto de grandes, médias e pequenas empresas e universidades ou grandes centros de pesquisa públicos que operam em uma indústria e uma zona geográfica relativamente definida. Estão desenhados para estimular a atividade inovadora mediante a promoção de relações sólidas.

Collaborative Creativity Jamming

Com base no modelo adotado pelos músicos de jazz, John Kao propõe que a dinâmica das empresas inovadoras é semelhante a uma performance de jazz.

Comitê de inovação

Grupo de pessoas, tipicamente multidisciplinar, a cargo da coordenação e promoção das atividades de inovação de uma dada empresa. Em alguns casos, esse comitê assume caráter executivo, e em outros, apenas consultivo. O nível de representação dentro da hierarquia da empresa também pode variar, podendo ser representado por um nível mais gerencial ou mais tático.

Conhecimento

Conhecimento consiste em crença verdadeira e justificada. Inclui descrições, hipóteses, conceitos, teorias, princípios e procedimentos que são úteis ou verdadeiros. Ou seja, refere-se àquilo que se conhece de algo ou de alguém.

Conhecimento explícito

Conhecimento explícito é aquele formal, claro, regrado, fácil de ser comunicado. Pode ser formalizado em textos, desenhos, diagramas etc., assim como guardado em bases de dados ou publicações. *Ver* Conhecimento tácito.

Conhecimento tácito

Conhecimento tácito é aquele que o indivíduo adquiriu ao longo da vida, que está na mente das pessoas. Geralmente é difícil de ser formalizado ou explicado a outra pessoa, pois é subjetivo e inerente às habilidades, como know-how. *Ver* Conhecimento explícito.

Consórcio de pesquisa

Realização conjunta de pesquisa entre empresas com a finalidade de compartilhar informações, baratear o custo da pesquisa e compartilhar riscos. Geralmente os consórcios são utilizados para essa finalidade quando o assunto é muito incipiente, quando os resultados visam o longo prazo ou quando existe a intenção de captura de valor sobre a informação. O compartilhamento das informações em geral é realizado em um estágio pré-competitivo e pode envolver concorrentes diretos ou não.

Contrato de confidencialidade

É um contrato legal entre, ao menos, duas partes que destacam materiais ou conhecimentos confidenciais que desejam compartilhar para determinado propósito, mas cujo uso generalizado desejam restringir. Em outras palavras, é um contrato por meio do qual as partes concordam em não divulgar informação coberta pelo acordo. Esse tipo de contrato cria um relacionamento confidencial entre as partes para proteger qualquer tipo de segredo comercial. *Ver* Propriedade intelectual, proteção da.

Convergência, etapa de

Uma das duas principais etapas do processo de design (*ver* Fase de divergência). Após uma etapa de divergência na qual todas as informações disponíveis a respeito de determinado conceito são identificadas e capturadas, na etapa de convergência são elaboradas narrativas que permitam convergir as informações em torno de uma proposta inicial de solução. A alternância entre as etapas de convergência e divergência acontece até que os designers julguem ter obtido a solução ideal para o contexto.

Copyright

Conjunto de direitos exclusivos que regulam o uso de uma expressão particular, de uma ideia ou de uma informação. De forma geral, o *copyright* é expresso pelo símbolo © e significa "direito de copiar" uma criação original. *Ver* Propriedade intelectual, direitos de.

Corporate venturing

É a criação de empresas startup (*ventures*) por companhias já estabelecidas, buscando objetivos estratégicos ou financeiros. As *ventures* são pequenas empresas ou grandes unidades de negócios que ainda não se estabeleceram no mercado e que necessitam de capital de risco para a implementação do negócio ou da ideia. A principal vantagem das *corporate ventures* reside no fato de que permitem "liberdade de inovação", ao mesmo tempo em que limitam ou diversificam o investimento de risco. As *ventures* também podem se beneficiar de estruturas e competências da empresa mãe.

Corporate venturing, internal

É o tipo de *corporate venturing* cuja ideia de negócio surge da própria empresa investidora.

Creative problem solving

É um processo de criatividade inicialmente proposto por Alex Osborn, em 1952. Na versão atualizada, ele é composto pelas seguintes etapas: 1. *Objective finding*; 2. *Fact finding*; 3. *Problem finding*; 4. *Idea finding*; 5. *Solution finding*; 6. *Acceptance finding*.

Creativity abrason

Técnica de criatividade baseada na formação de grupos propositalmente compostos por pessoas de origens, personalidades e formações contrastantes.

Criação de valor – cliente

A criação de valor para o cliente pode ser uma das formas de mensuração dos resultados. Trata dos benefícios adicionais e consequente alteração da percepção do cliente com relação aos atributos de um produto ou serviço.

Criatividade

A criatividade é uma característica que deve estar presente em todos os estudos da natureza de gestão da inovação, pois há a necessidade de evitar visões preconcebidas de problemas e situações, e encoraja um novo padrão de percepção. É um meio de ampliar a habilidade de visualizar futuros alternativos. Alguns métodos contribuem para aprimorar essa característica em pessoas que trabalham com prospecção ou gestão de tecnologia.

Cross-pollination

É uma técnica de criatividade que busca associações inusitadas entre ideias, conceitos e objetos díspares.

CT&I

Ciência, tecnologia e inovação.

Cultura de inovação

O conjunto de crenças, comportamentos, processos, valores e formas de agir de uma organização que apoia a criatividade e a inovação. Pode ser observada através do ambiente físico, grau de formalidade, normas e ideologias, processos mentais e sentimentos que inconscientemente definem o comportamento dos colaboradores.

Curva de aprendizado

O conceito considera que a repetição de uma tarefa por um operário conduz ao aumento da habilidade deste em realizá-la. Com esse aumento de habilidade, a produtividade aumenta e o custo unitário diminui.

Curva de avaliação tecnológica

Essas curvas, muitas vezes expressas por "número de invenções *versus* tempo", "nível de invenção de um país *versus* tempo" e "lucratividade de invenções *versus* tempo", são utilizadas para definir uma posição de análise tecnológica chamada *S-curve*. *Ver* Curva S.

Curva S

Curva de difusão tecnológica demonstrando o ciclo de vida da tecnologia ou do setor industrial. É um instrumento multiuso que ajuda ao representar a evolução (ou o potencial) de um produto, tecnologia ou segmento de mercado. É uma curva que representa na abscissa o esforço (ou o tempo) e na ordenada o resultado. Assim, produtos recém-lançados requerem bastante esforço de marketing até começarem a conquistar mercado. Ao longo do tempo, com o mesmo esforço, obtêm-se penetração muito maior e, finalmente, com o surgimento de produtos melhores, seus resultados saturam e começam a cair. Também usado na análise de maturidade tecnológica, na qual a evolução temporal da quantidade de artigos científicos, patentes e, eventualmente, produtos baseados em uma dada tecnologia são representados em uma escala de tempo.

Curvas de adoção

A evolução da adoção de novos produtos (bens ou serviços) pode ser retratada por meio de um gráfico que estabelece a relação entre a quantidade de pessoas que adotaram a proposta comparado ao tempo transcorrido a partir da data do lançamento.

D

Delphi, método

Metodologia, baseada na opinião de especialistas, para obter previsões que utiliza as diversas informações identificadas e obtidas pelo julgamento intuitivo das pessoas, com a finalidade de delinear e realizar previsões de caráter quantitativo ou qualitativo. Baseia-se em rodadas sucessivas de perguntas que são refinadas em um processo interativo e repetidas algumas vezes até alcançar o consenso. Caracteriza-se pela não identificação dos participantes, pela reapresentação estatística dos resultados e pelo feedback aos participantes, o que garante a convergência das opiniões. É indicado para prever descontinuidades tecnológicas e mudanças socioeconômicas. *Ver* Delphi, web.

Delphi, Web

Baseia-se no método Delphi tradicional, pela internet, de previsão por meio de consultas a especialistas. *Ver* Delphi, método.

Design

Design é um esforço criativo relacionado à configuração, concepção, elaboração e especificação de um artefato. Esse esforço normalmente é orientado por uma intenção ou objetivo, ou para a solução de um problema.

Design de serviços

O design de serviços aborda a funcionalidade e a forma de serviços a partir da perspectiva dos clientes. O objetivo é garantir que as interfaces de serviço sejam úteis, utilizáveis e desejáveis do ponto de vista do cliente e eficazes, eficientes e diferenciadas do ponto de vista do fornecedor.

DFM (Design for manufaturability)

Significa desenvolver produtos que sejam fáceis de fabricar; para isso, normalmente, as equipes de projetos são multidisciplinares desde o início do projeto.

Diagrama de afinidades

O diagrama de afinidade é uma das ferrramentas gerenciais da qualidade, geralmente usado como método de seleção e organização de uma grande quantidade de dados. Baseia-se na organização e agrupamento de informações fragmentadas, não estruturadas, por conceitos.

Diagrama Ishikawa (Diagrama Espinha de Peixe)

O diagrama de Ishikawa, também conhecido como Diagrama de Causa e Efeito ou Espinha de Peixe, é uma ferramenta poderosa para a identificação dos direcionadores que potencialmente causam efeitos indesejáveis. Ele é uma ferramenta gráfica, originalmente do sistema de qualidade, utilizada para explorar e representar opiniões a respeito de fontes de variações em qualidade de processo, mas que pode perfeitamente ser utilizada para a análise de problemas organizacionais genéricos.

Divergência, fase de

Uma das duas principais etapas do processo de design (*ver* Fase de Convergência, etapa de). Geralmente, o processo de design é iniciado por uma etapa de divergência em que todas as informações disponíveis a respeito de determinado conceito são identificadas e capturadas. Na sequência, a etapa de convergência é iniciada. A alternância entre as etapas de convergência e divergência acontece até que os designers julguem ter obtido a solução ideal para o contexto.

Diversidade organizacional

Equipes de trabalho com diversidade de formação, pensamentos e personalidades são capazes de trocar e combinar ideias e desafiar pontos de vista, favorecendo a tensão criativa.

DUI mode of innovation

Doing, Using and Interacting, ou DUI, é um modo de inovação que se caracteriza pelo uso e aprendizado de conhecimento empírico. É o nome dado para explicar a maneira pela qual algumas empresas se organizam para realizar a inovação. As empresas que trabalham no modo DUI se caracterizam por alocar recursos e estruturas de maneira informal a ideias e projetos na medida em que surgem, e o conhecimento tácito é empregado na solução de problemas do dia a dia mesmo sem haver compreensão total dos fenômenos científicos envolvidos. O conhecimento é aplicado de forma experimental, empírica, em sucessivos testes até encontrar o resultado desejado. Esse modo de inovação encontra seu oposto no chamado modo STI (Science, Technology and Innovation). Segundo pesquisadores da inovação, empresas que conseguem inovar nos modos STI e DUI encontram maior sucesso em suas atividades.

Dynamic Rank Order List Method

Metodologia utilizada para comparar e ranquear projetos sob vários aspectos, como valor presente líquido, relevância estratégica etc.

E

Economia do conhecimento

A economia do conhecimento apresenta como característica fundamental a intangibilidade de seu principal ativo, o conhecimento. O desenvolvimento tecnológico ocorrido no final do século XX permite alavancar os ativos intangíveis a níveis inéditos. Criar, compartilhar e aplicar conhecimento torna-se cada vez mais importante para a sustentabilidade e prosperidade das empresas.

Empreendedorismo

O empreendedorismo é um dos fatores fundamentais para a promoção do desenvolvimento econômico e social de uma comunidade. É o processo pelo qual pessoas físicas e/ou jurídicas transformam invenção em inovação através do investimento de ampla gama de recursos, assumindo riscos e usufruindo das recompensas.

Empresa ou firma inovadora

Definida pela Community Innovation Survey como a firma que introduz ou melhora novos produtos, processos ou serviços repetidas vezes durante o período dos últimos três anos da análise. Tais introduções ou melhorias podem ser feitas na própria organização, no setor, na região, no país ou no mundo. As pesquisas demonstram que empresas inovadoras geralmente possuem líderes com características inovadoras.

Empresas de base tecnológica

Empresas de base tecnológica são as que comercializam produtos e processos cuja concepção e desenvolvimento dependem diretamente de pesquisa acadêmica e, por isso, mantêm estreito vínculo com universidades e centros de pesquisa.

Encenação

Método de criatividade e prototipagem que visa analisar o processo de um serviço (real ou hipotético). Consiste em utilizar-se de atores, usuários ou designers para realizar uma experiência fictícia de serviços. A condição implícita é pensar que o serviço realmente existe e, em seguida, construir uma jornada potencial por meio de algumas de suas funcionalidades. O objetivo principal é evidenciar oportunidades e/ou riscos.

Engenharia reversa

É uma atividade que se destina a analisar um produto ou serviço disponível no mercado e que o "desconstrói" com o objetivo de encontrar quais elementos o tornam distinto frente a seus concorrentes. Essa prática se apoia essencialmente em conhecimento técnico e foi amplamente utilizada pelos japoneses como ferramenta competitiva perante produtos americanos e alemães até o fim da Segunda Guerra Mundial.

Engenharia simultânea

A engenharia simultânea é uma forma de solução integrada de problemas, na qual todas as atividades necessárias à introdução de um produto são consideradas simultaneamente e executadas de forma iterativa, cobrindo desde a etapa de desenvolvimento à de descarte.

Estimuladores para inovação

Fatores críticos ou condicionantes de estímulo à inovação. Podem envolver fatores financeiros, como capital semente, fluxo de caixa, investimento em pesquisa; fatores humanos e culturais, como existência de especialistas, pessoas capacitadas em técnicas de criatividade e inovação, cultura de relacionamento com agentes externos; ou até fatores físicos, como existência de centro de pesquisa, ambientes de teste e capacidade computacional.

Estratégias de ruptura

Estratégias altamente inovadoras concentradas em inovações radicais em fase emergente da tecnologia ou serviço. Em geral, envolvem incertezas e riscos altos, mas buscam diferenciação e, consequentemente, altos retornos. Para mais informações, *ver* Tecnologia emergente e *Blue Ocean Strategy*.

Expertise externa, mapeamento

Processo bastante útil na formação de redes de colaboração e hubs de inovação. Por meio de técnicas específicas de análise de redes sociais, trata-se de coletar e mapear especialistas (e instituições proficientes) em alguns domínios de conhecimento de interesse estratégico e/ou crítico da organização.

Experts externos

Grupo de especialistas ou outros agentes externos como clientes, fornecedores e instituições, que contribuem na identificação de oportunidades de negócio para dada organização.

Extensão de linha

Consiste no processo de desenvolvimento de um novo produto a partir de um produto anterior já existente utilizando-se de pequenas alterações no conceito original. Em outras palavras, são inovações incrementais que visam prolongar o ciclo de vida de um produto ou serviço.

External corporate venturing

Processo de investimento em novos negócios (externos à organização) por modelos como *corporate venture capital*, *joint venture*, aquisições ou *spin-offs*. Alguns exemplos de *corporate venturing* são a Siemens Venture Capital, a Dell Ventures e a J&J Development Corporation. Normalmente, o objetivo é garantir investimento em pequenas empresas (inovadoras e/ou especialistas em algum segmento) com a posterior transferência de expertises em gestão e marketing, mas adquirindo aprendizado e vantagens competitivas específicas.

Extrospecção

Atividade que envolve a observação de um indivíduo ou grupo de indivíduos a partir de um ponto de vista objetivo. Essa atividade é utilizada principalmente para obter um conjunto de observações objetivas a partir das quais podem ser formuladas hipóteses. Essa técnica pode ser utilizada na avaliação de equipes e definição de eventuais recompensas.

F

Ferramentas de gestão de portfólio

Ferramentas para o apoio e acompanhamento da gestão de portfólio, usando metodologias como AHP (Análise Hierárquica de Processos) ou avaliação de retorno *versus* risco. *Ver* Gestão de portfólio, Ferramentas de suporte à decisão.

Ferramentas de simulação e avaliação de impacto

Ferramentas sofisticadas que funcionam como um jogo de negócio acoplado a algumas variáveis de cenário que o usuário pode parametrizar e que incluem alguma aleatoriedade sobre as variáveis exógenas. Tais jogos são interessantes para testar estratégias de negócios, oportunidade de lançamento de novos produtos, mudanças de modelo de negócios etc.

Ferramentas de suporte à decisão

Ferramentas que facilitam a escolha entre diferentes cursos de ação, com base em técnicas de árvore de decisão balizadas por critérios de retorno potencial *versus* risco ou métodos semiquantitativos, como análise multicritério como o AHP, entre outros, ou ainda lógica *fuzzy*.

Ferramentas para mapas mentais

Ferramentas para o auxílio da criação de mapas mentais, permitindo a rápida e fácil associação de ideias à medida que vão surgindo. *Ver Mind mapping*.

First of a Kind (FOAK)

Termo que denota a aparição de um produto ou serviço evidentemente inovador sendo considerado "o primeiro da espécie", ou seja, algo novo para o mundo. A novidade pode ser evidenciada por diversos aspectos: tecnologia, aplicação, design, marketing, comercialização, distribuição, dentre outros.

Focus group

Prática estabelecida de provocar discussões entre pessoas do público-alvo de determinado produto ou serviço. O principal objetivo é obter um feedback verdadeiro e detalhado que auxilie na melhoria e inovação de produtos e mercados, por meio da observação das reações a questões específicas e manifestações espontâneas.

Front-end

É o nome dado às etapas iniciais do "funil de desenvolvimento", ou seja, a geração da ideia, o desenvolvimento de conceito e a especificação do produto ou serviço.

Fusão e aquisição

Uma estratégia adotada por empresas é a de buscar novas organizações no mercado, por meio de fusões e aquisições, pois pretendem obter vantagens competitivas no cenário empresarial. As vantagens, adquiridas, por exemplo, pela compra de um concorrente, dizem respeito a uma maior participação de mercado, bem como à compra de ativos, sejam ativos tangíveis ou ativos intangíveis. Dessa forma, em última instância, compra, venda, divisão ou combinação de diferentes empresas pode financiar, incentivar ou acelerar o crescimento de uma empresa.

Fuzzy front-end

Nomenclatura utilizada para enfatizar que o *front-end* do funil de desenvolvimento é por natureza confuso, por lidar com ideias e conceitos ainda bastante abtratos, ambíguos e muitas vezes incertos, exigindo um esforço importante das empresas.

Fuzzy problems

Método de pesquisa operacional que utiliza algoritmos matemáticos para encontrar soluções aproximadas para problemas com limitada definição (difuso ou *fuzzy*). Permite tratar problemas complexos e não lineares com o mínimo de regras.

G

Geração espontânea de ideias

Geração de ideias sem intervenção da organização no processo criativo e na natureza da inovação. Na maioria dos casos, esse tipo de processo tem como objetivo aumentar a participação dos colaboradores da empresa e a geração de ocasionais ideias de impacto. O foco das ideias é em melhoria de processos, produtos e ambiente de trabalho. *Ver* Programa de ideias.

Geração induzida de ideias

Geração de ideias sob diretrizes estabelecidas pela organização com o objetivo de garantir o equilíbrio estratégico do portfólio de inovações. O processo de geração de ideias tem como foco a geração de ideias estratégicas, transformando-as em inovações de impacto. Pode envolver ideias para criação de novos mercados, extensão da linha de produtos, redução substancial de custos operacionais, transformação de processos produtivos e/ou substituição de produtos e serviços. *Ver* Programa de ideias.

Gestão da inovação

Gestão da inovação é o processo que envolve o gerenciamento de ideias e inovações de uma organização. É tratada de forma sistêmica, englobando estratégia, recursos, governança, modelos organizacionais, processos e ferramentas voltadas para a geração de uma cultura organizacional propícia à inovação.

Gestão de mudanças

Abordagem estruturada para transição de um estado atual para outro desejado, podendo referir-se a indivíduos, equipes, organizações ou sociedades. A gestão de mudanças compreende uma combinação de ferramentas organizacionais, processos e modelos, tanto indutores quanto facilitadores para a mudança da cultura organizacional vigente.

Gestão de portfólio

Gestão de portfólio pode ser definida como a aplicação de um conjunto de conhecimentos, habilidades, ferramentas e técnicas à coleção de projetos e programas de inovação de dada organização. Por meio de critérios decisórios formalmente definidos, esse processo fornece uma forma de escolha, priorização, autorização e gerenciamento dessa carteira de projetos.
Seus principais objetivos são:

1. Maximizar o valor dos benefícios capturados através da gestão dos riscos envolvidos na execução dos projetos – individuais e da carteira.
2. Monitorar e controlar os benefícios gerados pelos projetos garantindo a sustentação dos resultados no longo prazo.
3. Permitir planejamento mais eficiente dos recursos empregados.
4. Reduzir o número de iniciativas redundantes, proporcionando seleção de alta atratividade e congruência com a estratégia da empresa.
5. Garantir que os recursos disponíveis para a inovação sejam alocados de forma coerente com os objetivos da organização, impedindo que projetos de inovações incrementais de baixo risco e ganhos de curto prazo consumam recursos necessários para projetos de inovações radicais com maior risco, porém cruciais para a competitividade de longo prazo.

Gestão do conhecimento

Gestão do conhecimento significa organizar as principais políticas, processos, ferramentais gerenciais e de tecnologia de informação à luz de uma clara compreensão dos processos de geração, identificação, validação, disseminação, compartilhamento, uso e proteção dos conhecimentos estratégicos para gerar resultados (econômicos) para a empresa e benefícios para os colaboradores e partes interessadas.

Governança em inovação

Planejamento, organização e gestão da inovação. Existem diferentes modelos de governança em inovação, dependendo da importância relativa e da potencial contribuição para a inovação de cada um dos departamentos. De maneira geral, trata de assuntos relacionados ao envolvimento dos *stakeholders* – cientistas, indústria, consumidores e autoridades públicas – nos processos de inovação, desde a criação de políticas até sua implementação e avaliação.

Governança organizacional

Governança refere-se a processos e sistemas, estruturas de autoridade e até colaboração pelos quais uma organização aloca seus recursos e coordena ou controla as atividades da organização. O objetivo é garantir que os indivíduos da corporação atuem de maneira adequada para atingir objetivos maiores das partes interessadas da organização (empregados, alta gestão, investidores, comunidade). A governança define os papéis e responsabilidades de todos os envolvidos nesse processo, incluindo direção, articulação, comunicação, processos decisórios, alocação de recursos, políticas e práticas.

Groupthink

Grupo formado por pessoas altamente capacitadas, que em diversas situações pode gerar resultados abaixo da média, devido a determinadas dinâmicas negativas que podem se instalar no grupo.

H

Heurística

É a parte da pesquisa que visa favorecer o acesso a novos desenvolvimentos teóricos ou descobertas empíricas. Define-se o procedimento heurístico como um método de aproximação das soluções dos problemas que não segue um percurso claro mas se baseia na intuição e nas circunstâncias a fim de gerar conhecimento novo, especialmente por meio de métodos de tentativa e erro.

Hub

Palavra originária do inglês, com significado aproximado de "centro" ou "distribuidor". Na gestão de inovação, trata-se de um ponto (equipe ou instância de governança) que visa a realização de conexões como:

- Conexão entre diversos agentes ou equipes com necessidades, ideias ou conhecimentos distintos, visando a combinação desses elementos na identificação de oportunidades ou geração de novas ideias.
- Conexão entre diversos conceitos, metodologias ou tecnologias visando a melhor solução de uma necessidade.
- Conexão entre oferta e demanda de ideias ou soluções.

I

Ideia

Manifestação de um pensamento ou imagem com intencionalidade de representar uma visão da realidade. Há diversas acepções filosóficas distintas, como projeção do saber, representação mental, opinião, intenção, inovação, entre outras.

Incubadoras

Uma incubadora de empresas é um ambiente especialmente planejado que visa difundir o empreendedorismo e o conhecimento. Ela apoia projetos inovadores por meio de serviços especializados e consultorias que facilitam o seu desenvolvimento. A incubadora fomenta, também, o estímulo, a promoção e o fortalecimento de microempresas e pequenas empresas por meio da intermediação com instituições de ensino e pesquisa, órgãos governamentais e iniciativa privada.

Industrial liaison

Uma unidade dentro de uma universidade ou uma grande organização pública de pesquisa que interage com usuários industriais sobre propriedade intelectual, por exemplo, negociando acordos de licenciamento. Também é estabelecida para dar suporte a *spin-offs*, uma vez que tenham ligação com os negócios.

Innovation bond

É um instrumento utilizado para viabilizar inovações por meio de um investidor externo (de preferência, uma empresa de *private equity*). O *innovation bond* atribui ao investidor as receitas futuras de um portfólio de negócios constituídos para comercializar as tecnologias da organização. A corporação, por sua vez, recebe do investidor um fluxo de pagamento constante durante o período previsto. A gestão do portfólio pode ser feita em conjunto entre as duas partes.

Innovation chains

Arranjos dinâmicos de empresas e/ou qualquer outra sociedade organizada que se transformam em conjunto em resposta às mudanças do mundo contemporâneo. A colaboração entre os membros da cadeia leva a novos enfoques e a conceitos como tecnologia, cultura e diferenças.

Innovation gates

Estágios que uma inovação deve percorrer, ao longo de seu processo de desenvolvimento e implementação, no qual questões técnicas e de mercado são avaliadas. O objetivo é gerenciar o risco do desenvolvimento e implementação da inovação. Normalmente, os *gates* estão associados com a obtenção de recursos para a inovação. *Ver Stage-gates*.

Innovation roadmap

Ferramentas que auxiliam a empresa a estabelecer uma linguagem comum sobre inovação e a entender quais etapas deve cumprir para que os projetos de inovação reflitam e suportem a estratégia da empresa. Ferramentas de *roadmap* de inovação auxiliam também a gestão de portfólio de projetos de inovação.

Innovation timing

É uma área de estudo dedicada a entender por que certas inovações encontram diferentes resultados em termos de sucesso ou insucesso em função do seu momento de lançamento no tempo. A teoria econômica busca entender o que deveria ser o "tempo ótimo" de lançamento de uma inovação, garantindo vantagens competitivas para os vanguardistas.

Inovação 2.0

Processo de inovação apoiado nos recursos da Web 2.0 com o intuito de facilitar a implementação, buscando a criatividade e o conhecimento globalizado pela internet.

Inovação aberta

A ideia central por trás da inovação aberta é que, em um mundo de informações distribuídas, as empresas não aplicam inteiramente a confiança de seus recursos em suas pesquisas, mas, ao contrário, compram ou licenciam processos de inovação (como patentes) de outras empresas. Além disso, as invenções internas que não forem usadas para os negócios da empresa devem ser postas para fora, de forma que outras empresas tenham a oportunidades de utilizá-las.

Inovação disruptiva

Conceito introduzido pelo Professor Clayton Christensen, da Harvard Business Schoool, é baseado no impacto que a inovação traz para o mercado ou negócios existentes.

Christensen indica que existem dois tipos de inovação: a sustentadora e a disruptiva (ou ruptora). A inovação sustentada é uma tecnologia que resulta em um produto ou serviço melhor. Já a disruptiva traz, inicialmente, um produto pior em relação ao modo como o mercado faz sua avaliação, mas também traz um novo conjunto de atributos que permitem ao produto ser usado de uma maneira diferente dos que existiam antes. A inovação disruptiva tem a intenção de criar um novo mercado para consumidores ou não consumidores (aqueles que ainda não o são diretamente). Trata-se da ruptura de um novo mercado, na qual se concorre com não consumidores, isto é, oferece-se o produto a pessoas que até então não eram consumidores, muitas vezes a uma qualidade inferior, mas a um preço mais acessível.

Inovação focada

Termo introduzido por C. K. Prahalad e M. S. Krishnan no livro *A nova era da inovação*, trata da inovação focada no relacionamento com o cliente. No cenário atual de interação entre clientes e empresas, a criação de valores e o desenvolvimento de vantagens competitivas passam a depender de uma inovação contínua nos processos e sistemas de relacionamento com o consumidor.

Inovação, gastos em

Gasto empresarial no amplo escopo de atividades relacionadas à inovação: departamento de P&D interno, subcontratação externa de P&D, máquinas e equipamentos relacionados à inovação de produtos e processos, aquisição de patentes e licenciamentos, desenho industrial, formação e marketing das inovações.

Inovação incremental

Também conhecida como inovação evolucionária ou melhoria contínua, consiste em pequenos avanços em tecnologias, produtos, processos ou serviços conhecidos. Tem como objetivo melhorar o sistema existente, através da busca do aperfeiçoamento constante e gradual. É voltada ao mercado atual, possuindo alta taxa de sucesso e baixo nível de incerteza envolvido.

Inovação induzida

Inovação com escopo limitado por fatores estratégicos, táticos ou operacionais. *Ver* Programa de ideias induzido.

Inovação radical

Inovação que, baseada em uma novidade tecnológica ou mercadológica, leva à criação de um novo produto, processo, forma de organização da produção ou mercado. Esse tipo de inovação pode representar uma ruptura estrutural com o padrão tecnológico anterior, originando novas indústrias, setores ou mercados. Envolve maiores saltos de conhecimento, demandando uma nova maneira de compreensão do problema (possivelmente com quebra de antigos paradigmas), com maiores incertezas envolvidas e de difícil estimativa das chances de sucesso.

Inovação tecnológica

Inovações tecnológicas compreendem a concepção de novos produtos ou processos de fabricação, bem como a agregação de novas funcionalidades ou características ao produto ou a um processo. Implica melhorias e efetivo ganho de qualidade ou produtividade, resultando para a empresa em maior competitividade no mercado.

Insight

Capacidade de apreciar a realidade de uma forma distinta, por meio do uso do discernimento ou da intuição. Embora, muitas vezes, o insight possa ter orientação para o futuro, não é necessariamente sempre assim.

Inteligência coletiva

Fenômeno de geração de conhecimento por meio da colaboração entre muitas pessoas partilhando suas funções cognitivas como a memória, a percepção e o aprendizado. A inteligência coletiva manifesta-se com mais intensidade quando há colaboração e competição ao mesmo tempo.

Inteligência competitiva

Processo ético e sistemático por meio do qual a organização captura, analisa, protege e dissemina conhecimentos estratégicos sobre os ambientes competitivo, concorrencial e organizacional, de forma a apoiar a tomada de decisão estratégica de curto, médio e longo prazo. Consiste basicamente em:

1) Monitorar o ambiente competitivo nas vertentes político-regulatória, mercadológica, tecnológica e outras, observando as variáveis definidas pela estratégia da empresa.

2) Coletar, classificar e agregar tais informações e formatá-las da forma mais adequada a cada um de seus clientes internos.

Intelligent failures

Estratégia de lançamento de novos produtos, na qual, apesar da análise de riscos apontar prováveis resultados negativos, a organização mantém o projeto para aprender com o erro e subsidiar futuras iniciativas.

Intraempreendedorismo

Profissionais que agem como empreendedores, sempre buscando novas soluções e oportunidades de negócio para a organização. Curiosos, líderes e por vezes desafiadores do *status quo*, são cada vez mais procurados por empresas que procuram inovar.

Intuição

É a capacidade do indivíduo de acreditar com determinação que algo poderá acontecer. É considerado por muitos um saber inconsciente que atua constantemente em nosso dia a dia. Quando o cérebro considera que os eventos apontam para uma alta probabilidade, a intuição se manifesta. A intuição é foco de grande dedicação científica na psicologia, na neurociência e outras disciplinas.

IPO (Initial Public Offering – Oferta Pública Inicial)

É a primeira oferta de ações da empresa no mercado de valores mobiliários. Tem o objetivo de atrair sócios que invistam nas empresas, ou seja, conseguir recursos. Essa injeção de capital pode viabilizar, por exemplo, o desenvolvimento e o lançamento de um negócio inovador. *Ver Venture capital.*

J

Joint ventures

Entidade formada por duas ou mais organizações com o objetivo de desenvolverem juntas um projeto ou negócio. Assim, dividem riscos e aproveitam sinergias para o projeto ou negócio específico.

Jornada do cliente, mapa da

O *customer journey map* é um gráfico que descreve a jornada de um usuário ao representar os diversos "pontos de contato" com os quais ele interage durante a prestação de um serviço.

K

Kaizen

Palavra de origem japonesa com o significado de melhoria contínua (*kai* significa, em japonês, "mudança", e *zen*, "para melhor"). Organizacionalmente falando, seu conceito corresponde a uma política e também a uma cultura na qual o corpo de funcionários passa a incorporar em seu dia a dia práticas relacionadas à melhoria contínua. Normalmente, essas melhorias se aplicam ao desempenho de processos, satisfação dos clientes e qualidade de vida na empresa. *Ver* Melhoria contínua, Inovação incremental.

L

Learning organization

São organizações que têm capacidade de aprender, renovar e inovar continuamente. Essas organizações têm como premissa o aprendizado pela experiência, que depende muito da cultura organizacional, do estilo de liderança e da administração participativa. *Ver* Cultura de inovação.

Leis de incentivos à inovação

Conjunto de leis que têm como principal objetivo criar um ambiente favorável para a construção de parcerias entre empresas, universidades e institutos de pesquisa, além de incentivar a inovação nas empresas, bem como a participação das instituições de C&T no processo de inovação. Essas leis são, em sua maioria, traduzidas por isenções fiscais como, por exemplo, isenção parcial de tributos às empresas e ao meio acadêmico sobre os investimentos na formação e contratação de doutorandos e tecnólogos para pesquisa e desenvolvimento de produtos.

Licenciamento

Permissão para usar, explorar, modificar determinada tecnologia ou patente, de acordo com determinadas condições regidas pelo contrato de licenciamento. *Ver* Propriedade intelectual, direitos de.

Lições aprendidas

Memória documentada contendo o relato das necessidades e/ou dos problemas encontrados durante a execução de um projeto ou atividade cotidiana, que possa ser replicável em outras áreas. Soluções adotadas, dificuldades e restrições, além dos pontos positivos e negativos do mesmo, também fazem parte desse relato.

M

Manchetes de amanhã

As manchetes de amanhã são artigos fictícios publicados em revistas ou jornais criadas por designers, projetando o futuro para tentar perceber o tipo de impacto do serviço sobre a sociedade.

Mapa de conhecimento

O método consiste em identificar os conhecimentos que possibilitam à organização executar seus processos distintivos (*core processes*) de sua missão e os projetos estratégicos que visam à realização de sua visão de futuro. Tal mapeamento deve resultar na rotulação e organização desses conhecimentos em domínios coerentes e na identificação de seus repositórios, sejam eles pessoas, bases de dados, documentos ou conhecimentos automatizados em processos.

Matriz de impactos cruzados (MIC)

Esse método engloba uma família de técnicas que visam avaliar a influência que a ocorrência de determinado evento teria sobre as probabilidades de ocorrência de outros eventos. O método leva em conta a interdependência de várias questões formuladas, possibilitando que o estudo que se está realizando adquira um enfoque mais global. A análise de impacto cruzado é uma técnica altamente qualitativa e dependente da opinião de especialistas para identificar estimativas significativas da probabilidade da ocorrência de um evento.

Melhores práticas

Expressão derivada do inglês *best practices*, que denomina técnicas identificadas como as melhores para realizar determinada tarefa. Dessa maneira, há uma técnica, método, processo, atividade, incentivo ou recompensa que é mais eficaz na concretização de um resultado específico do que qualquer outra.

Melhoria contínua

Política e cultura na qual o corpo de funcionários passa a incorporar em seu dia a dia práticas relacionadas à melhoria contínua. Normalmente, essas melhorias se aplicam ao desempenho de processos, satisfação dos clientes e à qualidade de vida na empresa. *Ver* Kaizen, Inovação incremental.

Métodos descritivos

O método de pesquisa descritivo tem como características observar, registrar, analisar, descrever e correlacionar fatos ou fenômenos sem manipulá-los, procurando descobrir com precisão a frequência em que um fenômeno ocorre e sua relação com outros fatores. Os métodos podem ser agrupados segundo as seguintes categorias:

- **Estudo exploratório:** sua finalidade é familiarizar-se com o fenômeno e obter uma nova percepção a seu respeito, descobrindo assim novas ideias em relação ao objeto de estudo.

- **Estudos descritivos:** descrevem as características, propriedades ou relações existentes no grupo ou da realidade em que foi realizada a pesquisa.

- **Pesquisa *survey*:** identifica falhas ou erros, descreve procedimentos, descobre tendências e reconhece interesses e outros comportamentos, utilizando principalmente questionário, entrevista ou *survey* normativo como instrumento de coleta de dados. Procura determinar práticas existentes ou opiniões de determinada população.

- **Estudo de caso:** sua preocupação é estudar determinado indivíduo, família ou grupo para investigar aspectos variados ou um evento específico da amostra. Um único caso é estudado com profundidade para alcançar maior compreensão sobre outros casos similares.

Mind mapping

Método alternativo de tomar notas que usa palavras-chave relacionadas a um tema central. Trata-se de uma representação gráfica de ideias e de relações entre as mesmas. Registro em um espaço bidimensional, sob a forma de carta heurística.

Modelagem de inovação

Atividade de concepção de sistemas, ferramentas, métodos e *frameworks* para a otimização do processo de inovação. Consiste em um processo de construção baseado na visão da situação desejada e no diagnóstico da situação atual. Envolve definições de objetivos, direcionamento estratégico para o processo, governança organizacional, envolvimento da organização e sequência de implementação. *Ver* Processos de inovação.

Modelagem e simulação

"A simulação pode ser vista como o estudo do comportamento de sistemas reais por meio do exercício de modelos, sendo que um modelo incorpora características que permitem representar o comportamento do sistema real. Sendo assim, a simulação trata de um ferramental que permite a geração de cenários, a partir dos quais pode-se orientar o processo de tomada de decisão, proceder a análises e avaliações de sistemas e propor soluções para a melhoria de performance. Todos esses procedimentos podem ter por conotação parâmetros técnicos e/ou econômicos.

Modelo de maturidade

Os modelos de maturidade baseiam-se na premissa de que as pessoas, organizações, áreas funcionais e processos evoluem através de um processo de desenvolvimento ou crescimento em direção a uma maturidade mais avançada, atravessando determinado número de estágios distintos. Os modelos mais conhecidos dizem respeito a gerenciamento de projetos, processos e sua gestão.

Modelo de utilidade (utility model)

Modelo de utilidade é uma modalidade de patente que se destina a proteger inovações com menor carga inventiva, normalmente resultantes da atividade do operário ou artífice. Comparado a uma patente, é mais flexível, menos oneroso e tem um período menor de duração. No Brasil, o modelo de utilidade se destina apenas a inovações em elementos físicos (vedada a proteção de processos), tais como utensílios, pequenos equipamentos etc.

Modelo delta

É o modelo criado por Arnoldo Hax e Dean Wilde II, professores do MIT, para explicar a estrutura e o posicionamento estratégico de empresas renomadas e aclamadas por seu sucesso histórico. No modelo delta, a inovação é destacada como o principal motor de mudança na empresa, renovando suas competências organizacionais. Além disso, a inovação no modelo delta é tratada como o resultado do alinhamento dos três componentes: soluções totais ao cliente, diferenciação em produtos e *system lock-in*.

Modelo sistêmico de inovação

No modelo sistêmico (interativo) de inovação, o centro da inovação é a empresa. Dela derivam as iniciativas que vão possibilitar a inovação, seja partindo de necessidades do mercado, seja apoiando-se no conhecimento científico já existente ou até mesmo buscando um novo conhecimento científico. No modelo sistêmico, a P&D não é mais a base ou fonte única da inovação, e a abordagem sequencial utilizada pelo modelo linear é considerada somente como um dos potenciais caminhos para se inovar, uma vez que leva em conta as interações complexas e contínuas entre muitas pessoas, organismos e fatores ambientais.

Monitoramento tecnológico

Exercício de produzir visões do futuro, antecipar oportunidades e potenciais ameaças, indicar tendências e prioridades por meio do acompanhamento e mapeamento de tecnologias. *Ver* Patentes, análise de.

N

NIH ("não inventado aqui")

"Não inventado aqui" é uma expressão para descrever uma cultura persistente que evita a utilização de produtos, tecnologias ou conhecimento existentes fora da organização porque não foram originados dentro dela. *Ver* Cultura de inovação.

P

Páginas amarelas

Banco com o perfil dos especialistas e seus contatos, contendo a classificação deles em grandes áreas de conhecimento. Esse diretório ainda fornece contatos classificados pelas taxonomias mais adequadas ao contexto do especialista e da organização, o que facilita o mapeamento de competências e expertises.

Painel de especialistas

Painéis que devem investigar e estudar os temas determinados e dar suas conclusões e recomendações. Devem ter a mesma integridade e conduta de outros estudos científicos e técnicos, e buscar o consenso, mas não a ponto de eliminar todas as discordâncias.

Panorama contextual

É o registro visual das primeiras ideias produzidas com o objetivo de "alimentar" o processo criativo e orientar as atividades de design.

Patente

Direito de exclusividade concedido pelo governo para que os inventores, sejam pessoas ou organizações, possam fazer uso e/ou vender os produtos e processos inventados, com exclusividade e direitos protegidos, por um período determinado. Deve, entre outras normas, atender aos seguintes requisitos: invento, novidade, atividade inventiva e aplicabilidade industrial. *Ver* Patente, extensão de; Patentes, análise de; Patentes, tratado de cooperação de.

Patente, extensão de

A concessão de uma patente se dá por tempo limitado (a partir da vigência do Acordo TRIPs, normalmente 20 anos a contar da data de depósito) e um país prioridade. A extensão de patente diz respeito ao pedido em um país diferente daquele que gerou a requisição. Tal informação, quando analisada e compreendida, pode indicar as estratégias mundias adotadas por diferentes empresas.

Patentes, análise de

A análise de patentes é um processo sistemático de avaliação, incluindo a investigação de patentes existentes e suas reivindicações (*claims*). Baseia-se no pressuposto de que o aumento do interesse por novas tecnologias refletirá no aumento da atividade de P&D e que isso, por sua vez, refletirá no aumento de depósito de patentes. Trata-se de um método para monitorar vários aspectos de mudança tecnológica. Estatísticas de patentes relacionadas com a empresa detentora, suas áreas atuais de negócios, a evolução de sua fração de mercado e faturamento por segmento podem ser analisadas com ferramentas, por exemplo, de estatística multivariada e fornecem importantes subsídios para perceber a movimentação da concorrência e gerar desafios para a inovação na empresa.

Patentes, tratado de cooperação de

O tratado permite que uma invenção seja protegida simultaneamente em um grande número de países por meio da apresentação de uma solicitação internacional de patente.

PdPI (Projeto de Proteção da Propriedade Intelectual)

Processo formal com gestão e responsabilidades bem definidas. A proteção da propriedade intelectual, dentro desse contexto, exige uma análise sistêmica e exaustiva de diferentes formas e caminhos que o conhecimento a ser preservado pode percorrer. O projeto deve produzir propostas claras e práticas para a implementação de uma estratégia – sinalizando prioridades, prazos e ordem de grandeza dos custos envolvidos no desenvolvimento de cada ação específica.

Pesquisa aplicada

Trabalho original realizado para adquirir novo conhecimento com uma aplicação específica em vista. A pesquisa aplicada também pode determinar possíveis usos para as descobertas de pesquisas básicas ou para determinar novos métodos ou formas de atingir objetivos específicos e predeterminados. *Ver* Pesquisa básica.

Pesquisa básica

Trabalho experimental e teórico realizado para adquirir novo conhecimento sem nenhuma aplicação específica em vista. Consiste em pesquisa básica pura e pesquisa básica estratégica. Pesquisa básica pura é feita simplesmente para acompanhar ou antecipar o avanço do conhecimento. A pesquisa básica estratégica, por outro lado, é direcionada para áreas amplas na expectativa de descobertas aplicáveis. Provê a base de conhecimento para a solução de problemas práticos. *Ver* Pesquisa aplicada.

Pesquisa centrada no usuário

O termo se refere a um conjunto de metodologias de pesquisa qualitativa aplicadas para compreender as necessidades do usuário. Com base nessas metodologias, insights são identificados para a geração de inovações. Nesse tipo de pesquisa estão previstas entrevistas estruturadas, observações, testes com similares, entre outros.

Pesquisa etnográfica

A pesquisa etnográfica é um método científico para aprender sobre a vida social e cultural de comunidades, instituições e outras espacialidades. A pesquisa etnográfica assume o posicionamento de que, antes de desenvolver explicações teóricas sobre o comportamento humano, é necessário descobrir o que as pessoas fazem em determinada realidade e quais as razões que elas atribuem a seus atos.

Política de colaboração

Política de colaboração, dentro do contexto de inovação, diz respeito à escolha entre a compra de tecnologias ou o seu desenvolvimento interno:

- **Terceirização (*outsourcing*) ou compra:** nesse cenário, uma empresa delega o controle sobre uma ou mais atividades para uma empresa externa a quem contratou o serviço. Geralmente é uma análise que envolve a decisão de *make-or-buy*, ou seja, desenvolver na própria empresa ou delegar para um provedor externo de serviços. É, tipicamente, uma das formas mais simples de ser implementada e a mais rápida de ser operacionalizada.

- **Departamentos/subsidiárias da própria empresa ou desenvolvimento:** nesse cenário, as empresas criam seus próprios centros de pesquisa/desenvolvimento. Entre os motivos para que isso ocorra está um maior controle, maior flexibilidade, menores preços por longo prazo, além de manter a cultura interna da empresa. É o modelo que demanda maior complexidade de operacionalização e mais tempo.

Processos de inovação

Métodos e técnicas que diferem em abordagens e em habilidades requeridas. Podem ser classificados como *hard* (quantitativos, empíricos, numéricos) ou *soft* (qualitativos, baseados em julgamentos ou refletindo conhecimentos tácitos). Outra classificação possível é avaliar se tais métodos e técnicas tendem a ser "normativos" (iniciando o processo com nítida percepção da necessidade futura) ou "exploratórios" (iniciando o processo a partir da extrapolação das capacidades tecnológicas correntes). Alguns exemplos de categorias de processos de inovação (lista não exaustiva) são:

- Ferramentas de criatividade
- Métodos descritivos e matrizes
- Métodos estatísticos
- Opinião de especialistas
- Monitoramento tecnológico e sistemas de inteligência
- Modelagem e simulação
- Cenários
- Análise de tendências
- Avaliação/decisão

Ver Ferramentas de suporte à decisão.

Programa de ideias

Trata-se de um processo de inovação para captura, avaliação, priorização e implementação de ideias de todos os colaboradores da organização. Pode ter vários fluxos para encaminhamento das ideias conforme tópico, complexidade e impacto. Nos casos mais sofisticados, é apoiado por software específico para gestão de programas de ideias. Os programas de ideias mais tradicionais podem ser estabelecidos em um patamar mais estratégico para a geração de ideias em torno de temas definidos pela organização. *Ver* Programa de ideias espontâneo, Programa de ideias induzido.

Programa de ideias espontâneo

Busca estimular a criatividade, capturar e organizar ideias e, especialmente, transformá-las em inovações com valor agregado aos negócios, deixando aberto aos funcionários os temas e assuntos a serem tratados nas melhorias propostas. *Ver* Programa de ideias induzido.

Programa de ideias induzido

Busca estimular a criatividade, capturar e organizar ideias e, especialmente, transformá-las em inovações com valor agregado aos negócios, sempre focando em questões e necessidades específicas de determinada empresa, normalmente endereçadas pela própria direção. *Ver* Programa de ideias espontâneo.

Propriedade intelectual

Refere-se aos itens do capital intelectual que são passíveis de serem apropriados ou transferidos para terceiros. São itens que merecem atenção para proteção, que se viabiliza em termos de políticas, práticas, normas e barreiras de acesso (digitais ou físicas). *Ver* Propriedade intelectual, proteção da.

Propriedade intelectual, direitos de

Direitos definidos de exploração da propriedade intelectual e industrial, outorgados por uma autoridade nacional ou internacional: em sua maioria patentes, marcas comerciais e desenhos industriais. *Ver* Propriedade intelectual, proteção da, Licenciamento, *Copyright*.

Propriedade intelectual, proteção da

São práticas utilizadas para proteger o conhecimento julgado como estratégico para a empresa. Usam uma combinação de medidas como: não explicitar totalmente tais conhecimentos, acelerar a derivação de valor dos mesmos, recompensar as pessoas que trabalham no seu desenvolvimento para evitar que sejam recrutadas por outras empresas, além de segurança das redes, bases de dados e comunicações, e também contratos de confidencialidade. Geralmente está diretamente atrelada à concessão de direitos de propriedade intelectual. *Ver* Propriedade intelectual.

Proteção física

Métodos, práticas ou iniciativas aplicáveis à proteção da propriedade intelectual de uma empresa. Refere-se aos itens do capital intelectual que são passíveis de serem apropriados ou transferidos para terceiros. São itens que merecem atenção para proteção. A proteção se dá por meio de políticas, práticas, normas e barreiras de acesso (digitais ou físicas).

Prototipagem de experiência

É a simulação da experiência de serviço para prever algumas de suas performances por meio de *touchpoints* físicos específicos.

Prototipagem rápida

Método rápido para construir protótipos usando apenas os objetos e materiais disponíveis em determinado momento e local.

Protótipos ou projetos-piloto

Projetos com estrutura reduzida que servem como teste para o processo ser utilizado em larga escala, posteriormente. Os riscos para a inovação, dessa forma, são minimizados.

Prototype strategy

Estratégia de desenvolvimento de novos produtos (bens ou serviços) baseada na utilização de protótipos para a comunicação e experimentação de novas ideias. Essa estratégia permite, por meio da corporificação de novos conceitos, coletar informações e percepções de forma ágil junto aos mais variados tipos de pessoas e públicos.

Q

Qualidade total, gestão da

Estratégia de administração orientada a criar consciência de qualidade em todos os processos organizacionais, utilizada amplamente na indústria, educação, governo e serviços. Chama-se qualidade total (TQM – Total Quality Management) porque seu objetivo é a aplicação não só na empresa inteira mas também da organização estendida: fornecedores, distribuidores e demais parceiros de negócios.

Qualidade, sistema de

Seu objetivo é ajudar a organização a melhorar continuamente os níveis de satisfação de seus clientes, atendendo suas expectativas e necessidades. Por meio do sistema da qualidade, a empresa é levada a analisar requisitos e criar processos que tornem possível a obtenção de produtos aceitáveis por seus clientes e manter o controle sistemático desses processos.

Pode ainda fornecer estrutura para melhoria contínua com o objetivo de aumentar a satisfação de clientes ou partes interessadas. *Ver* Qualidade total, gestão da.

R

Rascunho em grupo

É uma ferramenta ágil e econômica para desenvolver e explicar ideias simultaneamente.

Recompensa extrínseca

Tipo de recompensa ou prêmio por meio de algo externo à pessoa e ao próprio trabalho, tais como dinheiro e promoção. Conceito diretamente relacionado à motivação extrínseca.

Recompensa intrínseca

Tipo de recompensa ou prêmio que surge da própria pessoa e está diretamente associado ao prazer, ao interesse e à curiosidade em exercer sua função. Conceito diretamente relacionado à motivação intrínseca.

Redes sociais, análise de (ARS)

Processo para mapeamento e estudo de redes de relacionamentos entre pessoas, times, perpassando as fronteiras internas e (eventualmente) externas da organização. A ARS é muito eficaz para avaliar o fluxo de informação por meio de comunicação e colaboração (para inovação ou outras finalidades). Também identifica quem é central e quem é periférico em tais processos.

Redes tecnoeconômicas (TEN)

Conjunto coordenado de atores heterogêneos – laboratórios públicos, centros de pesquisa científica, empresas, organizações financeiras, usuários e governo

– que participam coletivamente da concepção, desenvolvimento, produção e distribuição dos processos de produção de bens e serviços, alguns dos quais dão origem a transações de mercado. São compostas por três polos que realizam trocas e transferências: polo científico, polo tecnológico e polo mercadológico.

Restrições, teoria das

Teoria apresentada inicialmente pelo Dr. Eliyahu M. Goldratt no livro *A meta* (1984). De acordo com a teoria das restrições, toda organização sempre tem pelo menos uma restrição (interna, externa ou de mercado) que limita sua performance em relação à sua meta. Para buscar o máximo da performance do sistema, as restrições devem ser identificadas e gerenciadas da melhor forma seguindo cinco passos: 1. identifique a restrição; 2. decida como explorá-la; 3. alinhe os processos subordinados à restrição com base em decisão anterior; 4. faça os demais alinhamentos necessários; 5. volte para o elo agora mais fraco, sem deixar que a inércia se torne a nova restrição.

Rounds, investimento em

O investimento em uma *venture capital* é geralmente feito em uma série de rodadas (*rounds*). A primeira delas ocorre quando o investimento inicial se exauriu e se propõe a financiar a fase de desenvolvimento do produto/serviço. A segunda fornece à companhia o capital necessário para a produção e o lançamento do produto/serviço.

S

SCAMPER

Representa técnica de criatividade que busca associações inusitadas entre ideias, conceitos e objetos díspares baseando-se no fato de grande parte das inovações serem um rearranjo de ações já existentes. Anacronismo para Substitua, Combine, Adapte, Modifique e Misture, Proponha, Elimine, Reverta.

Seed capital

Seed capital ou capital semente diz respeito à disponibilização de capital inicial para desenvolvimento de uma ideia ou conceito até o momento em que sua viabilidade possa ser avaliada.

Seis chapéus, técnica dos

Técnica de pensamento (individual ou em grupo) que estimula de maneira positiva o debate e a formação de boas ideias. Consiste em guiar a discussão por seis tipos de pensamento (cada um representado por um chapéu):

- Azul: é o chapéu da reflexão, que o ajuda, por exemplo, a identificar o chapéu que terá que "usar" em cada momento. Deve estar com o líder/facilitador do grupo, que deverá guiar os participantes pelos demais chapéus.

- Branco: olha para os fatos, não fazendo julgamentos.

- Verde: utilizado para o pensamento mais criativo, é o chapéu das alternativas, das ideias provocadoras e da mudança.

- Amarelo: representa o pensamento otimista, que procura os benefícios e vantagens de um projeto.

- Preto: chapéu mais negativo, é utilizado para examinar barreiras e as razões de determinada opção ou decisão não dar certo.

- Vermelho: utilizado para expressar sentimentos e dar respostas intuitivas.

Sensemaking

O *sensemaking* ou construção do sentido representa o processo de elaboração coletiva do sentido, em que diferentes visões se juntam para extrair sentido de informações que, para alguns, individualmente, não possuem grande significado, mas que em conjunto contribuem para a montagem de um entendimento. O processo está baseado nos atos naturais de observar, interpretar e compreender, e, a partir deles, inferir sentido lógico.

Serendipity

No contexto da inovação, descreve o fenômeno relacionado ao fato de muitas descobertas importantes no mundo acontecerem por acaso quando os pesquisadores encontram resultados relativamente desconectados de sua linha de pesquisa principal, mas que se mostram surpreendentemente importantes e úteis. Em sentido ampliado, o termo representa a postura da organização em estar aberta a descobertas acidentais.

Serviço protótipo

Ferramenta para testar o serviço, observando a interação do usuário com um protótipo do serviço colocado no lugar, situação e condição em que o serviço realmente será executado.

SAI (Strategy Into Action)

Processo interativo que se inicia com a equipe de gestão sênior, chegando a um acordo sobre quais são as verdadeiras "intenções" da empresa. O processo envolve a identificação e o consenso sobre o que é crítico para o sucesso da empresa e a definição da concentração de alocação dos recursos humanos. A seguir, um nível mais baixo de executivos aborda a questão do que há para ser feito, por quem, quando e como, no intuito de aproximar os fatores críticos de sucesso em benefícios.

Sistema de incentivos

Incentivos, diferentemente das recompensas, são desenhados antes da inovação propriamente dita. A essência de qualquer sistema de incentivo consiste em associar a remuneração de um funcionário/parceiro a objetivos previamente definidos em um contrato.

Sistema de inovação

Ambiente local, regional ou nacional para atividades ligadas à inovação. Para as empresas, isso inclui base de inovação, financiamento para a inovação, serviços de suporte e redes de inovação das quais a empresa participa.

Sistemas dinâmicos

Sistemas dinâmicos representam um enfoque de simulação quantitativo usado para prospectar e modificar o comportamento de importantes sistemas humanos. As variáveis que caracterizam a operação desses sistemas possuem séries históricas compostas de combinações complexas de tendências, oscilações e variações randômicas.

Six Sigma

Six Sigma ou Seis Sigma pode ser definido como um processo de qualidade que se desmembrou em uma estratégia gerencial para promover mudanças nas organizações, com o intuito de gerar melhorias nos processos, produtos e serviços para a satisfação dos clientes. Trata-se de um conjunto de práticas originalmente desenvolvidas pela Motorola, dentro do contexto do sistema de qualidade, para melhorar sistematicamente os processos ao eliminar defeitos.

Skunk works

Termo introduzido durante a Segunda Guerra Mundial que denota um pequeno grupo de pessoas que trabalha em um projeto de maneira não convencional. O propósito do grupo é desenvolver algo rapidamente com mínimas restrições de gestão – com autonomia. *Skunk works* são muitas vezes utilizados para inicialmente lançar o conceito de um produto ou serviço que depois será desenvolvido de acordo com os processos usuais do negócio.

Speed-to-market

Termo que representa a velocidade de resposta ao mercado, fundamental quando se fala em competitividade.

Spin-offs

Spin-offs são novas organizações ou entidades formadas pelo desdobramento de uma maior ou uma nova empresa formada a partir de um grupo universitário de investigação ou de empresas incubadoras.

Stage-gates

Metodologia para avaliar ideias, conceitos e projetos de inovação baseada em estágios bem definidos e progressivamente quantitativos. É uma metodologia importante para que ideias e projetos mais inovadores possam receber apoio e recursos organizacionais em seus estágios iniciais de desenvolvimento e conseguir avançar para estágios nos quais consigam materializar benefícios e adquirir recursos mais significativos. *Ver Innovation gate*s.

Stakeholders

Pessoas, grupos ou organizações que têm interesse direto ou indireto em uma organização porque podem afetar ou ser afetados pelas suas ações, objetivos e políticas. Típicos *stakeholders* são os empregados, acionistas, investidores, governo, fornecedores, sindicatos, agências reguladoras do governo, concorrentes, comunidades públicas, comunidades locais, sindicatos patronais, associações de classe etc.

STI mode of innovation

Science, Technology and Innovation, ou STI, é o nome dado para explicar a maneira pela qual algumas empresas se organizam para realizar a inovação. As empresas que trabalham no modo STI se caracterizam por alocar recursos e estruturas dedicadas a atividades específicas de conhecimento técnico e científico. Desenvolvem esses tipos de conhecimento e os aplicam de forma organizada, explícita, formal e científica. Esse modo de inovação encontra seu oposto no chamado modo DUI (Doing, Using and Interacting). Segundo pesquisadores da inovação, as empresas que conseguem inovar nos modos STI e DUI encontram maior sucesso em suas atividades.

Sticky information

Termo utilizado para descrever informação que é cara de se obter, transmitir ou utilizar, seja em um novo local ou de onde foi originada. Eric von Hippel buscou definir como o termo influencia a inovação, elencando razões para uma informação ser pegajosa (*sticky*) – quando é essencialmente tácita, excessivamente técnica ou composta por diversos elementos ou, ainda, quando é exclusiva.

Stock options

Essa é uma das formas de se recompensar o alto risco assumido por funcionários que se envolvem em empresas, projetos de inovação ou novos negócios de alto risco. Envolve o pagamento de parte da remuneração com direitos de aquisição das ações da organização a um preço fixo e muitas vezes abaixo do mercado. Prática muito utilizada para remuneração de altos executivos, mas que também é frequentemente utilizada no contexto de startups ou mesmo divisões de novos negócios das empresas.

Storyboard

Ferramenta derivada da tradição cinematográfica, representação de casos de uso por meio de uma série de desenhos ou imagens, todos juntos em uma sequência narrativa.

SWOT

Significa *Strenghts, Weaknesses, Opportunities e Threats* (forças, fraquezas, oportunidades e ameaças). A análise SWOT é usada como uma atividade básica para identificar forças e fraquezas e auxiliar a seleção dos tópicos a serem examinados no método Delphi.

T

Technology assessment

Análise das consequências de se empregar novas tecnologias, incluindo efeitos secundários com o objetivo de antecipar futuros impactos na sociedade, resultantes de tecnologias novas e existentes. Ver *Technology foresight*, *Technology forecast*, Monitoramento tecnológico.

Technology broker

Empreendedor tecnológico ou *technology broker* é uma organização ou pessoa que fornece conhecimento (na forma de know-how técnico e conhecimento de mercado) ou fontes de conhecimento e agrega uma rede de contatos (networking) para as organizações em sua rede. O *technology broker* atua em vários mercados e domínios da tecnologia e seu papel é conectar diferentes atores e esferas – como, por exemplo, indústria, academia e governo. Dessa maneira, uma de suas atribuições é dedicar tempo para encontrar e testar ideias junto a uma rede de pessoas de características e segmentos distintos, fomentando internamente a inovação aberta.

Technology forecast

Desenho da situação futura da tecnologia e a extensão do uso com o objetivo de obter previsões probabilísticas de desenvolvimentos tecnológicos futuros. Ver *Technology foresight*, *Technology assessment* e Monitoramento tecnológico.

Technology foresight

Foresight é um processo de esforço sistemático, e não uma técnica ou conjunto de técnicas, que reúne – quando bem delineado – participantes-chave de diferentes grupos de *stakeholders*, tais como comunidade científica, governo, indústria e ONGs, para discutir o tema em questão. Isso pode evidenciar que cada um desses atores possui um entendimento, uma percepção, do ambiente no qual estão inseridos e o futuro será mais bem desenhado a partir do momento em que diferentes leituras convirjam a um senso comum. O mesmo normalmente está focado no longo prazo – horizonte típico de 10 ou mais anos, capaz de identificar as prováveis demandas para a economia e sociedade, como também as possíveis oportunidades científicas e tecnológicas – especificamente tecnologias genéricas emergentes. Ver *Technology forecast*, *Technology* assessment e Monitoramento tecnológico.

Technology roadmap

Técnica que conjuga a prospecção das expectativas e tendências do mercado-indústria e busca traçar em quais soluções (produtos e/ou serviços) e respectivas tecnologias habilitantes a empresa deve investir e desenvolver para melhorar seu posicionamento competitivo. *Roadmaps* dão orientação, foco e priorização a programas de desenvolvimento. Ver *Technology foresight*, *Technology forecast*, Monitoramento tecnológico

Tecnologia avançada

Tecnologias que possuem o potencial de mudar as bases de competição em uma indústria, se desenvolvidas com sucesso, permitindo ocasionalmente a entrada de uma nova classe de competidores. Muitas vezes podem ser adaptadas de outras indústrias.

Tecnologia-base

Tecnologias disseminadas e compartilhadas em toda a indústria, são pré-requisito e oferecem pouca vantagem competitiva. Os benefícios não são tão importantes para o consumidor ou são facilmente replicados, comprados ou equiparados pelos competidores.

Tecnologia-chave

É uma das tecnologias consideradas como crítica para o sucesso competitivo atual. Resulta em clara vantagem competitiva para aqueles que a fazem melhor que seus competidores. Normalmente, as companhias mais bem-sucedidas em uma indústria são as melhores nessa tecnologia/competência.

Tecnologia crítica

Esse método consiste em identificar tecnologias usando um conjunto de critérios racionais por meio do qual a importância ou criticidade de uma tecnologia pode ser avaliada. Muitas vezes, o *benchmarking* é usado para fazer comparações com outros países ou regiões.

Tecnologia emergente

Tecnologia em estágio de pesquisa inicial ou emergente em outra indústria. Apresenta grande dificuldade de avaliação do real potencial e seu impacto competitivo; por consequência, é desconhecido. De forma geral, carrega a promessa de mudar as bases de competição ou radicalmente transformar a indústria.

Tecnológica, maturidade

Diz respeito ao grau de desenvolvimento de uma tecnologia ou de um portfólio de tecnologias, em comparação ao mercado.

Tensão criativa

O início do processo de inovação ocorre quando nos deparamos com um limite e somos forçados a buscar uma solução. Tensão criativa é exatamente esse momento em que há um gap entre o objetivo pessoal ou profissional e a realidade, que pode se tornar fonte de energia criativa, fazendo-nos mover em direção ao objetivo. *Ver* Processos de inovação.

Term sheet

Term sheet ou termo de compromisso trata-se do acordo inicial que apresenta os fundamentos do investimento feito por um *venture capitalist* em outra companhia. *Term sheet* é o guia para a transação e, caso o acordo seja de fato feito, deverá receber os aprofundamentos e detalhamentos jurídicos necessários.

Trademark

Qualquer "signo" utilizado para denotar a origem de produtos ou serviços. O "signo" pode pode ser uma letra, palavra, nome, assinatura, marca ou etiqueta. *Trademarks* são recursos e, por isso, podem ser licenciados ou atribuídos pelo dono do *trademark*. *Ver* Licenciamento, *Copyright*.

Transferência de tecnologia

Passagem de tecnologia entre organizações por meio de licenciamento ou acordo de marketing, cooperação para desenvolvimento, treinamento ou troca de pessoas.

Triple helix

O conceito foi definido por Etzkowitz e Leydesdorff, e em português significa "hélice tripla", referindo-se a uma forma mais intensa de relacionamento entre empresas, academia e governo. Essas organizações compartilham o conhecimento e recursos de forma intensa, caracterizando-se como híbridas.

TRIZ

Esse sistema usa a análise de patentes para deduzir padrões de inovação tecnológica e postular leis da evolução do sistema de tecnologia. Em oposição a técnicas de geração de ideias randômicas, como o *brainstorming*, o TRIZ busca criar um algoritmo que vise a (re)invenção de sistemas. Esse processo permite a identificação proativa de objetivos estratégicos e o desenvolvimento de planos táticos para alcançá-los.

U

Utility model

Direito registrado para invenções técnicas que dá o direito ao proprietário de proibir outras partes de explorar sua invenção. Comparado a uma patente, é mais flexível, menos oneroso e dura menor tempo.

V

Vale tecnológico

Estrutura de grande porte – normalmente suportada por incentivos governamentais –, na qual a massa crítica de atividades industriais e de pesquisa num setor específico está concentrada. Essa prática leva ao desenvolvimento econômico orientado para inovação sustentável da região. *Ver* Cluster de inovação.

Valor, criação ou captura de

Ao estender uma rede de valor para uma dada indústria ou segmento, as empresas buscam um posicionamento de negócios que lhes permitam capturar uma fração cada vez maior do valor. A inovação em suas mais distintas modalidades é um meio pelo qual a empresa pode gerar valor adicional na rede e, consequentemente, aumentar sua captura de valor.

VCE (Virtual Customer Environment – Ambiente Virtual do Cliente)

Representa a criação de espaço de interação virtual com o objetivo de facilitar e estimular a cocriação e a inovação nas diferentes etapas de ideação, desenvolvimento, teste ou difusão do produto.

Venture capital

Investimento de risco em empresas novas ou já estabelecidas com a expectativa de ganhos acima da média do mercado. O capital utilizado em tal prática geralmente é proveniente de um fundo de investidores.

W

Walkthrough cognitivo

Um ou mais avaliadores analisam um serviço ao percorrer a jornada de um cliente.

War room

Trata-se de uma técnica aplicada com frequência em inteligência competitiva. Baseada na teoria dos jogos, são estipulados grupos/times, cada um personificando um dos players de mercado – organizações e empresas – a fim de simular a interação natural de mercado (referente aos resultados das decisões de cada um dos grupos). Suas principais utilidades dizem respeito à análise de movimentos, tomada de decisões estratégicas, simulação de movimentos de mercado, estratégia, entre outros.

Referências

AMABILE, T. How to kill creativity. *Harvard Business Review*, v.76, n.5, 1998.
AMABILE, Teresa; HADLEY, C.; KRAMER, S. Creativity Under the Gun. Special Issue on The Innovative Enterprise: Turning Ideas into Profits. *Harvard Business Review*, v. 80, n. 8, 2002.
ANPROTEC; SEBRAE. *Glossário dinâmico de termos na área de tecnópolis, parques tecnológicos e incubadoras de empresas*. Brasília: ANPROTEC, 2002.
ARIELY, D. *Previsivelmente irracional. Como as situações do dia a dia influenciam as nossas decisões.* Rio de Janeiro: Campus/Elsevier, 2008.
ARINO, A.; DE LA TORRE, J. RING, P. S. Relational quality: managing trust in corporate alliances. *California Management Review*, v. 44, n. 11, p. 109-131, 2001.
ARRUDA, C. et al. *Grupo Fleury: gestão de inovação e conhecimento em medicina e saúde.* Fundação Dom Cabral, 2010.
BENKO, G. Technopoles, high-tech industries and regional development: a critical review. *GeoJournal* 51: 157-167, 2000.
BIGLIARDI, B. et al. Assessing science parks' performances: directions from selected Italian case studies. *Technovation*, v. 26, p. 489-505, 2006.
BIRKINSHAW, J.; BOUQUET, C.; BARSOUX, J.-L. The 5 Myths of Innovation. *MIT Sloan Management Review*, Vol. 52, n. 2, 2011.
BLANK, S. G. *The four steps to the epiphany – successful strategies for products that win*, 3ª ed., 2007.
BROWN, T. Design thinking. *Harvard Business Review*, v. 86, n. 6, p. 84-92, 141.

BROWN, T. *Design thinking: uma metodologia poderosa para decretar o fim das velhas idéias.* p. 249. Rio de Janeiro: Campus/Elsevier, 2010.
BROWN, T. *What does design thinking feel like?* www.designthinking.ideo.com em http://designthinking.ideo.com/?p=51/, 2010.
BUCHANAN, R. Wicked Problems in Design Thinking. *Design Issues MIT Press*, v. 8, n. 2, p. 5-21, 1992.
CAMPBELL, D. T. Blind variation and selective retention in creative thought as in other knowledge processes. *Northwestern University Psychological Review* Vol. 67, n. 6, 380-400, 1960.
CHESBROUGH, H. *Open Innovation – the new imperative for creating and profiting from technology.* Boston: Harvard Business School Press, 2006.
CHESBROUGH, H.; SCHWARTZ, K. Innovating business models with co-development partnerships. *Research Technology Management*, v. 50, n. 1, p. 55-59, 2006.
CHRISTENSEN, C.; BOWER, J. Customer power, strategic investment, and failure of leading firms. *Strategic Management Journal*, v. 17, n. 3, p. 197-218, 1996.
CHRISTENSEN, C.; KAUFMAN, S.; SHIH, W. *Innovation Killers: How Financial Tools Destroy Your Capacity to Do New Things.* Harvard Business Press, 2008.
CLARK, K.; WHEELWRIGHT, S. *Managing New Product and Process Develeopment.* Harvard Business School, Free Press, 1993.
COOPER, R.; EDGETT, S.; KLEINSCHMIDT, E. *Portfolio Management for New Products.* Nova York: Perseus Books, 2001.
CUSUMANO, M.; NOBEOKA, K. *Thinking Beyond Lean in Product Development.* The Free Press, 1998.
DAVENPORT, T.H.; PRUSAK, L. *Working Knowledge: How Organizations Manage What they Know.* Harvard Business School Press, Boston, MA, 1998.
DRUCKER, P. The discipline of innovation, Best of HBR on Innovation: One Part Inspiration, Two Parts Discipline, p. 3, 2002.
DRUCKER, P. *The Practice of Management.* New York: Harper & Row, 1954.
DUNBAR, W.R. *Thinking out loud.* CIO Insight, Out, 2002.
EDVARDSSON, B.; HAGLUND, L.; MATTSSON, J. Analysis, planning, improvisation and control in the development of new services. *International Journal of Service Industry Management*, v. 5 , n. 2, p. 24-35, 1995.
EPPINGER, S. Innovation at the speed of information. *Harvard Business Review*. January 2001.
FIGLIOLI, A. *Perspectivas de financiamento de parques tecnológicos: um estudo comparativo.* 2007. 205 fls. Dissertação (Mestrado). Faculdade de Economia, Administração e Contabilidade de Ribeirão Preto, Universidade de São Paulo, Ribeirão Preto, 2007.
FREDERICK, B. *Um entendimento ampliado da participação dos clientes na inovação em serviços.* Tese de Doutorado. FEA-USP, 2010.
FRONZAGLIA, G. C. *Indicadores de gestão de inovação para a área de pesquisa tecnológica de processamento mineral da diretoria de desenvolvimento de projetos minerais da Vale.*

Dissertação (Especialização). Departamento de Política Científica e Tecnológica, Universidade Estadual de Campinas, 2008.

GARGIONE, L. A.; LOURENÇÃO, P. T. M.; PLONSKI, A. G. Fatores críticos de sucesso para modelagem de parques tecnológicos privados no Brasil. In: *XI Seminário Latino-Americano de Gestão Tecnológica*. Altec 2005- 25-28 out. 2005.

GODELIER, M. *O enigma do dom*. Rio de Janeiro: Civilização Brasileira, 2001.

GRUPO FLEURY. Relatório Anual 2009.

GULATI, R. Alliances and networks. *Strategic Management Journal*, v. 19, p. 293-317, 1998.

HAMEL, G. Bringing Silicon Valley Inside. *Harvard Business Review*, v. 75, n.5, 1999.

HANSEN, M.; BIRKINSHAW, J. The innovation value chain. *Harvard Business Review*, v. 85, n. 6, 2007.

HATELEY, B.; SCHMIDT, W. *Um pavão na terra dos pinguins*. São Paulo: Negócio, 1996.

HAX, A.; WILDE II, D. *The Delta Project*. New York: Palgrave, NY, 2001.

HEATH, C. e HEATH, D. *Ideias que colam. Por que algumas ideias pegam e outras não*. Rio de Janeiro: Campus/Elsevier, 2007.

JENSEN, M.; JOHNSON, B.; LORENZ, E.; LUNDVALL, B. Forms of knowledge and modes of innovation. *Research Policy*, n. 36, p. 680-693, 2007.

JOLLY, V. *Commercializing new technologies: getting from mind to market*. Harvard Business Press, 1997.

JONES, O.; CONWAY, S.; STEWARD, F. *Social Interaction and Organisational Change*. Imperial College Press, 2001.

KANTER, R. M. et al. *Innovation: breakthrough thinking at 3M, Du Pont, GE, Pfizer, and Rubbermaid*. New York: Harper Business, 1997.

KANTER, R. M. *The Change Masters: Innovation for Productivity in the American Corporation*. New York: Simon & Schuster, 1983.

KELLEY, T. e LITTMAN, J. *As 10 faces da inovação: estratégias para turbinar a criatividade*. Rio de Janeiro: Campus/Elsevier, 2007.

KRAFT, U. Em busca do gênio da lâmpada. *Revista Mente & Cérebro*, ed. 142, nov, 2004.

KRATZER, J. et al. *InnovationNet: the art of creating and benefiting from innovation*. Assen: Royal Van Gorcum, 2007.

LAFFITTE, P. The paradigm transition theory. In *Proceedings V World Conference on Science Parks*. Rio de Janeiro, UFRJ, October 29-31, 1996.

LAHORGE, M. A. *Polos, parques e incubadoras: instrumentos de desenvolvimento do século XXI*. Brasília: ANPROTEC/SEBRAE, 2004.

LEONARD-BARTON, D. *Wellsprings of Knowledge – Building and Sustaining the Sources of Innovation*. Boston: Harvard Business School Press, 1995.

LEVITT, T. Creativity is not enough. *Harvard Business Review*, v. 80, n. 8, 2002.

LIEBERMAN, T.; SEITINGER, S. *Adding lasting value: sustainability and technopole development.* Sustainable Development Conference, World Student Community, 2001.

LUNARDI, M. E. *Parques tecnológicos: estratégias de localização em Porto Alegre, Florianópolis e Curitiba.* Curitiba: Ed. do Autor, 1997.

MANHÃES, M.C. *A inovação em serviços e o processo de criação do conhecimento* (EGC, orgs.) Dissertação de Mestrado. Dissert. ed., p. 210. Florianópolis: Universidade Federal de Santa Catarina, 2010.

MANHÃES, M. C.; VANZIN, T. A produtividade como um processo antitético: uma proposta para a ilustração da relação entre estabilidade e criatividade nas organizações. In: V. Ulbricht; T. Vanzin (orgs.). *Criatividade & conhecimento.* p. 137-158. Florianópolis: Pandion, 2010.

MARTIN, R. Design thinking: achieving insights via the knowledge funnel. *Strategy & Leadership*, v. 38, n. 2, p. 37-41.

MCLEAN, L. D. Organizational culture's influence on creativity and innovation: a review of the literature and implications for human resource. *Advances in Developing Human Resources* v. 7, n. 2, p. 226-246, May, 2005.

NONAKA, I.; KONNO, N. The concept of "ba": Building a foundation for knowledge creation. *California Management Review*, v. 40, n. 3, p. 40-54, 1998.

NONAKA, I.; KROGH, G. VON. Perspective – Tacit Knowledge and Knowledge Conversion: Controversy and Advancement in Organizational Knowledge Creation Theory. *Organization Science*, v. 20, n. 3, p. 635-652, 2009.

NONAKA, I.; TAKEUCHI, H. *Criação do conhecimento na empresa.* 385 p. Rio de Janeiro: Campus/Elsevier, 1997.

NONAKA, I.; TOYAMA, R.; KONNO, N. SECI, Ba and Leadership: a Unified Model of Dynamic Knowledge Creation. *Long Range Planning*, v. 33, n. 1, p. 5-34.

NONAKA, I.; TAKEUCHI, H. *The Knowledge-Creating Company: How Japanese Companies Create the Dynamics of Innovation.* Oxford University Press, 1995.

OJASALO, J. Management of innovation networks: a case study of different approaches. *European Journal of Innovation Management*, v. 11, n. 1, p. 51-86, 2008.

OROFINO, Maria Augusta. *Técnicas de criação do conhecimento no desenvolvimento de modelos de negócio.* Dissertação de Mestrado. Florianópolis: UFSC, 2011.

OZKAN, P. *What networks do to companies and what companies do to networks: evolution of alliances portfolios in networked markets.* Working Paper. IESE Business School, Universidade de Navarra, Espanha, 2007.

PARISE, S.; CASHER, A. Alliance portfolios: designing and managing your network of business-partner relationships. *The Academy of Management Executive*, v. 17, n.4, p. 25-39, 2003.

PARKHE, A.; MILLER, S. R. The structure of optimal trust: a comment and some extensions. *The Academy of Management Review*, v. 25, n. 1, p. 10-11, 2000.

PEDROSO, M.C. & FRANCO, R. F.; TERRA, J. C. Transformando intangíveis em valor real aos clientes. *Harvard Business Review*, v. 8, p. 58-66, 2008.

Referências

PETREE, R; PETKOV, R.; SPIRO, E. *Technology parks – concept and organization.* Center for Economic Development, 2000.

PINO, J. M. B. Arquitectura y urbanismo en los parques científicos y tecnológicos. Un nuevo urbanismo para una nueva economia. *Alta Dirección*, Año n. 36, n. 214, 2000.

POLANYI, M. (1966), *The Tacit Dimension*, Doubleday Anchor, Garden City, NJ.

ROMERA, F. Technocells. In: *Delivering innovation: key lessons from the world wide network of Science and Technology Parks.* IASP, 1998.

SIMON, H. A. *The sciences of the artificial.* MIT Ed. 1996.

SIMONTON, D. K. *A origem do gênio. Perspectivas darwinianas sobre a criatividade.* Rio de Janeiro: Record, 2002.

SCANDIZZO, P. L. Financing technology: an assessment of theory and practice. *Int. J. Technology Management*, Vol. 32, n. 1/2, 2005.

SLOWINSKI, G. et al. Effective practices for sourcing innovation. *Research –Technology Management*, v. 52, n.1, p. 27-34, 2009.

SPOLIDORO, R. A sociedade do conhecimento e seus impactos no meio urbano. In: PALADINO, G. G. e MEDEIROS, L. A. (org.). *Parques tecnológicos e meio urbano.* Brasília: ANPROTEC, 1997.

TERRA, J. C. C. *Gestão do conhecimento: aspectos conceituais e estudo exploratório sobre as práticas de empresas brasileiras.* Tese (Doutorado em Engenharia da Produção). Universidade de São Paulo – Escola Politécnica, 1999.

TERRA, José Cláudio C. *Gestão 2.0 – como integrar a colaboração e a participação em massa para o sucesso nos negócios.* Rio de Janeiro: Campus/Elsevier, 2009.

VANHAVERBEKE, W.; CLOODT, M. Open innovation in value networks. In: CHESBROUGH, H., VANHAVERBEKE, W.; EST, J. (orgs.) *Open Innovation: researching a new paradigm.* New York: Oxford University Press, 2006.

VAN RIJNBACH, C.; ENDO, G. D.; LEONARDI, S. M. Maturity in Innovation Network Management. In NOBRE, F. S.; WALKER, D.; HARRIS, R. J. (orgs.). *Technological, Managerial and Organizational Core Competencies: Dynamic Innovation and Sustainable Development* (pp. 203-229). New York/Hershey: IGI Global, 2012.

VAN RIJNBACH, C.; LEONARDI, S.; DE BOER, G.; CORSINI, M. Networks for innovation: principal attributes for their formation and optimization. *The Proceedings of the XX ISPIM Conference 2009*, Viena, jun 2009.

VANRIEL, A. C.R.; LEMMINK, J.; OUWERSLOOT, H. High-technology service innovation success: decision-making perspective. *The Journal of Product Innovation Management*, v. 21, n. 4, p. 348-359, 2004.

VASSÃO, C. *Metadesign: ferramentas, estratégias e ética para a complexidade.* São Paulo: Blucher, 2010.

VON HIPPEL, E. *Democratizing Innovation.* The MIT Press, 2006

WUNKER, S. *Capturing New Markets.* McGrawHill, 2011.

ROTAPLAN
GRÁFICA E EDITORA LTDA
Rua Álvaro Seixas, 165
Engenho Novo - Rio de Janeiro
Tels.: (21) 2201-2089 / 8898
E-mail: rotaplanrio@gmail.com